Der Einsatz des Computers an der Sc

CW00550559

Münchener Beiträge zur
SONDERPÄDAGOGIK

herausgegeben von
Prof. Dr. H. Baier und Prof. Dr. A. Braun †

Band 16

PETER LANG

Frankfurt am Main · Berlin · Bern · New York · Paris · Wien

Thomas Störmer

Der Einsatz des Computers an der Schule für Körperbehinderte

PETER LANG
Frankfurt am Main · Berlin · Bern · New York · Paris · Wien

Die Deutsche Bibliothek - CIP-Einheitsaufnahme

Störmer, Thomas:

Der Einsatz des Computers an der Schule für Körperbehinderte
/ Thomas Störmer. - Frankfurt am Main ; Berlin ; Bern ; New
York ; Paris ; Wien : Lang, 1993
   (Münchner Beiträge zur Sonderpädagogik ; Bd. 16)
   Zugl.: München, Univ., Diss., 1992
   ISBN 3-631-45488-0

NE: GT

D 19
ISSN 2179-3470
ISBN 3-631-45488-0
© Verlag Peter Lang GmbH, Frankfurt am Main 1993
Alle Rechte vorbehalten.

Printed in Germany 1 2 3 4 5 6 7

GELEITWORT

Es ist nicht zu bestreiten, daß sich gerade in der Schule für Körperbehinderte der Computer zu einem multivalenten und lerneffektiven Hilfsmittel entwickelt hat. Hier in diesem Buch ist die Verbindung von schulpraktischer Wirklichkeit und - kritischen - theoretischen Reflexionen ausnehmend gut gelungen. Kommt doch dem Verfasser zugute, daß er als Mitarbeiter eines einschlägig an der Erstellung von PC-Programmen für die Schule für Körperbehinderte arbeitenden Kreises am Staatsinstitut für Schulpädagogik und Bildungsforschung in München aktiv beteiligt war.

Insbesondere an der Schule für Körperbehinderte hat der Computer - vielleicht in Akzentuierung zu anderen Sonderschulsparten - zwei wichtige Aufgaben:

- Zum einen ist er eine Lernhilfe für solche Schüler, denen wegen der Beeinträchtigungen im Stütz- und Bewegungssystem ihres Körpers unmittelbare Sachbegegnung erheblich erschwert oder gar unmöglich ist;
- zum anderen ist er nicht nur für schwer und schwerstkörperbehinderte Schüler nicht selten mit cerebralen Schäden und/oder nicht vorhandener Sprache eines der wesentlichsten Kommunikationsmittel.

Ätiologische und phänomenologische Merkmale von Körperbehinderungen sind fast so zahlreich wie die Körperbehinderten selbst. Die Bedeutung des Computers in ihrer Erziehung und Bildung liegt deswegen nicht in einem pauschalierenden Beurteilen. Das Kriterium für die pädagogische Effektivität des Computereinsatzes in der Schule für Körperbehinderte ist darin zu finden, wie er individuelle Handlungs- und Entwicklungsmöglichkeiten eröffnen kann. Dazu hat Thomas Störmer einen grundlegenden Beitrag geleistet. Ich wünsche ihm viele aufmerksame KollegInnen als LeserInnen.

Prof. Dr. Herwig Baier

Die vorliegende Arbeit wurde im Sommersemester 1992 an der Ludwig-Maximilians-Universität zu München als Dissertation eingereicht und angenommen.

INHALTSVERZEICHNIS

1.　　Computer und kindliche Entwicklung　　　　10

1.1.　　Computer als Veränderer von Welt　　　　11

1.2.　　Einfluß der neuen Technologien auf
　　　　die kindliche Entwicklung　　　　19

1.3.　　Einfluß des Computers auf Jugendliche　　　29

1.4.　　Der Computereinsatz in der Schule -
　　　　Notwendigkeit oder Gefahr?　　　　40

2.　　Übersicht über die Einsatzmöglichkeiten des
　　　Computers bei behinderten Kindern und
　　　Jugendlichen　　　　54

2.1.　　Computereinsatz an Sonderschulen　　　56

2.1.1.　Die Entwicklung des Computereinsatzes
　　　　in den verschiedenen sonderpädagogischen
　　　　Fachrichtungen　　　　56

2.1.2.　In Zusammenarbeit mit der Bund-Länder-
　　　　Kommission durchgeführte Modellversuche　　61

2.1.3.　Aktivitäten in den einzelnen Bundes-
　　　　ländern zum Thema "Sonderschulen und
　　　　Computer"　　　　64

2.2.　　Computereinsatz bei körperbehinderten
　　　　Kindern und Jugendlichen　　　　69

2.2.1.　Die Entwicklung des Computereinsatzes
　　　　an bayerischen Schulen für
　　　　Körperbehinderte　　　　70

2.2.2.　Einsatzmöglichkeiten im Bereich der
　　　　Rehabilitation und der beruflichen
　　　　Aus- und Weiterbildung　　　　75

3.   **Voraussetzungen für den Einsatz elektronischer Hilfen**   83

3.1.   Klassifizierung von Software   84

3.1.1.   Übungsprogramme   86

3.1.2.   Simulationsprogramme   89

3.1.3.   Tutorielle Programme   93

3.1.4.   Programme zur Kompensation einer Schädigung   96

3.1.5.   Kommunikationsprogramme   98

3.1.6.   Neuere Forschungsansätze: "Neuronale Netze" und "Künstliche Intelligenz"   100

3.2.   Softwareentwicklung im pädagogischen Bereich   103

3.2.1.   Entwicklung von Software   105

3.2.2.   Kriterien der Softwarebewertung   108

3.2.3   Entwicklungen durch Softwarefirmen   114

3.2.4.   Entwicklungen auf dem Behindertensektor durch spezialisierte Soft- und Hardwarefirmen   116

3.2.5.   Anforderungen an eine sonderpädagogische Software aus Sicht der Körperbehindertenpädagogik   117

3.3.   Voraussetzungen für den Einsatz elektronischer Hilfen innerhalb pädagogischer Institutionen   120

3.3.1.   Verfügbarkeit von Geräten und ausgebildetem Personal   121

3.3.2.   Die Akzeptanz des Computers durch den Benutzer   124

3.3.3.   Die Akzeptanz der professionellen Helfer   127

3.3.4.   Die Akzeptanz der Eltern   129

3.4.   Zusammenfassung   131

4.   Der Computer als Lernmittel im schulischen
      Einsatz bei körperbehinderten Kindern und
      Jugendlichen   133

4.1.   Der Computer als prothetisches
           Hilfsmittel zur Kompensation
           einer Schädigung   134

4.1.1.   Voraussetzungen beim Schüler   135

4.1.2.   Die Bedeutung der Adaptionen   138

4.1.3.   Möglichkeiten der Hinführung zum
           Computer   144

4.1.4.   Geeignete Programme   146

4.1.5.   Probleme mehrfachbehinderter Schüler   152

4.1.6.   Die Notwendigkeit des Computereinsatzes
           bei vorhandener Schreibfähigkeit   155

4.1.7.   Zusammenfassung   158

4.2.   Der Computer als Übungsgerät   159

4.2.1.   Didaktisch-methodische Überlegungen zur
           Zielgruppe   160

4.2.2.   Der Stellenwert des Computers innerhalb des
           Unterrichts   163

4.2.3.   Motivationale Aspekte   165

4.2.4.   Die Bedeutung der Computerbenutzung für
           das soziale Gefüge einer Klasse   167

4.2.5.   Geeignete Programme   171

4.2.6.   Zusammenfassung   172

4.3.	Softwareentwicklung am Beispiel der Programmserie LIES MIT	173
4.3.1.	Rahmenbedingungen des Projekts	173
4.3.2.	Beschreibung der Zielgruppe	176
4.3.3.	Theorien zum Leselernprozeß	177
4.3.4.	Aufbau der Programmstruktur	184
4.3.5.	Erste Erfahrungen in der praktischen Erprobung	191
4.3.6.	Kritische Würdigung	194
4.4	Zusammenfassung	195

5.	**Der Computer als Kommunikationsmittel**	197
5.1.	Kommunikationsmöglichkeiten bei nicht-vorhandener Sprache	198
5.1.1.	Kommunikation als geschlossenes "Insider-System"	199
5.1.2.	Kommunikation mittels Pictogrammen	201
5.1.3.	Die BLISS-Kommunikationsmethode	204
5.1.4.	Das System HECTOR	207
5.1.5.	Kommunikation mittels moderner Mikroelektronik	210
5.1.6.	Zusammenfassung	213

5.2.	Möglichkeiten des Computereinsatzes bei schwer körperbehinderten Menschen	216
5.2.1.	Die besondere Problematik schwer körperbehinderter Menschen	218
5.2.2.	Die Bereitschaft der professionellen Helfer	220

5.2.3.   Bedürfnisse als Grundlage von
           Kommunikation   223

5.2.4.   Die Möglichkeit des Scheiterns   224

5.3.   Zusammenfassung   226

6.   **Die Bedeutung elektronischer Hilfsmittel für
      körperbehinderte Menschen**   228

6.1.   Beschreibungen Betroffener   228

6.2.   Video-Transkription als
           Betrachtungsversuch von Außen   233

7.   **Resümee**   242

Verzeichnis der beschriebenen Programme   246

Literaturverzeichnis   249

Einleitung

Diese Arbeit versucht sich dem Thema "Computer und Mensch" zu nähern. Es soll dabei aufgezeigt werden, daß der Mensch und der Computer keine sich jeweils ausschließenden Gegensätze sind.

Die "Faszination der Technik" darf dabei nicht den Blick auf den Menschen verstellen. Es gilt die technischen Möglichkeiten aus sachlicher und sachkundiger Perspektive auf ihre Dienstbarkeiten für den Menschen hin zu überprüfen.

Die Beschäftigung mit dem Thema "Computer" birgt des weiteren die Gefahr eines schnellen Aktualitätsverlustes. Momentan gesicherte Kenntnisse über technische Möglichkeiten oder beschriebene Standards können schon morgen überholt und antiquiert sein.

Ausgangspunkt der vorliegenden Arbeit waren die ersten zaghaften Berührungen mit dem Einsatz von Computern an der Schule für Körperbehinderte. Dort wurde diesen Geräten zwar theoretisch Hilfsfunktionen zugesprochen, die sonderpädagogische Praxis aber war von vielerlei Schwierigkeiten und Problemen bestimmt. So gab es technische Probleme, einen Computer für körperbehinderte Menschen zugänglich und bedienbar zu machen. Schwierig war außerdem, ein geeignetes Programm für den Unterricht und die therapeutische Förderung zu finden. Nicht zuletzt verursachte das Einbinden des Computers in ein pädagogisch-didaktisches Unterrichtskonzept große Mühen.

Pädagogen, die sich dem "Wagnis Computer" stellten, sahen sich vielen Fragen gegenübergestellt: Welches Computersystem sollte mit welchem Programm für welche Schüler gewählt werden? Gesicherte Erkenntnisse auf solche Fragen gab es wenig, so daß man fast ausschließlich auf eigene Erfahrungen angewiesen war. Auf dieser Grundlage konnten natürlich keine

Standards definiert werden. Bei ersten Zusammenkünften zur Reflektion des Computereinsatzes stellte sich immer wieder heraus, daß selbst innerhalb Bayerns mit sehr verschiedenen Computersystemen gearbeitet wurde, so daß ein Programmaustausch nicht möglich war.

Sicherlich sind heute nicht alle Probleme gelöst und alle anstehenden Fragen zufriedenstellend beantwortet, dennoch ist mittlerweile auf diesem Gebiet viel "Pionierarbeit" geleistet worden. Darüber zu informieren und Einblicke zu vermitteln soll Ziel dieser Arbeit sein.

So wird zunächst auf die Bedeutung des Computers für die kindliche Entwicklung und den daraus resultierenden Anforderungen für die Schule für Körperbehinderte eingegangen, um dann einen Überblick über die Aktivitäten im Bereich der Sonderpädagogik in den einzelnen Bundesländern zu geben.

Der Hauptteil der Arbeit beschäftigt sich mit den Möglichkeiten des Computereinsatzes an der Schule für Körperbehinderte. Hier sollen zunächst die Voraussetzungen dargestellt werden, die für eine sinnvolle Arbeit mit Computern notwendig sind.

Anschließend sollen die schulischen Einsatzmöglichkeiten des Computers als Lernmittel dargestellt werden. Hier liegt der Schwerpunkt auf Übungsprogrammen oder auf Programmen zur Kompensation einer körperlichen Schädigung. An Hand des Programmes LIES MIT soll die Planung, die Entwicklung und die Arbeit mit einem für körperbehinderte Schüler geeignetem Programm vorgestellt werden.

Danach sollen die Möglichkeiten des Computers als Hilfe für die Lebensgestaltung schwer körperbehinderter Menschen angesprochen werden. Menschen die nicht sprechen können, erleben den Computer als eine Kommunikationshilfe, durch den ihre

interaktiven Beziehungen zur sozialen Umwelt erleichtert und
bereichert werden.

Diese Erörterung mündet in die Frage nach der Bedeutung des
Computer für die Lebensbewältigung körperbehinderter Menschen. Dabei sollen Betroffene selbst zu Wort kommen.

Ziel dieser Arbeit ist es nicht, schlüssige Theorien über
den Gebrauch des Computers zu entwerfen. Vielmehr werden die
für einen Computereinsatz notwendigen Komponenten vorgestellt und beschrieben und hinsichtlich ihrer Relevanz für
den schulpraktischen Einsatz diskutiert. Bei allen technischen Details, die notwendig sind, um den Computer im
Schulalltag bewerten zu können, seine Bedeutung erschließt
sich nur in seiner Hilfsfunktion für körperbehinderte Menschen.

1. Computer und kindliche Entwicklung

Die reichhaltige Anzahl von Publikationen, die zum Thema "Computer und kindliche Entwicklung" erscheinen, verdeutlicht die Brisanz, mit der das Thema bei Pädagogen emotional besetzt ist. Vermutlich auch deshalb, weil bei den meisten Pädagogen, die mit den zwei Schlagwörtern "Kind" und "Computer" konfrontiert werden, ein abrufbarer Fundus von Wissen, Assoziationen, Urteilen, auch Vorurteilen und Einstellungen existiert. Es scheint, als präsentiere sich der Computer in der pädagogischen Landschaft als Fels, der nur auf der einen oder anderen Seite passiert werden kann. Das Thema läßt nur kurz ein indifferentes Verharren zu: Es verlangt nach einer Entscheidung.

Dies vielleicht auch deshalb, weil Pädagogen bei diesem Thema nicht nur den gegenwärtige Ist-Stand reflektieren, sondern weil sich ihnen zugleich auch mögliche (bedrohliche) Visionen aufdrängen.

Der mit diesem Thema konfrontierte Pädagoge "verlängert bestimmte aktuelle technologische und gesellschaftliche Trends gleichsam linear in die Zukunft hinein und rechnet sie hoch. Die Wirkung dieser Sichtweise spüren wir: Wir fühlen uns und die Kinder als Opfer einer zwangsläufigen Entwicklung" (LIPPITZ 1986, 260).
"Opfer sein" bedeutet jedoch stets, daß eine Niederlage bereits erlebt wurde. Das Erleben einer Niederlage kann den Verlust von Autonomie bewirken. Autonomie im Bezug auf mögliche Handlungen und Gedanken. "Opfer sein" beinhaltet dann weiter die Gefahr, daß Sachzwänge oder auch Ängste und nicht die eigene Ratio das weitere Handeln bestimmen. Pädagogik hat hier Befreiungsarbeit zu leisten, indem sie einen Weg zu beschreiten versucht, "an dessen Horizont die Zukunft nicht schon als vollendete Gegenwart, sondern als offene, noch gestaltbare Vielzahl von Möglichkeiten in Erscheinung tritt" (a.a.O. 260 ff).

1.1. Computer als Veränderer von Welt

Wie viele Maschinen entstand der Computer aus dem alten
Wunsch der Menschheit, von Arbeit entlastet zu werden. Bei
der Entwicklung und Erfindung von Computern galt es zunächst, eine Rechenmaschine zu bauen, die innerhalb kurzer
Zeit große Datenmengen verarbeiten sollte. Entstanden hier
zunächst recht behäbige Maschinen, die Anfangs noch ganze
Räume ausfüllten, so wurden durch fortschreitend verbesserte
technische Verfahren Geräte entwickelt, die immer kleiner
und immer leistungsfähiger wurden (vgl. BAUMANN-GELDERN-
EGMONT 1990, 26 ff.) - und werden, denn ein Ende ist hier
noch lange nicht in Sicht.

Gleichzeitig "lernten" diese Maschinen auch, nicht nur mit
Zahlen sondern zunächst auch mit Texten, dann mit Bildern
und heute auch mit Sprache umzugehen.

Zu bemerken bei der Entwicklung von Computern ist, daß sich
diese von ihren Anfängen in den 40er Jahren bis hin zu den
ersten Industrieanlagen zu Beginn der 70er Jahren außerhalb
der Öffentlichkeit vollzog. Diese war umso überraschter, als
Ende der 70er Jahre diese Geräte - scheinbar aus dem Nichts
kommend - Einzug in den Alltag fanden.
Bei vielen anderen technischen Erfindungen konnte eine ge-
schichtliche Entwicklung miterlebt und nachvollzogen werden.
So hat jeder Autofahrer eine Vorstellung von Oldtimern und
jeder erwachsene HiFi-Anlagen-Besitzer kann sich noch an
Röhrenradios erinnern. Wie anders ist dies mit Computern:
Plötzlich ist man im Personalbüro als "Datensatz" erfaßt und
auch die Computerecken in den Kaufhäuser waren irgendwann
plötzlich da. Seitdem schreitet der Einzug in die verschiedensten Lebensbereiche und Berufsgruppen unvermindert - ja
sogar mit steigender Geschwindigkeit - und unaufhaltsam
fort.

Ein anderes Merkmal der Computer ist die Unsichtbarkeit der Rechen- und damit auch der eigentlichen Arbeitsleistung eines Geräts. Von einem Gerät, das "die Welt verändern soll"[1] und das Millionen von Rechenoperationen innerhalb einer Sekunde erledigen kann, erwartet man diffizilste und komplizierteste Technik. Stattdessen steht man vor einem grauen, monoton summenden Kasten.

Auch der Blick in sein Inneres erfüllt keine Erwartungen: Dort, wo sich die eigentlichen Rechenoperationen vollziehen sollen blickt man auf eine stumme Platine. Die Funktionsweise läßt sich visuell nicht erfassen. Ein weiteres scheinbares Paradoxon: Je leistungsfähiger die heutigen Rechner werden, desto weniger Bauteile befinden sich auf diesen Platinen. So lesen wir zwar, daß sich bei den neuesten Bauteilen auf einem daumennagelgroßen Siliziumplättchen 1,2 Millionen Transistoren befinden und daß diese Bauteile in einer Sekunde 106 Millionen Zeichen weiterleiten können (vgl. CHIP 2 1990, 41) - vorstellen können wir uns diese Menge aber nicht mehr.[2]

HOFFMANN (1979,420) nennt folgenden Vergleich:

> "Die Unanschaulichkeit der elektronischen Dateiverarbeitung erschwert zusätzlich den dringend notwendigen Erkenntnisprozeß in der Allgemeinheit. Die Atomkraftwerke mit ihren gewaltigen Betonkuppeln lassen sich optisch als störende Veränderungen der Umwelt wahrnehmen. Computeranlagen sind mehr oder minder große Metallschränke, an denen allenfalls ein paar Signallampen aufleuchten. Das Neuartige der Computer ist nicht direkt sichtbar und außerdem ver-

---

[1] "Nach vorliegenden Prognosen wird 1990 die Beschäftigung im Informationssektor trotz arbeitssparender Effekte der Informationstechnik etwa 43% und im Jahre 2000 etwa 46% der Erwerbstätigen umfassen" (FAULSTICH 1988, 71).

[2] "Ein Mensch, das alle zwei Sekunden einen Rechenschritt bewältigt, würde bei einer täglichen Arbeitszeit von acht Stunden und 200 Arbeitstage pro Jahr immerhin 172 Jahre und 5 Monate brauchen, um die Sekundenleistung des Computers zu erreichen" (EURICH 1985 c, 23).

standesmäßig nur von demjenigen leicht nachzuvoll-
ziehen, der ständig mit spröden mathematischen For-
meln umgeht".

Dabei - so HOFFMANN - sind es nur vier relativ leicht be-
schreibbare Eigenschaften, die den Computer charakterisieren
(vgl. a.a.O. 420 ff.):

Der Computer kann

(1) sehr viele Daten in sehr kurzer Zeit bearbeiten,

(2) riesige Mengen von Daten auf kleinstem Raum über
Jahre hinweg speichern,

(3) vorhandene Daten miteinander vergleichen und somit
eine Datenmenge auf ein Suchkriterium hin überprüfen
und

(4) Daten über spezielle Verteilnetze (z.B. dem Tele-
fonnetz) über beliebige Entfernungen innerhalb von Sekunden transportieren.

In einem scheinbar schleichenden Prozeß greifen diese vier
Eigenschaften in immer effektiverer und leistungsgesteiger-
ter Art und Weise ineinander. Erst die Tatsache, daß sich
dies nicht nur an einem Ort sondern an tausenden in der ganzen Welt zugleich vollzieht, berechtigt die Bezeichnung des
"Weltveränderers".

Wer von Computern spricht, beschreibt immer auch einen Fortschritt. Gerade am Medium Computer ist (technischer) Fortschritt in der atemberaubenden Zeiteinheit von Jahren und
Monaten abzulesen.

FAULSTICH zeigt auf, daß schon CONDORCET in seinem 1793 ver-
faßten Werk "Entwurf einer historischen Darstellung des
Fortschritts des menschlichen Geistes" wußte, daß "die Bedürfnisse wachsen und die Hoffnungen grenzenlos sind. Deshalb ist Fortschritt nicht abschließbar in dem Sinne, daß es
einen Endpunkt gibt, vor dem er Halt machen müßte, also kein
Geschichtsende" (FAULSTICH 1988, 155). Gerade heute ist -

auch im Hinblick auf Computer - die Frage, ob das technisch
Machbare auch das moralisch Verantwortbare ist, aktueller
denn je zuvor. Nur zu oft entpuppt sich die Frage als vergebliche Warnung, denn diejenigen, die Erfindungen erzeugen,
sind selten diejenigen, die sich über die mögliche Konsequenzen Gedanken machen.

Auf die Fragen, ob die Informationstechnik zum Fortschritt
beträgt oder ob die Menschen in der Informationsgesellschaft
glücklicher als in der Agrargesellschaft leben, muß auch
FAULSTICH die Antwort schuldig bleiben (vgl. a.a.O. 154).
Er verweist auf CONDORCET: "Der Begriff Fortschritt ist auf
Immanenz in der Welt und in dieser Zeit gerichtet. Nicht
erst die Enkel sollen es besser haben (...). Die Lebenszeit
des einzelnen Menschen ist der Maßstab" (a.a.O. 155).
Daß aber gerade technischer Fortschritt oftmals nicht mit
einem allgemeinem Wachsen geistiger und moralischer Werte
einher geht, ja diese sich oftmals umgekehrt-proportional
zum ersteren zu verhalten scheinen, zeigen nicht nur die
Entwicklungen der Massenvernichtungswaffen sondern auch die
unaufhaltsame Zerstörung der Natur.

HENTIG sieht den Computer nicht nur im Brennpunkt eines vor-
anschreitenden Fortschritts, sondern für ihn vollzieht sich
momentan die Überwältigung einer Kultur durch eine andere
(vgl. 1986, 80 ff). In der alten Kultur bewirkte die Erkenntnis der Natur die Verfügung über diese. Stets war die
erlebte Natur der Ausgangspunkt jeglicher Wissenschaften.
Diese Wissenschaften mußten für ihre Erkenntnisse Beweise
erbringen, die allgemein verständlich waren, was wiederum
einen unermüdlichen Dialog der einzelnen Wissenschaftler untereinander voraussetzte.
In der neuen Kultur werden problematische Sachverhalte durch
das Feststellen von Beziehungen zu lösen versucht. Diese
Beziehungen müssen jedoch standardisiert und normiert werden. Die Logik und die Mathematik bieten sich hier als ideale Instrumentarien an. HENTIG verdeutlicht dies mit einem

Beispiel. In der alten Kultur fragte man: "Wieso ist Klaus
so gut in Mathematik?" Die Antwort war ein Diskurs, der
Klaus' Biographie, seine emotionale Gestimmtheiten, seine
Neigungen und Interessen, das Lehrer-Schüler-Verhältnis und
vieles andere mehr zum Inhalt hatte. Die neue Kultur fragt
(überspitzt): "Auf welchem in der Skala Z festgehaltenem
Niveau einer wie vorgestellten Mathematik erbringt Klaus
welche Leistung im Verhältnis zu wem (so daß dies Erstaunen
auslöst)?" (a.a.O. 82). Die Beantwortung dieser Frage verlangt Daten, Skalen, Vergleichsgruppen und feste Regeln. Als
idealer Partner drängt sich hier der Computer förmlich auf.
"Die alte Kultur ist eine Kultur des Gesprächs, die neue
eine der Information; oder auch: die alte ist eine der Erkenntnis, der diskursiven Erfassung von Sinn und Bedeutung,
die neue eine des additiven Wissens, der Funktionen, der
Strukturen; oder schließlich: die alte ist eine des Sokrates, die neue eine der Sophisten" (a.a.O. 80).

Für HAEFNER zeigen sich die durch den technischen Fortschritt erzeugten Veränderungen weniger in der dinglichen
Umwelt, als in den grundauf veränderten Lebensbereichen der
einzelnen Menschen. Für ihn befinden wir uns direkt "Auf dem
Weg in die neue Bildungskrise" (1985), da viele Prozesse der
Informationsspeicherung und der Informationsverarbeitung
heute längst vom menschlichen Gehirn auf den Computer übertragen werden, weil dieser die Informationsflut schneller
und besser verarbeiten kann. Somit stellt sich für den Menschen die Frage, was er eigentlich noch lernen soll. Die
Antwort hierauf bleibt HAEFNER nicht lange schuldig: Eine
Hauptaufgabe des Bildungswesen muß es sein, dem "Zerfall der
Bevölkerung in zwei Schichten entgegenzuwirken, nämlich in
diejenigen, die **mit** und diejenigen, die **neben** der neuen
Technik leben" (a.a.O. 21). Dies soll erreicht werden durch
den "Informationstechnischen Führerschein für jedermann"
(a.a.O. 21), der Wissen und Umgang mit Technik zu einem neu-
en schulischen Hauptfach erhebt, in dem auch die Gefahren
beim Mißbrauch der informationellen Umwelt erörtert werden

sollen. Den "Informationstechnischen Führerschein" gibt es
freilich erst nach einer bestandenen Prüfung und dann - aufgrund raschen technischen Wandels - auch nur auf Zeit.

Dieses Wissen soll von allen Lehrern an die Schüler weitergegeben werden. HAEFNER selbst spricht jedoch von einer
"kulturellen Revolution" (a.a.O. 21), wenn es gelänge, die
Informationstechnik in die geistige Arbeit von Schule und
Hochschule dauerhaft zu integrieren.

Dem Trend der "Computerisierung der Gesellschaft" wagt HA-
EFNER nicht entgegenzutreten. Dies ist seiner Meinung nach
sinnlos, weil wir "in einer Demokratie dem Spiel der Kräfte
ausgesetzt sind" (a.a.O. 20), was bedeutet, das die Techniker bei ihren Entwicklungen nicht die Pädagogen um Erlaubnis
fragen. Nicht moralische Ideen bestimmen das Handeln, sondern rein wirtschaftliche Aspekte.

Für HAEFNER ist nicht der Computer der Motor der Veränderungen. Vielmehr ist dieser nur ein nützliches, ja sogar unverzichtbares Medium um die Entwicklungen und Veränderungen der
"informationellen Umwelt" (a.a.O. 20) zu verarbeiten.
Für HAEFNER erfuhren Kultur und Bildung - die in unseren
Breitengraden in den letzten drei Jahrtausenden entstanden
sind - einen enormen Wandel, dessen Ende, oder auch nur dessen weitere Entwicklungen heute nicht absehbar sind.

"In dieser Zeit ist die Menge der relevanten Informationen von einigen 10^8 Zeichen gespeicherter Information in der Antike und ihm frühen Mittelalter auf
heute ca. 10^{16} Zeichen gespeicherter Information an-
gestiegen. Dieses Volumen übersteigt alles, was in
einem menschlichen Gehirn speicherbar ist, um viele
Zehnerpotenzen. Das Wissen in allen Fächern hat sich
in den letzten 3 bis 5 Jahren verdoppelt. Damit ist
die intensive Bearbeitung dieser Informationsflut
durch den Menschen grundsätzlich in Schwierigkeiten
geraten" (a.a.O. 20).

Analog dem Anwachsen der Informationen entwickelte der
Mensch bessere Möglichkeiten der Datenspeicherung:

"Während die Speicherung eines Zeichens in einer Tontafel einige 1000 mm³ fordert, braucht das Buch nur ungefähr 1 mm³. Mit der modernen magnetischen Speichertechnik, so wie sie in der klassischen Datenverarbeitung benutzt wird, ist es möglich, in $^1/_{10.000}$ mm³ ein Zeichen zu speichern. Benutzt man optische Speicher (siehe Kompaktdisk oder Bildplatte), so erreicht man Speicherdichten im Bereich von 10^{-7}, d.h., das Wissen der Welt ist in einem Volumen von 10^{16} x 10^{-7} = 10^9 mm³ = 1 m³ unterzubringen!" (a.a.O. 20).

Diese Rechnungen eignen sich zwar zum Erregen von Aufmerksamkeit und Staunen, helfen ansonsten aber wenig, die durch den Computer bewirkten "Veränderungen der Welt" zu begreifen. Auch zur Proklamierung einer "neuen Bildungskrise" oder gar zur Forderung nach einem "neuen Bildungswesens" erscheinen sie ungeeignet. Denn mit Recht bezweifelt NICKLIS (1985, 407), daß mehr Information notwendigerweise zu mehr Erkenntnis führen soll.

Nach HENTIG besteht eine der großen Gefahren im Umgang mit dem Computer in der "Überwältigung durch den Vorrat an Wißbarem" (HENTIG 1986, 79). Wer ein großen Faktenwissen besitzt, dem bescheinigen wir schnell Erkenntnis. Wer dieses Faktenwissen verwaltet, dem bescheinigen wir Macht. Zu oft wird dieses Wissen nicht hinterfragt. "Dies entspricht der menschlichen Neigung, aus dem Denken in das Wissen zu fliehen - Entscheidungen auf die Autorität des Sachverhalts abzuschieben" (a.a.O. 79). Die relevante Frage heißt doch: Ist dieses Wissen für mich und mein Leben wichtig? Was kann ich mit diesem Wissen anfangen? Welche Bezugpunkte ergeben sich zwischen diesem Wissen und meiner Biographie?

Je mehr Informationen es gibt, desto mehr ist eine Bildung gefragt, in der vermittelt wurde, Wichtiges von Unwichtigem zu trennen. Gerade wer in einer anschwellenden Flut von Informationen "mit Sinnen und Sinn in der heutigen Lebenswelt" (BÄUML-ROßNAGL 1990 a) leben möchte, muß sich seiner Zeitlichkeit und seiner Ziele sehr bewußt sein. Und diese Dinge lassen sich schlecht durch den Computer und auch nicht durch

die "informationelle Umwelt" erfahren. Selbst ein "Informationstechnischer Führerschein" hilft hier wenig.
Überdies sind - nach WEIDEMANN - "nur naive Technokraten" (1989, 628) heute noch der Auffassung, daß die neuen Anforderungen durch solch einen Führerschein zu bewältigen sein werden.

Für EURICH besteht die Auseinandersetzung mit den Neuen Technologien darin, nach ihrem Sinn zu fragen. Zu schnell legitimieren sich - auch im pädagogischen Bereich - vorhandene Techniken durch ihre Existenz. Es gilt zu fragen, worin der Sinn liegt, "sich darüber zu begeistern, *'daß zwei Rechner ca. tausend bis eine Million Mal schneller miteinander kommunizieren als zwei Menschen'*. (Haefner) Worin der Sinn liegt, daß *'unter günstigen Bedingungen 10 Mrd. Zeichen pro Sekunde übertragen werden, was ca. zehntausend Taschenbücher pro Sekunde entspricht'*. (Haefner)" (EURICH 1985 b, 36). Die Faszination, für die Technik, der man bei diesem Thema schnell erliegt, darf nicht die Kritikfähigkeit und die Frage nach dem Sinn und dem Wozu beeinträchtigen. *Diese* Fragen müssen, so EURICH zu zentralen Themen der Pädagogik erhoben werden.

Für BECK ist eine der wesentlichen Bedingungen zur Entwicklungen neuer Technologien der Fortschrittsglaube. Diesem Fortschrittsglaube, den BECK als eine Art "irdische Religion der Modernen" (1986, 344) bezeichnet, attestiert er Merkmale des religiösen Glaubens, nämlich das Vertrauen in das Unbekannte, das Ungesehene, das Ungreifbare, sowie das Vertrauen wider besseres Wissen. "Fortschrittsglaube ist das Selbstvertrauen der Moderne in ihre eigene Technik gewordene Schöpfungskraft. An Stelle von Gott und Kirche sind die Produktivkräfte getreten und diejenigen, die sie entwickeln und verwalten - Wissenschaft und Wirtschaft" (a.a.O. 345).

Dieser Fortschrittsglaube macht aber auch immun gegen Bedenken und Einwände von außen. Gerade im Bereich der neuen

Technologien ist eine ungeheure Eigendynamik zu beobachten.
Anders als beispielsweise die Atomtechnologie besitzt dieser
Zweig von Wissenschaft und Wirtschaft volle Unabhängigkeit
und Selbständigkeit. Es gibt keine Parlamentsdebatten in der
über das Für und Wider der Einführung eines neuen Chips diskutiert wird. Das, was machbar ist wird erforscht, das, was
sich verkaufen läßt wird produziert.

1.2. Einfluß der neuen Technologien auf die kind-liche Entwicklung

In der Bundesrepublik Deutschland wird die Begegnung von
Computern mit Schülern ab der Sekundarstufe II, teilweise
auch ab der Sekundarstufe I in allen Schultypen seitens der
Kultusministerien nachdrücklich gewünscht und entsprechend
gefördert (vgl. Bundesministerium für Bildung und Wissenschaft, 1986, 28ff). Als wesentlicher Beitrag sei hier nur
die Einführung der "Informationstechnischen Bildung" genannt.

Für die Einführung des Computers in den Vor- und Grund-
schulbereich existieren seitens der Länder oder des Bundes
derzeit (noch) keine einheitlichen Pläne.
Die BUND-LÄNDER-KOMMISSION (BLK) faßte 1984 zusammen, daß in
den meisten Ländern der Bundesrepublik Deutschland bisher
die Festlegung dahingehend getroffen ist, "daß die Grundschule zumindest vorerst von einer systematischen Einführung
in die informationstechnische Bildung ausgenommen werden
soll. Dafür spricht, daß Schülern der Grundschule in erster
Linie die traditionellen Kulturtechniken vermittelt werden
müssen, deren Beherrschung für das tägliche Leben weiterhin
erforderlich bleibt; auch für den Umgang mit dem Rechner
sind diese Kulturtechniken eine grundlegende Voraussetzung"
(BLK 1984, 12). Diese Aussage wurde später um den Zusatz
"Inwieweit Computer diese Lernprozesse unterstützen, wird
derzeit in einigen Ansätzen erprobt" (BLK 1987, 12) erweitert, so daß sich daraus durchaus Möglichkeiten zur Durch-

führung einzelner Modellversuche ergaben (vgl. EBELING 1989,
12). In diese Modellversuche fließt der Computer jedoch
stets nur als Lernmedium ein. Hier unterscheiden sich die
Projekte des Primarbereichs beispielsweise deutlich von denen der Informationstechnischen Grundbildung, in denen der
Computer als Lernmedium und als Lerngegenstand behandelt
wird.

Solche Modellversuche waren das gemeinsam vom Bundesministerium für Bildung und Wissenschaft und dem Kultusministerium
des Landes Nordrhein-Westfalen geförderte Projekt "Computer
an Grundschulen", in dessen Abschlußbericht es heißt, daß
das pädagogische und didaktische Wissen momentan noch nicht
ausreicht, um der Einführung des Computers an der Grundschule eine allgemeine Empfehlung auszusprechen, und daß statt
dessen in langfristigen, wissenschaftlich begleiteten
Modellversuchen weitere reflektierte und transferierbare
Erfahrungen gesammelt werden sollen, die dann geeignet sind,
mittel- oder auch langfrisitge Entscheidungen im Grundschul-
bereich vorzubereiten (vgl. WIEDERHOLD 1989, 31f).

Weiter Forschungsprojekte und Modellversuche sind aus Niedersachsen (vgl. VOGT 1989, 51f), Rheinland-Pfalz (vgl.
RISSBERGER 1989, 53ff) und Berlin (vgl. KOCHAN 1989, 59ff)
bekannt, zu denen jedoch noch keine offiziellen Berichte
vorliegen.

Ausführliche Ergebnisse liegen jedoch von Forschungsprojek-
ten aus den USA vor, die an Vor- und Grundschulkindern
durchgeführt wurden. TURKLE berichtet von einer Versuchs-
schule, wo bei Vor- und Grundschulkindern durch die ständige
Verfügbarkeit von Computern Bedingungen geschaffen werden
sollten, die das "Entstehen einer Computerkultur" (1986,
118) begünstigen. Die Kinder dort "arbeiteten" mit der von
PAPERT entwickelten Computersprache LOGO, bei der aus einer
vorgegebenen Palette einzelne Objekte (z.B. Flugzeug, Ball,
Auto etc.) ausgewählt und mit einer Farbe versehen an eine

bestimmte Stelle des Bildschirms gebracht werden konnten, um
sie dann - mittels abstrakter Zahlenbefehle - in eine definierte Richtung mit einer definierten Geschwindigkeit zu
bewegen.[3] So konstruierten die Grundschüler beispielsweise
Weltraumfahrten und konnten sich in diesen - von ihnen ge-
schaffenen - elektronischen Welten bewegen.

Es entstand in diesen Klassen eine "Subkultur", die ein hohes Maß an Autonomie und Eigendynamik entwickelte (vgl.
a.a.O. 120). Die Kinder lernten nicht durch die Lehrer, sondern nur durch das eigene Probieren und waren in ihrem Können den Lehrern teilweise sogar voraus.
TURKLEY beobachtete bei diesen Kindern, wie das Schenken und
Teilen eine völlig neue Dimension bekam. Müssen sich Kinder
bei den dinglichen Objekten ihrer Umwelt sehr gut überlegen,
ob sie diese und an wen sie diese verschenken, so war es nun
möglich, erstellte Programme beliebig oft zu kopieren und
diese Kopien beliebig oft zu verschenken und außerdem das
Programm auch noch für sich selber zu behalten (a.a.O. 122).

Ein Tatbestand, der die wirklichen Dimensionen des "Schen-
kens" vermutlich schnell verloren gehen läßt. "Ich teile
nur, wenn ich hinterher nicht weniger habe!", könnte ein
daraus resultierender Lehrsatz lauten.

Ein anderes von TURKLEY beobachtetes Phänomen war das Wei-
terleben der eigenen Ideen in Anderen (a.a.O. 122). Entwickelte ein Schüler eine effektvolle Programmroutine, so

---

[3] Einen Überblick über die Fähigkeiten von Kindern am Com-
puter gibt GALANTER von der Computerschule New York (vgl.
EURICH, 1985, 76):
- Mit fünf Jahren ist praktisch jedes Kind in der Lage, Tasten
wiederzufinden und diese zu betätigen.
- Mit sechs Jahren können schon ganze Wörter eingetippt werden.
- Ab Schulbeginn kann ein Kind ein fertiges Programm schon al-
leine starten und stoppen.
- Mit acht Jahren können Kinder selbständig kleine Programme
anfertigen.
- Mit neun Jahren können Listen sortiert werden.

konnte er bald mit Genugtuung wahrnehmen, daß andere Schüler
seine Routine in ihre Programme eingebaut haben. Man war
allgegenwärtig ohne sich bewußt und aktiv einbringen zu müssen.

Im deutschsprachigen Raum sind dagegen keine Projekte dieser
Art bekannt. Es wird jedoch seitens der Industrie, bzw. der
Verlage versucht, "Berührungspunkte" zu schaffen. So berichtet ISSING von Computer-Spiel-Programmen für 3- bis 6-jäh-
rige Kinder (ISSING 1985, 19) und auch ein renommierter
deutscher Spiel-Hersteller warb für Home-Computer-Programme,
damit Kinder lernen, "spielerisch Schritt für Schritt mit
dem Computer umzugehen und sogar eigene Programme zu erstellen" (EURICH 1985, 45). Die Programme eigneten sich - so der
Hersteller - für Kinder ab 5 Jahren. Neueste Recherchen ergaben jedoch, daß der Hersteller die Programme mittlerweile
vom Markt genommen hat und auch seine Computerabteilung geschlossen hat.

Die Begegnung von Computern und Kindern findet in Deutschland größtenteils außerhalb der Institutionen statt und damit auch außerhalb jeglicher Kontroll- oder auch nur Beob-
achtungsmöglichkeiten. So bleibt die Schwierigkeit, Folgen
und Einflüsse der Computertechnik auf Kinder zu beschreiben,
wenn sich die Berührungspunkte mit dieser Technik gänzlich
im familiären Bereich oder im Freundeskreis ergeben.

Für Kinder präsentiert sich der Computer in weitaus größerem
Maße als "undurchschaubares Objekt", als er dies für Erwachsene darstellt. Kinder sind bestrebt in ihrem Prozeß der
Weltaneignung Technik zu verstehen. Dazu gehört das Ausein-
andernehmen eines alten Weckers genauso wie "Herumbasteln"
am ersten Mofa.

DANNER beschreibt, wie schon eine elektronische Schreibmaschine im Vergleich zu einer mechanischen ein technisches
Gerät darstellt, dessen Funktionsweise mit dem bloßen Auge

nicht mehr nachvollzogen und damit auch nicht mehr begriffen werden kann (DANNER 1987, 58). Die vielen Vorgänge, von der Bewegung des Typenhebels, über das Weiterrücken der Walze bis zum Transport des Farbbandes können durch das langsame Herunterdrücken einer Buchstaben-Taste bei einer mechanischen Schreibmaschine nacheinander erfahren und somit begriffen werden. Bei einem elektronischen Gerät gibt es nur eine Eingabe, in Form eines kurzen Tastendrucks und eine Ausgabe in Form eines gedruckten Buchstabens. Die Beziehung zwischen Ein- und Ausgabe ist nur durch abstraktes Denken und Vorstellen zu verstehen, nicht aber sinnlich erfahrbar. DANNER überträgt dies auf den Computer: "Die mit dem Computer produzierte Wirklichkeit ist gekennzeichnet durch den Verlust von Sinnlichkeit; wir brauchen unsere Sinne, unseren Leib nicht mehr; Wirklichkeit wird ins Denken und Vorstellen verlagert" (a.a.O. 58).

Kinder erwarten in einem Computer ungeheuerliches; umso größer ist ihre Enttäuschung, wenn sie statt sich drehender Zahnräder, sich bewegender Kolben oder glühender Röhren (vgl. TURKLEY 1986, 21) einige Kabel und einen schwarzen Chip entdecken. "Kinder, die sich mit Kabeln und einem Chip konfrontiert sehen, während sie ihrem Drang folgen zu erforschen, wie die Dinge funktionieren, können keine einfache, auf Wahrnehmung beruhende Erklärung finden. (...) Die physische Undurchschaubarkeit dieser Maschinen veranlaßt sowohl Kinder als auch Erwachsene, über Computer in psychologischen Begriffen zu reden und zu denken" (a.a.O. 21). Unerwartete Verhaltensweisen, die sich aus einer komplexen Programmstruktur heraus ergeben, werden als Indiz für die Lebendigkeit und Wesenhaftigkeit der Maschine angesehen.

Diese Gefahr verstärkt sich speziell bei Tutoriellen Lernprogrammen, da bei diesen Programmen der nächste Schritt immer von der gemachten Eingabe des Schülers abhängig ist. Begeht ein Schüler beispielsweise immer wieder den selben Fehler, verzweigt das Programm in ein Unterprogramm, wo spe-

ziell dieser Fehler geübt wird. Erst danach kann der Schüler
im eigentlichen Programm weiterarbeiten (vgl MANDL & HRON
1989, 669f). Dem Schüler wird bei diesen Programmen also der
Eindruck vermittelt, daß das Programm ihm persönlich "antwortet", er von dem Computer durch das Programm "geführt"
und "an der Hand genommen" wird.

Läßt man Schüler am Computer Programme erproben und experi-
mentieren, so hört man immer wieder Sätze wie: "Was macht er
denn jetzt?" oder "Jetzt spinnt er wieder!".

"Die 'Schwierigkeiten' eines Schachprogramms, das nicht
funktioniert, wurden von seinem Autor zum Beispiel mit den
folgenden Worten erklärt: 'Wenn es sich bedroht, in die Enge
getrieben fühlt, will es mit seinem König vorrücken. Es
bringt dann Figurenwerte und Macht durcheinander, und das
führt zu einem selbstzerstörerischen Verhalten'" (TURKLEY
1986, 14).

LIPPITZ (1986, 261ff) beschreibt eine andere Sichtweise, wie
Kinder Technik aufnehmen. Er beobachtete, daß speziell Kinder im Vor- und zum Teil auch noch im Grundschulalter technische Geräte nicht einfach nur mit der Hand malen können,
sondern mit ihrem ganzen Körper das Wesen dieses technischen
Geräts auszudrücken versuchen. So beobachtete er bei einem
Kind, daß eine "Tierfutterdosenfabrik" malte, wie dieses
beim Zeichnen von Rollen Kopf, Arme und den ganzen Oberkörper drehte. Das Wesen der Rolle - die geschlossene Kreisform
- wurde nicht nur gezeichnet, sie wurde mit dem Körper
nacherlebt. In einem anderen Beispiel gibt ein Kind beim
Zeichnen eines Krans minutenlang Motorengeräusche von sich:
"David wird selbst zum Kran. Er produziert intensive Geräu-
sche: Motorlauf, Preßluft, ausfahrendes Hydraulikgestänge"
(a.a.O. 265).
Ein technischer Gegenstand als solcher besitzt für ein Kind
noch keine Bedeutung. Erst durch die Beschäftigung mit diesem Gegenstand gewinnt dieser Bedeutung für das Kind in ei-

nem situationsabhängigen, emotionsträchtigen und noch offenen Umgestaltungsprozeß. LIPPITZ faßt dies folgendermaßen
zusammen: "Dinge bleiben Kindern nicht nur äußerlich, sondern sie bewohnen und bevölkern ihre Seelen" (a.a.O. 264).
Die Voraussetzung für diese Bedeutungsschaffung ist jedoch
ein - selbst nur bruchstückhaftes - Verstehen des technischen Gegenstandes. So ist zwar die Funktionsweise eines
Krans von Außen zu beobachten; der Computer selbst aber
bleibt unverstanden, an ihm und mit ihm kann kein offener
Umgestaltungsprozeß erarbeitet werden.
Trotzdem "wirkt" dieses Gerät in beeindruckender Weise auf
Kinder. Da Kinder aber hier nicht die Möglichkeit der sub-
jektiven Sinnfindung haben, unterwerfen sie sich diesem Sy-
stem, sehen sich als ein Bestandteil dieser Technik.
Bei programmierenden Grundschülern wurde beobachtet, wie
sich diese als Teil ihrer elektronischen Welt empfinden
(TURKLEY 1984, 130). Wird nun noch der Computer nicht als
Maschine, sondern als lebendiger Gegenstand gesehen, kann
ein Gefühl der Abhängigkeit, ja sogar der gefährlichen
Machtlosigkeit entstehen.

JÖRG (1987, 51 ff) zeigt hier parallelen zum Fernsehen auf.
Auch das Fernsehen bietet Kindern keine Gelegenheit sich mit
dem Dargebotenen handelnd auseinanderzusetzen, es mit ihren
Sinnen zu begreifen. Ihnen wird eine Scheinwirklichkeit ge-
boten, in die sie nicht aktiv eingreifen können. Dadurch,
daß Kindern hier Erfahrungen aus 2. Hand geliefert werden,
haben sie keine Möglichkeiten mehr, diese Erfahrungen in
wirkliche Begegnungen im Hinblick auf die Bedeutung für ihre
eigene Biographie zu interpretieren.[4]

---

[4] BAUERSFELD spricht in diesem Zusammenhang vom Computer
als "'umgekehrten Schlemihl', das Gegenstück zu Adalbert von
Chamissos Figur des Schlemihl, dem Mann ohne Schatten. Der Computer liefert nur Schatten der übrigen Wirklichkeiten, wiewohl
er selbst eine unserer Wirklichkeiten ist. Er liefert nie den
Mann selbst, er ist der Schatten ohne Mann. Freilich erlauben
seine Möglichkeiten der Simulation, nahezu jeden Schatten herzustellen - auch solche, für die es noch gar keinen Mann gibt.
Zum ersten Mal in der Geschichte der Menschheit beginnt der
Schatten mit dem Mann zu konkurrieren" (1985, 114).

Sehr oft sehen Kinder Filme, die sie intellektuell (noch) nicht verstehen. Das Nicht-verstehen wird zur Regel. Ein Kind, das nicht gefragt wird, lernt auch nicht zu kommunizieren. Wo keine Fragen erlaubt sind kann sich auch keine Neugier entwickeln. Wo keine Neugier für etwas da ist, entsteht auch kein Interesse. "Das Kind sieht und hört in die Ferne, sprachliche Kommunikation kommt dabei nicht auf - wozu auch? Da entwickelt sich ein einsamer Mensch, der die Welt nicht begriffen hat" (a.a.O. 63).

ZIEHE & STUBENRAUCH beschreiben in diesem Zusammenhang ein anderes Phänomen. Kinder und Jugendliche erleben heute eine Vielfalt von Lebensformen. Diese verschiedenen Lebensformen betreffen die Möglichkeiten der Berufsauswahl, die Möglichkeiten des Wohnens, die Möglichkeiten sich in Beziehungen einzulassen, die Möglichkeiten sich religiösen oder ideologischen Leitideen anzuschließen und vieles andere mehr (vgl. 1982, 38f).

Diese Vielfalt wird nun zu einem großem Teil durch das Fernsehn vermittelt. Das Kind oder der Jugendliche ist in seiner Entscheidung, aus dieser frei Haus dargebotenen Palette von Möglichkeiten zu wählen nicht ganz frei. Mit Anstrengungen überwindbare - aber auch unüberwindare Hindernisse stellen sich hier dazwischen. Diese Hindernissen können mangelnde Fähigkeiten und Fertigkeiten oder auch eingeschränkte finanzielle Mittel sein.
"Von der *fiktiven* Vielfalt möglicher Lebensformen fühlen sich viele einzelne ohnmächtig beschränkt auf zu geringe *reale* Veränderungsmöglichkeiten. Alles scheint in Bewegung geraten, aber viele leiden an dem Gefühl, nicht von der Stelle zu kommen..." (a.a.O. 39).

Das Fernsehn überhäuft aber nicht nur mit der Palette der endlosen Möglichkeiten, es vermittelt auch vorab das Gefühl

noch nicht gemachter Erfahrungen. Vorschulkinder erleben im
Fernsehn den Schulalltag, Schulkinder erleben Möglichkeiten
des Berufsalltags und Berufstätige erleben das Rentnerda-
sein. Wo auch immer wir uns in unserer Biographie befinden,
im Fernsehn kann stets Einblick in die nächste Ebene genommen werden. Das reale Leben hingt den medial vermittelten
sekundären Erfahrungen hinterher. "Die Welt ist dann, überspitzt ausgedrückt, «längst bekannt», *bevor* sie erfahren
werden konnte" (a.a.O. 40).

Dies gilt heute in besonderer Weise für die sexuelle Sozialisation. Kinder "wissen" bereits über sexuelle Vorgänge,
lange bevor diese körperlich "er-lebt" werden. Wenn Jugendliche dann körperlich mit einer neuen Situation konfrontierte werden, scheint diese ihnen geistig schon längst vertraut
zu sein.

Auf der anderen Seite haben Kinder und Jugendliche durch die
im Fernsehn gezeigt Fülle von "Vorab-Erfahrungen" die
Möglichkeit, ihrer gemachten Erfahrungen in dieses Sprektrum
einzuordnen und diese somit vielleicht auch zu relativieren.
Bei gemachten negativen sexuellen Erfahrungen muß dann die
Quintesenz nicht zwangsläufig heißen, daß alle sexuelle Erfahrungen negativ sind, sondern daß eben nur die erlebten
den persönliche Erwartungen nicht entsprachen und daß neben
den erlebten auch medial vermittelte Sekundärerfahrungen
möglich und denkbar sind.

Ein wesentliches Merkmal des Fernsehns ist die Geschwindigkeit, mit der hier Informationen und Erfahrungen vermittelt
werden. Besitzen einzelne Filme oftmals schon eine "erdrük-
kende Dichte" von Aussagen, Informationen und vermittelten
Eindrücken und Emotionen, so wird dies durch die vielstündi-
ge Sendedauer und durch die Anzahl der empfangenen Programme
geradezu ins Unendliche potenziert.

Somit bietet das Fernsehen für Kinder eine permanente Spannung, die das "wirkliche Leben" scheinbar nicht zu bieten
hat. Folglich wird die "wirkliche Wirklichkeit" (JUNGK 1985,
48) als langsamer, langweiliger - ja schließlich: als lästig
empfunden. Wer sich per Knopfdruck in fremde Länder - ja
sogar in fremde Welten - einschalten kann, was soll dem das
Hier und Jetzt noch bieten?[5]

KLINGEN & OTTO verweisen auf den Unterschied von "Fernseh-
kindern" und "Computerkindern" (1986, 16) und betonen, daß
letztere aktive Steuerungselemente behalten. Die Handlungen
vollziehen sich jedoch in einer "Pseudowirklichkeit", die
bestenfalls als ein stark vereinfachtes Abbild der Realität
bezeichnet werden kann (vgl. a.a.O. 16).

Der Computer bietet hier scheinbare Möglichkeiten des Rea-
gierens. Endlich kann der Bildschirm gemäß den eigenen Vorstellungen manipuliert werden. Endlich gelingt daß, was im
realen Leben immer weniger zu gelingen scheint. Was zunächst
als "freudige Überraschung" interpretiert wird, kann sich
schnell zu einer Abhängigkeit und letzlich zu einer Sucht
entwickeln, da die wichtige Erfahrung der "Manipulierbarkeit
der Welt" in zunehmender Ausschließlichkeit mit dem Computer
gemacht werden. Zu Kommunikation ist freilich auch der Computer nicht in der Lage. Fragen, Antworten und "vorgegaukel-
tes" Interesse entpuppen sich bald als Programmroutinen.

Die Befürworter einer Computerbegegnung im Vor- und Grundschulalter Begründen ihren Standpunkt oft mit der These, daß
Kinder sich im Umgang mit dem Computer spielerisch die wich-
tigen Operationen der algorithmischen Logik aneignen und
somit ein fließender Übergang in die nicht-spielerische Ar-

---

[5] JUNGK verdeutlicht dies in folgender Szene: "Im unerbitt-
lichen Dauerregen will ein knieender Mann mitten auf der Auto-
bahn eine Reifenpanne beheben. Um ihn herum die triefende Familie. Jetzt bricht auch noch der Wagenheber. Allgemeine Verzweiflung. Das fragt der Achtjährige: 'Papa, weshalb schalten wir
nicht einfach zu einer anderen Sendung?'" (a.a.O.48).

beit mit dem Computer erfolgen könnte (vgl. NÖTZEL in FAUL-
STICH 1988, 121). Dem hält LIPPITZ (1986, 274) entgegen, daß
Kindern technische Geräte und Phänomene zwar vertraut sind,
es sich bei dem im Umgang mit diesen Geräten erworbenen Wissen aber keineswegs um Funktionszusammenhänge oder mechanische Gesetzmäßigkeiten handelt. Auch FAULSTICH (1988, 121)
bezweifelt sehr stark, daß allein durch die Bedienung eines
Computers dessen Funktion oder gar die Programmlogik erfaßt
werden könnte.

Hierfür sind Schulungslehrgänge oder zumindest ausführliche
autodidaktische Beschäftigungen mit dem Gerät notwendig, was
meist erst bei Jugendlichen zu beobachten ist.

1.3. Einfluß des Computers auf Jugendliche

Im folgenden soll der Einfluß des Computers auf Jugendliche
unter dem Gesichtspunkt möglicher intellektueller, sprach-
licher und kommunikativer Veränderung dargestellt werden.

Nach ERIKSON ist die Pubertät die Phase im Aufbau der Identität, in der die Identifikation mit anderen Personen und
Idolen durch das entstehende und erlebte Gefühl der Einheit
und Kontinuität der eigenen Person ersetzt wird. Bedeutsam
sind hier auch die gemachten Erfahrungen, da diese dem Jugendlichen helfen, seine Biographie als einmalig zu erleben
(vgl. ERIKSON 1973, 140). Erfahrungen werden nicht nur im
Umgang mit Personen und Situationen, sondern auch im Umgang
mit Gegenständen und Dingen, ja: auch technischen Dingen gemacht, wobei nicht nur Erfahrungen über den Gegenstand, sondern - und diese scheinen weitaus wichtiger zu sein - auch
Erfahrungen über die eigene Person in Auseinandersetzung mit
diesem Gegenstand gemacht werden. "Für eine *Theorie der Per-*
sönlichkeit wie damit auch für Aussagen zur Veränderung von
Persönlichkeiten ist es sinnvoll, sich mit den *Aktivitäten*
der Individuen und ihrer zeitlichen Verteilung zu befassen"
(FAULSTICH 1988, 107).

Zum zeitlichen Umfang der Verweildauer Jugendlicher vor dem
Computer gibt es bisher wenig empirische Untersuchungen.
FAULSTICH berichtet von einer Untersuchung an Achtkläßlern,
von denen 29% den Computer ca. eine Stunde pro Woche, 18%
zwei Stunden, 10% drei Stunden, 7% vier und fünf Stunden,
11% sechs Stunden und 18% ihn mehr wie sechs Stunden in der
Woche benutzen (a.a.O. 110). Bei diesen Angaben muß jedoch
noch berücksichtigt werden, daß nur ca. 20% der untersuchten
Haushalte überhaupt über einen Computer verfügten.

FREY untersuchte Forschungsberichte aus 18 Ländern und kam
zu dem Ergebnis, daß das Mittel der Computerbenutzung von
Kindern und Jugendlichen in den Regelschulen im internationalen Mittel noch keine Stunde pro Woche ausmacht (1989,
639). Bei den Schülern, die das Unterrichtsfach Informatik
besuchen sind nur 20-30% der Jugendlichen außerhalb des Unterrichts zwei oder mehr wie zwei Stunden am Computer
(a.a.O. 640).

EURICH stützt sich auf die entwicklungspsychologische Theorie von PIAGET, indem er das menschliche Denken von einem
tiefgreifenden Bedürfnis nach Gleichgewicht, Harmonie und
Widerspruchslosigkeit gekennzeichnet sieht (EURICH 1985 c,
70 ff), wobei dieses Gleichgewicht zwischen dem Organismus
und seiner Umwelt in jeder Situation immer wieder neu herzustellen ist. Entwicklung, und damit auch Lernen, kann somit
als Fortschreiten von Zuständen geringeren Gleichgewichts zu
Zuständen größeren Gleichgewichts verstanden werden. "Was
dieses Fortschreiten oder den Lernprozeß in Gang setzt, sind
die Begegnungen des Individuums mit der dinglichen oder sozialen Umwelt, die durch ihre Informationen immer wieder
dieses Gleichgewicht stören" (JOERGER 1976, 48).

Durch den Computer nun - speziell durch imaginäre Computer-
spiele wie Weltraumabenteuer oder Flugzeug-Simulatoren -
geraten Jugendliche in eine eigene Welt, die in ihrer Logik
klar und eindeutig gegliedert ist und in der persönliche

Gewinne und Verluste nach durchschaubaren und streng definierten Regeln klar und sichtbar präsentiert werden. Diese
Welt stellt das genaue Gegenteil zur wirklichen Umwelt dar,
in der Zusammenhänge und Bedeutungen eben sehr viel unkla-
rer, mehrdeutiger und vielschichtiger sind. Dieses Verweilen
in zwei Welten, der physischen und der elektronischen steht
- so EURICH - dem menschlichen Grundbedürfnis nach Gleichgewicht entgegen. Kinder geraten hier in ein Span-
nungsverhältnis, das auf Dauer nicht aushaltbar ist und
folglich nach der einen oder anderen Seite hin aufgelöst
werden muß: "Sie passen das weniger Attraktive dem Attrak-
tiven an; sie übertragen die klaren und eindeutigen Strukturen des Computers auf ihre vieldeutige und widersprüchli-
che Lebensumwelt" (EURICH 1985 c, 64).

FAULSTICH hält dem entgegen, daß es sich hierbei um ein
Fehlverständnis der PIAGETschen Theorie handelt (vgl. 1988,
113), da ein Maximum an Gleichgewicht kein statischer Ruhe-
zustand ist, sondern ein Maximum an Aktivität des Individuums. Das Nicht-mehr-los-kommen vom Computer, daß EURICH als
"Verbissenheit" (EURICH 1985 a, 15) und "Droge" (EURICH 1985
c, 64) bezeichnet, ist für FAULSTICH die "Auseinandersetzung
mit einer Aufgabe" (FAULSTICH 1988, 113). Er verweist auf
den "Zeigarnik-Effekt", wonach unerledigte Aufgaben im Gedächtnis haften bleiben und auf eine Lösung drängen (vgl.
HOFSTÄTTER 1972, 122). Die Kinder versuchen, die durch die
Umwelt - sprich: den Computer - gestellten Anforderungen aus
eigener Kraft zu lösen um damit wieder ein Gleichgewicht
zwischen den Anforderungen der Umwelt und den eigenen Fähigkeiten herzustellen.

Wie und ob Jugendliche den Computer letzlich einsetzen, bzw.
ob sie ihn als für ihr Leben relevant erachten, hängt vom
sozialen und kulturellen Kontext der Jugendlichen und damit
letzlich von ihrer Lebenslage ab (vgl. FAULSTICH 1988, 116).

Auch ROSEMANN sieht nicht die Gefahr einer intellektuellen Beeinträchtigung Jugendlicher durch den Computer. ROSEMANN verweist auf Analogien zu früheren Diskussionen, in denen das Für und Wider der Einführung von Taschenrechnern in die Schule diskutiert wurde. Aber auch damals schon setzte sich der Markt über alle pädagogischen Bedenken hinweg. Die Behauptung, daß seitdem die Leistungen im Kopfrechnen gesunken sind, sei bis heute niemals belegt worden (ROSEMANN 1986, 65).

Für ROSEMANN stellt sich ein Jugendlicher nur den Anforderungen, von denen er glaubt, sie positiv bewältigen zu können.

"Keiner der Jugendlichen hat von sich aus ein Interesse daran, sich einer Beschäftigung hinzugeben, die über kurz oder lang seine intellektuelle Tüchtigkeit, seine geistige Flexibilität, sein kreatives Handlungspotential untergräbt. Im Normalfall spürt er sehr genau, wann ihm Erfahrungen nutzen, weiterhelfen, wann Erfahrungen positive Entwicklungsimpulse auslösen. Dies hat die Natur sehr weise eingerichtet: In jahrmillionenlanger Geschichte haben - vor allem die höheren - Lebewesen einen höchst wirksamen und lebenswichtigen Handlungsimpuls herausgebildet. Es ist das Streben nach Kompetenz, nach Erweiterung der Kenntnisse, nach wachsender Kontrolle der Bedingungen des Lebens" (a.a.O. 73).

ROSEMANN formuliert folgende Thesen über den Zusammenhang zwischen den Einstellungen, die Jugendliche gegenüber dem Computer haben und der Bereitschaft sich mit diesen Geräten handelnd auseinanderzusetzen (vgl. a.a.O. 75):

(1) Diejenigen Jugendlichen, die Freude und Spaß am Computer erleben und sich durch ihn angezogen fühlen, profitieren vom Umgang mit diesem Gerät. Sie werden die technischen Probleme, denen sie sich stellen auch größtenteils erfolgreich meistern und erweitern somit ihr Repertoire an erfolgreichen Handlungen.

(2) Diejenigen Jugendlichen, die dem Computer gegenüber Gleichgültigkeit empfinden, können keinen Bezug zwischen dem Gerät und ihrer momentanen Lebenssituation herstellen. "Der Rechner wird außerhalb jener Realität gesichtet, die derzeit im positiven oder negativen Sinne als wertig eingeschätzt oder erlebt wird" (a.a.O.75).

(3) Diejenigen Jugendlichen, die glauben, den durch den Computer gestellten Anforderungen nicht gewachsen zu sein, reagieren mit Angst und Furcht vor dieser neuen Technik. Sie befürchten eine Entwertung der bisher aufgebauten Kompetenzen und werden versuchen Kontakte mit diesem Medium so weit wie möglich zu meiden.

Die von ROSEMANN aufgestellten Thesen lassen sich m.E. mit der Theorie zur Attribuierung von HECKHAUSEN vergleichen. Nach HECKHAUSEN führen erfolgsmotivierte Menschen gute Leistungen auf internale Kausalfaktoren wie eigene Fähigkeiten und hohe Anstrengungen und schlechte Leistungen auf externale Kausalfaktoren wie schwere Aufgaben oder einfach nur Pech zurück. Mißerfolgsmotivierte Menschen hingegen verfahren genau andersrum, sie führen gute Leistungen auf externale Kausalfaktoren wie leichte Aufgaben oder Glück und schlechte Leistungen auf internale Kausalfaktoren wie mangelnde Fähigkeit zurück (vgl. HECKHAUSEN 1980, 522f).

Erfolgsmotivierte Jugendliche sehen demnach in dem Computer keine Bedrohung und führen die erfolgreiche Auseinandersetzung auf die eigenen Fähigkeiten zurück. Kommen sie bei einem Problem nicht weiter, so wird dadurch ihr Selbstvertrauen nicht erschüttert. Vielmehr wird das Versagen einer (noch) nicht durchschauten Programmstruktur zugeschrieben.

Mißerfolgsmotivierte Jugendliche hingegen befürchten von vornherein, daß sie am Computer scheitern könnten, was als weiterer Beweise der persönlichen Unfähigkeit gewertet wird. Sollten diese Jugendlichen doch einmal eine Problemstellung

erfolgreich lösen, wird der Aufgabe ein zu geringer Schwierigkeitsgrad bescheinigt.

ROSEMANN nimmt auch zur Verweildauer von Jugendlichen vor
dem Computer Stellung. Danach sind die hier und da beobachteten Jugendlichen, die extrem lange vor dem Computer sitzen
und sich auch durch ihn von ihrer Umwelt isolieren, extreme
Ausnahmen, die vermutlich aufgrund ihrer Sozialisation ohne
Computer andere Formen des Rückzugs entwickelt hätten (vgl.
ROSEMANN 1986, 117).

Auch TURKLEY kommt zu dem Schluß, daß es keine allgemeingül-
tigen Wirkungen des Computers auf Jugendliche gibt, sondern
diese in unterschiedlichster Art und Weise von diesem Medium
betroffen sind. Die Bandbreite der in ihren Untersuchungen
festgestellten Reaktionen sollten einen "gesunden Skeptizi-
mus gegenüber jedem (auslösen) (..), der einfache Szenarios
hinsichtlich der 'Herausforderung des Computers für die Gesellschaft' anbietet" (TURKLEY 1986, 398).

Die hier aufgezeigten Ergebnisse sind größtenteils durch
Befragungen der Jugendlichen entstanden, wodurch jeweils nur
die momentanen oder vielleicht noch die vergangenen Beziehungen zu dem Computer ergründet worden sind.
Die Aufgabe von Pädagogen ist es jedoch auch, den Blick in
die Zukunft zu wenden, mögliche Folgen und Entwicklungen zu
prognostizieren.

Welche Einflüsse - so ist weiter zu fragen - kann das ständige Agieren mit einer stringent logischen Sprache, in der
es nur ein klares "Ja" oder "Nein" gibt langfristig gesehen
auf Kinder, Jugendliche oder Erwachsene haben?

Turkley beobachtete bei Erwachsenen, die sich intensiv mit
dem Computer beschäftigen, daß diese beginnen, über sich und
andere in Begriffen zu reden, mit denen ursprünglich nur

Eigenschaften und Funktionen der Maschinen bezeichnet wurden (TURKLEY 1986, 14).[6]

Für TURKLEY handelt es sich hierbei nicht nur um angewöhnte Floskeln; für sie werden hier innere Prozesse des Menschen mit inneren Prozessen einer Maschine gleichgesetzt.

Wenn HENTIG fragt, ob wir "die Sprache der Computer" sprechen werden (1986, 69), so meint er nicht das Kommunizieren mittels Programmiersprachen. Vielmehr geht es ihm um eine künstliche Sprache die keinerlei Bezug mehr zur Realität aufweist, die in ihren Wenn-Dann-Beziehungen kein "vielleicht" oder "manchmal" kennt und doch jederzeit wieder löschbar und damit unverbindlich ist.[7]

Kommunikation aber gerade lebt von der Unschärfe und der Mehrdeutigkeit der Sprache. Dadurch kommt es zu einem Nachfragen, einem nochmaligen Zuhören, einem Rückversichern des Verstandenen, kurz: zum Diskurs.
"Das individuell Gemeinte und Ausgesagte bewegt sich in einem Hof des Mit- und Nichtgemeinten" (LIPPITZ 1989, 151).

---

[6] "Ein Computerwissenschaftler sagt: 'Meine Vorlesung ist fest verdrahtet' und meint damit, daß er sie halten kann, ohne dabei nachzudenken;" (TURKLEY 1986, 14). In einem anderen Beispiel bezeichnet eine Wissenschaftlerin Psychotherapie als "Debugging" (a.a.O. 14). Mit Debugging wird in der Programmierung das Verfahren bezeichnet, aus einem fast fertigen Programm die letzten Fehler zu eliminieren.

[7] In einer Computerzeitschrift war folgender Leserbrief zu finden: "In SQ II komme ich nicht durch den Sumpf und kann die 'rope', an der die 'creature' hing, nicht bekommen. In SQ III komme ich aus dem 'World o' Wonder' und werde ab dann von diesem unsichtbaren Roboter bis zu meinem Raumschiff verfolgt, wo ich dann getötet werde" (CHIP 5 1990, 264).

Eine Aufgabe von Erziehung ist es auch zu lernen, diese Unschärfe auszuhalten, ja mehr noch: sie als Voraussetzung für
Kommunikation zu erkennen.[8]

Die elektronische Welt stellt sich nun durch ihre Klarheit
und Überschaubarkeit als "verlockender Gegenpol" dar, die
jedem relativ schnell das Gefühl der Handlungsfähigkeit und
des Machbaren vermittelt. EURICH spricht von der "Faszination einer eindeutigen Welt" (1985 c, 61),[9] in der "Sinn
produziert werden kann, Maschinensinn zwar nur, aber doch
einer, der auf Ganzheitlichkeit beruht, einer Ganzheitlichkeit, die in der realen Welt erfahrbar nicht mehr existiert.
Es ist eine eigene Welt, die Welt des Programms, eine Welt,
die außer Wärme und Liebe und Zuneigung fast alles bietet,
was die reale Welt nicht mehr zuläßt" (1985 b, 35).

Je mehr Sicherheit und (Selbst-) Vertrauen in der elektronischen Welt gesucht und gefunden wird, desto geringer ist

---

[8] "(...) manch passionierter 'Hacker' mag interpersonelle
Beziehungen deshalb immer mehr scheuen, weil er wachsende Ängste
davor spürt, sich in einen eigendynamischen Prozeß mit unvorher-
sehbarem Verlauf und Ergebnis zu engagieren" (GESER 1989, 236).

[9] VOLPERT nennt ein eindrucksvolles Beispiel dafür, wie
kläglich der Versuch scheitern muß, die Komplexität der menschlichen Kommunikation in die Strukturen der binären Logik zu
überführen. Ihm wurde ein "Sprechschreiber" vorgeführt, ein
Gerät, in das man hineinspricht, und das dann diese Worte auf
dem Bildschirm darstellt. "Das Gerät, das man uns zeigte, war
noch in der Entwicklung und konnte eigentlich nur 200 Städtena-
men 'wiedererkennen', wenn sie eine ganz bestimmte Person ins
Mikrophon sprach. Die Präsentation verlief zunächst sehr erfolgreich. Der stolze Ingenieur, auf den die Maschine eingestellt
war, sagte 'Paris', und auf dem Bildschirm stand 'Paris'. Er
sagte 'Hagen', und eine Zeile darunter stand auf dem Bildschirm
'Hagen'. Nachdem es mehrmals geklappt hatt, wurde der Vorführer
tollkühn und bat einen von uns, etwas ins Mikrophon zu sprechen.
Der sagte 'Bonn', und auf dem Bildschirm erschien 'Buenos Ai-
res'. Da fingen wir an zu lachen. Ins Mikrophon des Rechners
drang ein 'Hahaha', und auf dem Bildschirm stand 'Havanna'. Wir
lachten noch mehr. Auf dem Bildschirm erschien dreimal 'Havanna'. Das ganze schaukelte sich hoch, mir kamen wirklich die
Tränen vor Lachen, und ich habe nicht mehr gezählt, wie oft da
'Havanna' erschien" (1985, 79f).

die Bereitschaft, sich noch in der realen Welt zu engagieren, ja, überhaupt nur in ihr zu agieren.[10]

GESER stellt die Frage, ob man nicht auch im Umgang mit Computern von "Intersubjektivität" und "sozialem Handeln" sprechen könne (1989, 229). Er verweist auf viele intersubjek-
tive Beziehungen, die durch feste Regeln und klare Rollende-
finitionen gekennzeichnet sind (beispielsweise wenn ein
Priester nach römisch-katholischem Ritus die Messe liest)
wodurch die Kommunikationspartner nicht frei in ihren Handlungsmöglichkeiten sind, was gleichzeitig auch das Spektrum
der möglichen Erwartungen bei den Kommunikationspartnern
reduziert (a.a.O. 234).

Auch der Computer kann in diesem Sinne ein Partner sein, der
nach vorbestimmten Regeln reagiert und bei dem sich die Erwartungen des Benutzers an den Computer auf das Realisier-
bare reduzieren und sich zum Teil gar nicht einmal so sehr
von den Erwartungen unterscheiden, die in der entsprechenden
Situation an einen menschlichen Kommunikationspartner gestellt werden würden. (Beispielsweise wenn einem Schachcom-
puter mit demselben Siegerehrgeiz gegenübergetreten wird,
wie einem menschlichen Großmeister. [vgl. a.a.O. 234])

Weiter vertritt GESER die Meinung, daß sich "soziales Handeln" nicht nur in zwischenmenschlichen Interaktionen vollzieht: "Nichts fällt leichter als der Nachweis, daß Individuen aus allen Kulturen auch gegenüber anderen Adressaten
als menschlichen Personen Verhaltensweisen praktizieren, die
aufgrund ihrer objektiven äußerlichen Verlaufstypik und/oder
des subjektiven Interpretationshorizonts, den die Aktoren
dabei aufrechterhalten, als soziale Verhaltensweisen klassifiziert werden müssen" (a.a.O. 232). Als Beispiel nennt
GESER hier Kinder, die mit ihren Puppen so hantieren, als ob

---

[10] JÖRG karikiert dies folgendermaßen: "Abends sagt Frau
Wagner zu ihrem Mann: 'Der Computer ist deine Blechbraut.' Je-
desmal, wenn sie das äußert, denkt Herr Wagner 'Jetzt spinnt sie
wieder' und zieht sich in sein Büro zurück" (1987, 11).

es richtige Kinder wären, oder auch die Sprech- und Verhaltensweisen, mit denen die meisten Menschen ihren Hunden und Katzen gegenübertreten.

Auch der Computer kann zu einem solchen Objekt werden, dem gegenüber Erwartungshaltungen ausgebildet und Verhaltensweisen praktiziert werden, die in der interpersonellen Sphäre erworben worden sind und normalerweise auch nur dort angewendet werden (vgl. a.a.O. 233). Dies geschieht umso stärker, je mehr "subjektanaloge Eigenschaften" (a.a.O. 233), wie beispielsweise intelligentes Schlußfolgern, Wahrnehmen, Lernen oder verbales Verstehen im Computer vermutet werden.

Weiter zeigt GESER auf, daß nicht nur dem Computer die in menschlichen Kommunikationen gewonnenen Verhaltensweisen entgegengebracht werden, sondern analog dazu auch in menschliche Kommunikationen die im Umgang mit dem Computer aufgebauten Verhaltensmuster einfließen. Da der Computer seinem Benutzer stets präsent ist und auch auf ständige Fehler mit einer ungewöhnlichen "Geduld" und "Sachlichkeit" reagiert, kann der an den "frustrationsunfähigen Lern-computer" (a.a.O. 226) gewöhnte Schüler dazu neigen auch seinen Lehrerpersonen dieses kaum zu realisierende Maß an Ausdauer abzuverlangen.

Genau hierin mag aber auch ein Grund für die Faszination des Computers liegen: Der Computer "hört" immer zu, er "hat immer Zeit" und reagiert nie "ärgerlich". Speziell bei Schülern mit Versagensängsten kann der Computer als "geduldiges, beliebig oft abrufbares Medium" (BAUMANN-GELDERN-EGMONT 1990, 235) sogar therapeutische Funktion einnehmen.

In Deutschland werden seit einiger Zeit in den Schulferien von verschiedenen Firmen "Computercamps" angeboten (vgl. EURICH 1985 c, 41 f), in denen Jugendliche oder auch Kinder unter Anleitung von Trainern das Programmieren erlernen können. Diese Camps richten sich speziell zum einen an die Schüler, die in der Schule noch keinen Informatikunterricht haben oder zum anderen an die, denen dieses Unterrichtsangebot nicht ausreichend ist. Diese Camps werden sowohl von Reiseveranstaltern als auch direkt von Computerfirmen organisiert.

Hier haben Kinder und Jugendliche die Möglichkeit, sich intensiv mit Programmen oder auch Programmiersprachen auseinanderzusetzen, was wohl auch größtenteils in Anspruch genommen wird, da konsequenterweise primär die Kinder und Jugendlichen an solch einem Camp teilnehmen, die schon Erfahrungen mit Computern haben oder aber die sich solche Erfahrungen wünschen.

FUTSCHEK befürwortet solche Camps, die er als "ideale Verbindung zwischen Urlaub in einem Ferienlager und Computerlernen ohne schulischen Druck" (1985, 63) beschreibt. Den Vorwurf, daß die Kinder den ganzen Tag in Computerräumen verbringen, widerlegt er - auch im Hinblick auf mögliche Gesundheitsschäden für die Augen mit dem Zitat: "Wir erlauben den Kindern während der Campwoche höchstens 5 Stunden pro Tag mit dem Computer zu arbeiten" (a.a.O. 67) und verweist auf ein umfangreiches Freizeitprogramm mit Spiel und Sport.

EURICH beschreibt eindrucksvoll die Wirkung, die ein Besuch in einem solchen Camp auf ihn machte (vgl. EURICH 1985 a, 14 f; 1985 c, 10ff). So sei es vor allem der starke Kontrast zwischen der künstlichen Computerwelt und der natürlichen Umgebung, in die diese hineingepflanzt wurde, der ihn beeindruckt und betroffen gemacht hat. Was bringt Kinder und Jugendliche dazu, freiwillig über Stunden hinweg in einem abgedunkelten Raum an Programmen zu arbeiten? Wieso kann der natürlichen Bewegungsdrang der Kinder und Jugendlichen, der

im "normalen Schulalltag" oft so große Probleme bereitet
hier so konsequent und effektvoll unterdrückt werden?[11]

Die Antwort scheint simpel und ist doch unbefriedigend zugleich: Es ist die Faszination des Computers!

Obwohl diese Computercamps Ausnahmen - vielleicht auch nur
vorübergehende Modeerscheinungen - sind, belegen sie doch,
wie schnell von außenstehenden Dritten - ob Industrie oder
Touristikbranche - die von der Schule als "pädagogische
Schutzräume" verteidigten Bereiche mit verlockenden Angeboten gefüllt werden.

Diese Beispiele belegen aber auch die Relevanz und die Notwendigkeit der Diskussion, ob der Computer in der Grundschule eingeführt werden soll.

1.4. Der Computereinsatz in der Schule - Notwen-
digkeit oder Gefahr?

Die Autonomie der Schule und die Erwartungen der Gesell-
schaft.

Computer sind heute ein Teil unserer gesellschaftlichen Realität, der zunehmend an Bedeutung gewinnt. Die Aufgabe der
Schule ist es, auf das Leben - und somit auch auf diese gesellschaftliche Realität - vorzubereiten.
Eine in der Pädagogik immer wieder diskutierte Frage lautet
nun, ob durch diesen Bildungsauftrag der Computer notwendigerweise Zugang in die Schulen findet, findet muß oder aber
ob Pädagogik, speziell: Schulpädagogik, einen Frei- oder
wenigstens einen Schonraum für die eh schon "mediengeplagten

---

[11] Der Trainer eines Computercamps über die dort anwesenden
Jugendlichen: "Das kann passieren, daß man 10 Stunden am Tag vor
so einem Ding hockt. Das halten natürlich nicht viele Leute
durch, sondern nur harte Spieler" (EURICH, 1985 a, 15).

Schüler" bieten soll. Durch solch ein standhaftes Abwehren könnte die Schule auch ihre Eigenständigkeit und ihre Unabhängigkeit von gesellschaftlichen Trends - sofern man das Computerzeitalter als Trend bezeichnen möchte - beweisen.

Ist der Anpassung der heranwachsenden Generation an die neuen Qualifikationsanforderungen oder der Fähigkeit zur kritischen Urteilsbildung der Vorzug zu geben (vgl. WEIDENMANN & KRAPP 1989, 627) oder beweist schon der Alternativ-Charakter dieser Frage eine falsche Zugangsweise zu dieser Problematik?

KLINGEN & OTTO versuchen diese Frage mit dem Hinweis "Non scholae sed vitae discimus" (1986, 10) zu beantworten, ohne zu sagen, was hier mit "Leben" gemeint ist: gesellschaftliche Realität oder Individualität und Kritikfähigkeit? Die verschiedenen Antworten könnten verschiedene Arten der Auseinandersetzung mit dem Medium Computer implizieren.

Für HURRELMANN & HURRELMANN wäre eine bewußtes Ausklammerung dieser Thematik eine "pädagogisch vorgeschriebene Negation" (1985, 38) und somit das Gegenteil von Aufklärung. Außerdem sehen sie die Gefahr, daß sich das öffentliche Bildungswesen damit selbst in Abseits katapultieren würde: "Was wird ein Schulwesen, das technologische Veränderungen strikt negiert, einer Gesellschaft wert sein, wenn sie die Ausbildung einer naturwissenschaftlichen-mathematischen Elite leicht privatwirtschaftlich organisieren kann?" (a.a.O. 38). So bekräftigen sie zwar auch, daß Schule die Interessen der Heranwachsenden und nicht die der Computerindustrie zu vertreten hat, es bleibt aber doch die Frage, wie ehrlich solche Bemühungen sein können, wenn die Furcht vor einem Autoritätsverlust stets leise mitschwingt.

Auch BUSSMANN & HEYMANN interpretieren es als Weltfremdheit, wenn die allgemeinbildenden Schulen den Computer als verändernden Faktor der gesellschaftlichen Wirklichkeit ignorie-

ren würden (vgl. 1987, 31) Sie betrachten es als
unerläßlich, daß Schule ein Orientierungswissen über Anwendungen und Einsatzmöglichkeiten von Computern in den Bereichen Beruf, Freizeit und Politik vermittelt (vgl. a.a.O.
31). Dies wäre jedoch in engen Grenzen möglich, da es reichen würde, einen Überblick über die verschiedenen Bereiche
zu vermitteln (vgl. a.a.O. 37).

NICKLIS vertritt die Meinung, daß Computer, EDV und Informatik am besten aus der Schulen herausgehalten werden sollen, da es gerade ein Merkmal der Allgemeinbildung sei,
nicht dem jeweiligen Aktualitätsdruck der Gesellschaft zu
folgen (vgl. 1985, 397).
"Wer jede tatsächliche oder bloß vermeintliche Aktualität in
die Schullehrpläne der (allgemeinbildenden) Schule hinein-
preßt, hat zum Schluß anstelle eines Lehrplans ein Raritä-
tenkabinett (..). Wenn in den letzten 150 Jahren alle
geschichts- und gesellschaftswirksamen Erfindungen, Ent-
deckungen und (technische) 'Innovationen' als Antikrisenpul-
ver in die Lehrpläne vorgedrungen wären, gäbe es vermutlich
heute auch bei uns noch mehr Analphabeten als in den USA
oder in jedem vergleichbaren Land, in dem die 'katastrophale
Moderne' (HEINRICHS) im öffentlichen Erziehungssystem ihre
fatalen Spuren hinterlassen hat" (a.a.O. 395).

Es ist jedoch zu fragen, inwieweit in einer parlamentari-
schen Demokratie wie der Bundesrepublik Bildung einen von
gesellschaftlichen Trends losgelösten autonomen Status haben
kann, da viele Weichenstellungen und Kernaussagen in politi-
schen Gremien getroffen, die ihrerseits zwangsläufig mit
anderen Gremien (Wirtschaft, Handel, Industrie) verknüpft
sind.

Nach KELL & SCHMIDT ist in den bildungspolitischen und bil-
dungsplanerischen Aussagen der Länder und des Bundes zur
Informationstechnischen Bildung eine Tendenz zur Anpassung
des Bildungssystems an die Anforderungen des Beschäf-

tigungssystems beobachtbar, so daß dem Bildungssystem hinsichtlich seiner bildungspolitischen und pädagogischen Ziele nur noch eine "relative Autonomie" zugesprochen werden kann (vgl. 1989, 679).

Nach WILMS ist die Auseinandersetzung mit den neuen Technologien eine Herausforderung an alle Bürger, durch die logischerweise auch das Bildungswesen in mehrfacher Hinsicht gefordert wird (vgl. 1986, 3). "Bildung, Erziehung und Ausbildung müssen veränderten und zunehmend anspruchsvollen Anforderungen an fachliche und persönliche Qualifikationen genügen" (a.a.O. 3). Dieses "müssen" interpretieren KELL & SCHMIDT wie folgt: "Bildung hat zum Wirtschaftswachstum beizutragen, das Bildungssystem hat also den Faktor Arbeit für neue technisch-ökonomische Anforderungen zu qualifizieren" (1986, 679). Der mögliche pädagogische Diskurs würde sich somit inhaltlich von der Frage des "Ob-überhaupt" auf die Frage das "Wie" reduzieren.

EURICH beschreibt die Reaktion des Schul- und Bildungswesens auf die Computerisierung als "traditionell und erwartbar" (1985 b, 34), was bedeutet: verhaltener als in den USA, aber doch dem Anpassungsdruck von Außen nachgebend. Wer es in diesem Zusammenhang noch wagt, die Sinnfrage zu stellen, klassifiziert sich als Störenfried von Aufschwung- und Wachstumsprozessen (vgl. a.a.O. 34).

Nach HENTIG begibt sich eine fragende und mahnende Pädagogik in doppelte Isolation: anders als bei der Frage, ob Probleme des Umweltschutzes und der Friedenssicherung Eingang in die Schule finden sollten, wo sich eine fragende und mahnende Pädagogik stets der Unterstützung durch die Schüler gewiß sein konnte, muß sie bei der Thematik "Computer" damit rechnen, daß sie mit ihren Mahnungen und Fragen plötzlich beide, nämlich Gesellschaft und Schüler gegen sich hat. "Leistet sie der sich vollziehenden, um das Aufwachsen der Kinder

unbekümmerten Mediatisierung Widerstand, isoliert sie sich
und kündigt ihren bisherigen gesellschaftlichen Auftrag, auf
das Leben vorzubereiten. Läßt sie sich auf die Mediatisierung ein, betreibt sie ihren eigenen Abbau, eine Ent-*Schu-
lung* der Gesellschaft jedenfalls, denn längst haben die Medien der Schule wichtige Aufgaben und Wirkungen genommen.
Sie haben sie der Bewahranstalt noch einmal beträchtlich
näher gebracht" (HENTIG 1984, 85).

Je hartnäckiger die Pädagogik sich dem gesellschaftlichen
Phänomen des Computers widersetzt, desto eher könnte sie
einem doppelten Irrtum erlegen, daß es nämlich erstens nicht
ihr allein obliegt zu entscheiden, ob der Computer Eingang
in die Schule finden und daß zweitens ihre Adressaten - die
Kinder und Jugendlichen - längst nicht mehr die Schule
brauchen um Zugang zum Computer - und letzlich auch Zugang
zum Leben - zu finden. Das Attribut des einzigen Lehr-
meisters können sich die Lehrer schon längst nicht mehr an-
heften; wohl aber zum Teil das des unattraktivsten. Im Bezug
auf den Computer fungieren oftmals längst die "Macher" und
"Insider" als Lehrer (Ob jünger, älter oder gleichaltrig -
welche Rolle spielt das schon?), als Lernort etabliert sich
die "Kontaktzone Kaufhaus" (EURICH 1985 c, 50).

Pädagogische Neubesinnung durch Computer?

Indem die Computer in die Schule drängen - oder besser: hin-
eingedrängt werden -, ist diese zur Stellungnahme aufgefordert. Erfolgt in dieser Diskussion der Einwand, daß es nicht
Aufgabe der Schule sei, den Schülern Funktion und Sinn der
neuen Informationstechnologien zu vermitteln, kann schnell
die Frage "Was denn die eigentlichen Aufgaben der Schule
sind?" als Replik erfolgen. Die Diskussion um das "Überhaupt?" und das "Wie?" der methodischen Einführung des Computers in der Schule und die Frage nach den damit verbundenen Lernzielen kann schnell zur Diskussion um die Methodik
und die Ziele der Schule überhaupt führen.

Dadurch, daß der Computer Lerngegenstand und Lernmedium zugleich sein kann, kann eine Auseinandersetzung über die Funktion der Lehrer-Rolle in Gang gesetzt werden, in der versucht wird zu erörtern, ob, bzw. welche Bereiche der tradierten Unterrichtsaufgaben an den Computer übertragen werden können und welche neuen Formen von Individualisierung, Differenzierung oder einfach von Übungen sich mit diesem Medium verwirklichen lassen (vgl. WEIDENMANN & KRAPP 1989, 632). Soll der Stellenwert des Computers innerhalb einer pädagogischen Konzeption beschrieben werden, müssen zwangsläufig auch Aussagen über diese pädagogische Konzeption als solche erfolgen.

BRÜGELMANN überträgt diese Problematik auf die Grundschule: Auch hier ist nicht das "Ja" oder "Nein" zum Computer das wesentliche, sondern die als notwendig erachtete pädagogische Selbstbesinnung. "Das akute pädagogische Problem ist also nicht der Einzug von Computern in die Grundschule, sondern die verbreitete Einfalt und Erstarrung der pädagogischen Bemühungen im Bereich des Erstlesens und Erstschreibens" (1985, 17).

Zu beklagen ist eine allzu rasche und leichtfertige Übernahme des Computers in das Klassenzimmer. Die logischen Fragen müßten zunächst heißen: Warum soll plötzlich mit dem Computer gelernt werden? Gibt es bestimmte Lerninhalte, die in der Vergangenheit nicht oder nicht so gut vermittelt werden konnten und die sich nun mit Hilfe des Computers besser vermitteln lassen?
Auch diese Fragen könnten zu einer Standortbestimmung - zumindest aber zu einer Reflektion hinführen.
BAUERSFELD beklagt, daß die zur Zeit verfügbaren Programme bekannte Aufgaben enthalten, "die wegen ihrer Computereignung ausgewählt wurden, und nicht etwa neue Einsätze, die auf zähe, alte Schwierigkeiten zielen. Das neue System paßt sich die Wirklichkeit an, aber nicht sich der" (1985, 109).

So schreibt NESTLE et al. (1988, 6f) zum Thema "Textaufgaben an Schulen für Lernbehinderte":

> "Die meisten Aufgaben in Sachrechnen werden in Texten präsentiert. Wichtig in diesen Aufgaben ist weniger die Nähe zur Realität und zu den Erfahrungen der Schüler als die Brauchbarkeit der Sachverhalte zur Einübung mathematischer Operationen:
>
> > 'Wie weit ist es von A-Dorf nach B-Dorf, wenn ein Wanderer mit v = 1,2 m/s drei Stunden lang unterwegs ist?' (Hornschuh 1977, S.89)
>
> Ob solche Sachverhalte für Schüler und Schülerinnen sinnvoll und motivierend sind, muß bezweifelt werden. Da sie aber der Schulrealität entsprechen und im Leitmedium Rechenbuch enthalten sind, sollte man versuchen, mit Hilfe des Computers und im Rahmen einer handlungsorientierten Auseinandersetzung die Arbeit mit dem Rechenbuch zu ergänzen und zu verbessern".

Hier wird leider nicht der Versuch einer inhaltlichen Neubestimmung gewagt, obgleich auch NESTLE et al. eingestehen müssen, daß viele lernbehinderte Schüler nicht in der Lage sind, solch einen Text sinnerfassend zu lesen, den Sachverhalt zu verstehen und das mathematische Problem zu entdecken (vgl. a.a.O. 6f).

Auch wenn NESTLE et al. vorschlagen, die oben dargestellte Situation real zu konstruieren und modellhaft zu simulieren, so muß doch die Frage nach einem "dauerhaften Lernerfolg" und der "Lebensrelevanz" gestellt werden.

Neubesinnung könnte hier bedeuten zu fragen, ob nicht das Vermitteln von mathematischen "Grunderlebnisse" in Form einer ganzheitlichen Förderung aus Sachzusammenhängen der Alltagswirklichkeit eine effektivere Förderung bedeuten würden.

Erst wenn diese Frage geklärt ist sollte es in der methodisch-didaktische Erörterung um die Auswahl der geeigneten Medien gehen.

Veränderungen im Lernverhalten durch den Einsatz des Computers.

Scheint der Computer für seinen Einzug in die Klasse also nicht unbedingt als Legitimationsnachweis Schwächen im schulischen Bildungsangebot aufzeigen zu müssen, so muß dennoch klar belegt werden, inwieweit sich das Lernverhalten und der Lernerfolg durch den Computer ändern.

LAUTERBACH verweißt auf 300 empirische Studien aus dem Ausland, die uns in ihrer Gesamtheit mitteilen, "was der Computer im Unterricht *nicht* kann" (1987 a, 222). Die Studien dämpfen übertriebene und euphorische Erwartungen an das neue Medium. Die neuen Medien sind in den Anfangsphasen meist erfolgreich bezüglich der für sie aufgestellen Zielsetzungen. "Ist der Neuigkeitseffekt erst verflogen, dann kehrt die Schule meist zu ihrer Normalität und Alltäglichkeit zurück. Dieser Alltag wird manchmal etwas besser, manchmal etwas schlechter als er vorher gewesen ist" (a.a.O. 222).

FREY untersuchte 400 der bis Mitte 1988 erschienenen empirischen Untersuchungen zur Auswirkung der Computernutzung und errechnete in einer Metaanalyse die Wirksamkeit bzw. die Wirkungslosigkeit des Computers als pädagogische Maßnahme (vgl. FREY, K. 1989, 640f).

Im Hinblick auf die Primarschulen ist die Effektivität des computerunterstützten Unterrichts nach diesen Untersuchungen von der Art des Unterrichts und damit von den als primär erachteten Lernzielen abhängig. Dort, wo großen Wert auf gute Schreib-, Lese- und Rechenleistungen gelegt wird, lassen sich speziell diejenigen Schüler, die hierbei vermehrte Schwierigkeiten haben, durch den Computer besser fördern. In den Klassen, in denen die Benotung der Leistungen und die schulische Weiterqualifizierung eine weniger große Rolle spielen, sind der Effekt des computerunterstützten Unterrichts auch geringer (a.a.O. 641).

Die größte Effektivität des computergestützte Unterricht ist jedoch in Schulen für Lernbehinderte zu beobachten. Hier übertrifft die Effektstärke jene der Sekundarstufe um das doppelte (vgl Abb.1).

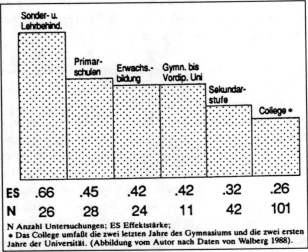

ES .66 .45 .42 .42 .32 .26
N 26 28 24 11 42 101

N Anzahl Untersuchungen; ES Effektstärke;
∗ Das College umfaßt die zwei letzten Jahre des Gymnasiums und die zwei ersten
Jahre der Universität. (Abbildung vom Autor nach Daten von Walberg 1988).

Abb. 1 aus FREY 1989, 640.

"Offensichtlich adaptieren sich computergestützte Programme
besonders gut an die speziellen Bedürfnisse von jüngeren
Kindern und Jugendlichen mit Lernschwierigkeiten. Sie be-
rücksichtigen das Lerntempo und differenzieren zwischen den
Individuen, was eine Lehrerin oder ein Lehrer mit 20 bis 30
Schülern in dem Ausmaße nicht leisten kann" (a.a.O. 641).

BAUERSFELD berichtet von einer Untersuchung an Schülern der
4. und 5. Klasse, wo der Zusammenhang von Lernleistung und
Computerbenutzung untersucht wurde: "Wer schon 'besser' war,
wird den Umgang mit dem Computer auch besser als zusätzliche
Förderung nutzen können und daher noch 'besser' werden,
d.h., die Schere der unterschiedlichen Lernvoraussetzungen
öffnet sich noch weiter" (1985, 116).

BAUERSFELD sieht die Effektivität des Computers in direktem
Zusammenhang mit den verwendeten Programmen, sprich: der
Software (vgl. a.a.O. 116).

Einer effektiven Computernutzung muß also die Frage voraus-
gehen: Welche Kinder sollen mit welchem Programm in welchen
Bereichen gefördert werden?

Die Effektivität des Computereinsatzes wird also primär
durch die beiden Variablen "Schülerpopulation" und "verwendete Programme" bestimmt.
Als weiter Größe zur Effektivitätsbestimmung ist die Art und
Weise zu bewerten, wie der Computer eingesetzt wird. Wie
WALTER richtig bemerkt, haftet der pädagogische Einsatz eines Mediums diesem nicht per se an, sondern wird erst durch
den Anwender geschaffen (1984, 49).
So wird jemand, der vom Computer überzeugt ist auch - geeignete Computer und geeignete Programme vorausgesetzt - leichter einen überzeugenden Unterricht gestalten können, als
jemand, der in der Auseinandersetzung mit Lernzielen, Methodik und Programmen auch noch eigene Berührungsänste mit dem
Computer aufarbeiten muß.

Arbeiten in einer Übungsstunde mehrere Schüler mit einem
Lernprogramm, daß durch Möglichkeiten der individuellen Aufgabenauswahl sowie durch einprogrammierte Kontroll- und Korrekturmöglichkeiten geeignet ist, über einen Zeitraum von
etwa 10 bis 15 Minuten sinnvolles und selbständiges Üben zu
ermöglichen, so wird der Lehrer in dieser Zeit von diesen
Schülern entlastet und kann diese Zeit zur individuellen
Betreuung anderer Schüler verwenden; BAUERSFELD: er muß diese "gesparte Zeit" den Schülern in persönlicher Zuwendung
wieder "zurückgeben" (vgl. 1985, 115).
Auch WALTER geht davon aus, daß der Computer - richtig eingesetzt - dem Lehrer Freiräume für seine "eigentliche" pädagogische Aufgabe eröffnet (vgl. 1984, 49).

Wie an anderer Stelle noch aufgezeigt wird, werden hier jedoch schon "Idealzustände" beschrieben, die sich im praktischen Unterrichtsalltag nur selten verwirklichen lassen.
Dort fungiert der Lehrer dann doch oftmals (auch) als

"Techniker", um programm- und/oder computerbedingte Schwierigkeiten zu beheben.

Computer in der Grundschule?

In der bundesdeutschen Diskussion um die Notwendigkeit des Computereinsatzes an der Grundschule werden oft die gemachten positiven Erfahrungen anderer Länder als Argumentation eingebrachte und gleichzeitig wird vor einem verpaßten Anschluß an die neuen Kommunikationstechnologien im internationalen Vergleich gewarnt (vgl. HERRMANN 1989, 126ff).
HERRMANN überprüfte an Hand der im Bezug auf die Nutzung des Computers an Schulen als führend geltenden Ländern, ob dort tatsächlich Ergebnisse vorliegen, die eine Einführung des Computers in deutsche Grundschulen als zwingend notwendig erscheinen lassen.
HERRMANN kommt zu dem Ergebnis, daß in den Ländern, in denen die Elementarschulen mit Computern ausgestattet sind (wie z.B die USA), didaktisch-methodische Überlegungen eine untergeordnete Rolle spielen, curriculare Festlegungen in der Regel fehlen und sich die Qualifikationen der Lehrerinnen und Lehrer auf technische Aspekte beschränkten (vgl. a.a.O.128).
Andererseits ist in den Ländern, wo zunächst Fragen nach der psychologischen Implikation und dem pädagogischen Zugewinn gestellt werden (wie z.B. die skandinavischen Länder), die Einführung des Computers in die Elementarschulen eher zurückhaltend (a.a.O. 133).

Für HERRMANN ergeben sich aus diesen Untersuchungen insgesamt keine überzeugenden Argumente, für eine unbedingte Notwendigkeit eines Computereinsatzes an deutschen Grundschulen.

Weiter vergleicht HERRMANN Untersuchungen, die einen positiven Effekt von computergestütztem Unterricht auf die kognitive Entwicklung von Grundschülern belegen. Diese Untersuchungen basieren oft auf der von PAPERT für Kinder ent-

wickelten Programmiersprache LOGO (vgl. PAPERT 1982 35ff).
Das Resümee ist, daß "alle Forschungen, die ein komplexeres
Modell von Problemlösung beinhalten oder aber nach dem
Transfer bzw. der Generalisierbarkeit der durch den Umgang
mit LOGO gewonnenen Fähigkeiten fragen, in der Regel keinen
Nachweis der Förderung problemlösenden Denkens erbringen,
während diejenigen Arbeiten, die dieses nachweisen, ein re-
duktionistisches Modell beinhalten oder die Frage nach dem
Transfer ausblenden" (a.a.O. 140).

HERRMANN sieht jedoch dann positive Möglichkeiten, eines
Computereinsatzes im Primarbereich, wenn eine pädagogisch
ausgearbeitete und erprobte Software in Verbindung mit be-
gleitenden Materialien und unterrichtsmethodischen Überlegungen vorhanden wäre.
Die Geringe Effektivität lastet er also nicht dem Computer
an sich, sondern den verwendeten Programmen an.

MANDL & HRON versuchen die Frage nach der Sinnhaftigkeit des
Computers an der Grundschule aus entwicklungspsychologischer
Sicht zu beantworten (vgl. 1989, 658f). Für sie besteht die
Denkleistung, die Kinder am Computer vollbringen müssen aus
einer Verknüpfung der medial vermittelten Informationen mit
dem Vorwissen und den jeweiligen Vorerfahrungen. Diese medialen Informationen sollten nicht zu stark von dem Erfah-
rungshintergrund der Schüler abweichen, damit sie noch ab-
strahiert und somit erkannt werden können. Aufgrund der com-
puterspezifischen Repräsentation eines Gegenstandes klaffen
Abbild und Realität jedoch soweit auseinander, daß -
speziell bei Grundschülern - eine Verknüpfung oftmals nicht
stattfinden kann. "Entwicklungspsychologische Untersuchungen
zeigen, daß insbesondere bei Kindern die Konkretheit der
Lernerfahrungen ein besonderes Gewicht hat und die mediale
Einbindung des Lerngegenstandes nicht ohne weiteres aufgelöst werden kann" (a.a.O. 659). Die dazu erforderliche Sym-
bolisierungsleistungen besitzen Kinder erst mit zunehmendem
Alter.

Auch KELL u.a. betonen, daß die Abstraktionsfähigkeit von
Grundschulkindern noch zu gering ist und daß eine reflexive
Auseinandersetzung mit den Erfahrungen am Computer von
Grundschulkindern nicht erwartet werden darf (vgl. 1989,
690).
KELL u.a. sehen ein Betätigungsfeld der Grundschule in "einer spielerischen Aufarbeitung dessen, was einige Kinder
ohnehin an Erfahrungen am Computer gesammelt haben" (a.a.O.
690). Damit würden speziell diejenigen Kinder, die außerhalb
der Schule keinen Zugang zum Computer haben, die Möglichkeit
erhalten, einen spielerischen Zugang zu diesen Geräten zu
bekommen. Der Sinn dieser Computerbegegnung wäre hier ein
Herstellen gleicher Chancen.

Was bleibt zu tun?
Neben allen Richtlinien, Empfehlungen und Ratschlägen wird
es immer am verantwortungsvollen Pädagogen liegen, inwieweit
er die Schüler auf die Lebensrealität - zu der nun einmal
auch der Computer gehört - vorbereitet, inwieweit er aber
auch die mit diesem Gerät verbundenen Gefahren - die Gefahren für den einzelnen Benutzer und die Gefahren für die Gesellschaft - verdeutlicht und inwieweit er die Chancen, die
sich mit diesem Gerät eröffnen verdeutlichen kann, ohne der
Faszination, des Rausches oder auch der Sucht zu erliegen.

Nach HENTIG muß Schule "aus einer Belehrungsanstalt zu einem
gestuften Übergang von direkt-sinnlicher, ganzheitlicher,
anschaulicher und überschaubarer Erfahrung zu abstrakten,
arbeitsteiligen, vermittelten und also auch des Computers
mächtigen Wahrnehmungs-, Denk- und Handlungsformen werden"
(1985, 45). Das bedeutet für HENTIG aber auch, daß
möglicherweise der Erwerb bestimmter Techniken und Wissens-
daten vernachlässigt werden kann, da uns hierfür Taschen-
rechner oder Datenbanken zur Verfügung stehen. Auf der anderen Seite aber Schule ihre Zeit, Kraft und Phantasie mehr
für die "Herstellung starker Grunderlebnisse" (a.a.O. 45)
nutzen muß.

Auch DANNER plädiert dafür, nicht die Augen vor der Realität zu verschließen und den Computer als das zu sehen, was er ist: ein ausgezeichnetes Werkzeug. "Ihn als solches zu nehmen und nicht als mehr, ihn sich dienstbar zu machen und nicht sich ihm zu unterwerfen, seine Ambivalenz zu erkennen und das Menschliche durch die Kontrastierung am Computer um so deutlicher zu sehen und schätzen zu lernen - dies sollte Aufgabe der Schule, ja aller pädagogischen Bemühungen sein" (a.a.O. 54).

Für DANNER muß der Erzieher heute drei Ansprüchen gerecht werden: Dem Augenblick des Kindes, der Zukunft dieses konkreten Menschen und den objektiven Ansprüchen, repräsentiert durch die Gesellschaft (1987, 56).

Diesen drei Ansprüchen gerecht zu werden mag man als "Dilemma", "ewige Gratwanderung" oder "pädagogischen Alltag" bezeichnen, es entbindet den Pädagogen nicht von seiner Verantwortung für den Schüler, für das zukünftige Leben des Schülers.

2. Übersicht über die Einsatzmöglichkeiten des Computers bei behinderten Kindern und Jugendlichen

Es gälte zunächst abzuklären, was unter einem "behinderten Kind" und somit unter einer "Behinderung" verstanden wird. Der Begriff der "Behinderung" kommt zwar in den verschiedenen sozialen Systemen und wissenschaftlichen Disziplinen zur Anwendung und wird dort in pädagogischen, psychologischen, soziologischen und rechtlichen Anwendungsbereichen als Leit- und Orientierungsbegriff benutzt (vgl. SPECK 1987, 103), trotzdem ist er kein wissenschaftlicher Begriff, "da er sich nicht definitiv von Nichtbehinderung abheben läßt, und da er als Abweichungsbegriff (auf dem Wege der Etikettierung und Zuschreibung) konstitutiv vom Definierer abhängig ist" (a.a.O. 103). SPECK versucht den Begriff der "Behinderung" pädagogisch zu definieren: "Als behindert sind jene Schüler anzusprechen, die in ihrem Lernen als berart beeinträchtigt erscheinen, daß sie einer besonderen pädagogischen und zwar institutionalisierten Lern- und Erziehungshilfe bedürfen" (a.a.O. 313). Diese Lern- und Erziehungshilfen konkretisieren sich in der Bundesrepublik Deutschland durch das Sonderschulwesen. Unter "Sonderschule" werden besondere Schularten verstanden, die von Kindern und Jugendlichen besucht werden, "deren Behinderungen eine zureichende Förderung in den allgemeinen Schulen ausschließen" (GROOTHOFF 1973, 277). Das Sonderschulwesen in Deutschland umfaßt sehr verschiedenartige Einrichtungen, die sich jeweils an einzelnen Sinnesschädigungen, kognitiven Defiziten und / oder Verhaltensauffälligkeiten orientieren.

Die ersten Berührungspunkte zwischen behinderten Kindern und Jugendlichen und den neuen Informationstechnologien ergaben sich nunmehr vor fast 10 Jahren. Somit kann dieser Bereich heute bereits auf eine gewisse "Tradition" verweisen.

Drei Motive lassen sich für dieses Zusammenkommen analysieren:

(1) Zunächst wurde - und wird - von den neuen Informationstechnologien erwartet, daß sie die Lebenserschwernisse behinderter Menschen vermindern und die Teilhabe dieser Menschen am Leben der Gesellschaft verbessern helfen (vgl. KANTER 1987, 31). Diese allgemeine Aussage bezieht sich weder auf eine bestimmte Personen- oder Altersgruppe noch auf bestimmte Tätigkeiten oder Handlungen.
Hiermit sind beispielsweise sowohl Kommunikationshilfen für Sprach- und Hörgeschädigte, als auch Umweltsteuerungen für Körperbehinderte gemeint.

(2) Weiter sollen die neuen Informationstechnologien für bestimmte Personengruppen das Lernen erleichtern - ja zum Teil sogar erst ermöglichen. "Die Mikroelektronik hat gegenwärtig bereits in vielen Bereichen eine Schlüsselfunktion zur Lebensbewältigung und Lebenserleichterung gewonnen. Eine Weiterentwicklung etwa technischer Hör- und Sehhilfen ist heute auf den verschiedensten Fertigungs- und Funktionsstufen ohne Mikroelektronik undenkbar. Wir stehen nunmehr vor der Entwicklung von flexiblen und an die individuellen Fähigkeiten der Lernenden anpassungsfähigen (voll adaptiven) Lernprogrammen, die Mittels elektronisch gesteuerter Geräte optimal dargeboten werden und damit pädagogische Hilfen bieten können, von denen Erziehergenerationen nur in Wunschvorstellungen dachten" (KANTER 1984, 7). Hiermit sind Lernprogramme gemeint, die im schulischen Rahmen zum Erwerb der Kulturtechniken aber auch zur Förderung der kognitiven Fähigkeiten beitragen.

(3) Schließlich soll behinderten Kindern und Jugendlichen "das Rüstzeug mit auf den Weg gegeben werden, das sie befähigt, sich in der von den neuen Techniken veränderten Lebens- und Arbeitswelt zurechtzufinden und an den vielfältigen Vorteilen der neuen Medien teilzuhaben" (WILMS 1987,

9), wozu beispielsweise auch das neue Unterrichtsfach "Informationstechnische Grundbildung" beitragen soll.

Es geht hierbei aber nicht nur um eine verbesserte Orientierung in den gesamt-gesellschaftlichen Lebens- und Arbeitswelten, sondern auch um Verbesserungen der konkreten Arbeitsbedingungen behinderter Jugendlicher und Erwachsener.

Hier bietet die "computergestützte berufliche Rehabilitation vor allem für schwer und/oder mehrfach körperlich Behinderte völlig neuartige Chancen nicht nur bei der Eingliederung dieser Personengruppe in Ausbildung und Arbeit, sondern auch bei der Konzeption von Strategien zur Nachqualifizierung und Teilqualifikation dieser Personengruppe" (BECKER 1991, 7).

2.1. Computereinsatz an Sonderschulen

Eine eindeutige Zuordnung einer dieser drei Themenbereiche in das Aufgabenfeld der Sonderschulen ist nicht möglich und erscheint auch nicht als sinnvoll. Vielmehr hat jede sonderpädagogische Fachrichtung sich einem oder mehren dieser Themen aus der Sicht und den Bedürfnissen ihrer jeweiligen Fachdisziplin heraus genähert.

2.1.1. Die Entwicklung des Computereinsatzes in den verschiedenen sonderpädagogischen Fachrichtungen

Im folgenden soll kurz aufgezeigt werden, wie die einzelnen sonderpädagogischen Fachrichtungen ihren Zugang zum Computer gefunden haben.

An den Schulen für Körperbehinderte fanden sich relativ früh technische Geräte. Für diejenigen Schüler, die aufgrund ei-

ner motorischen Beeinträchtigung nicht in der Lage waren,
mit einem Stift zu Schreiben wurden zunächst mechanische,
dann elektrische und später elektronische Schreibmaschinen
angeschafft. Diese Geräte ermöglichten denjenigen Schülern
das Schreiben, die nicht in der Lage waren, die einzelnen
Tasten einer Schreibmaschine zu bedienen. Ließen sich hiermit beim Schreiben von Texten recht gute Ergebnisse erzielen, so bereitete das Bearbeiten von Rechenaufgaben große
Schwierigkeiten, da hier zum einen die Zahlen untereinander
in einer bestimmten Ausrichtung geschrieben werden mußten
(Einer unter Einer, Zehner unter Zehner etc.) und zum anderen zum Teil von rechts nach links geschrieben werden mußte
(z.B. bei der Addition mehrere Zahlen).
Völlig unbefriedigend waren auch die Korrekturmöglichkeiten,
da die Handhabung von Korrekturblättchen eben durch die motorische Beeinträchtigung nicht möglich war.

Bei der Einführungen des Computers standen jedoch zunächst
die Schüler im Mittelpunkt, die aufgrund ihrer motorischen
Bewegungsbeeinträchtigung nicht in der Lage waren mit ihrer
Umwelt verbal oder schriftlich in Kommunikation zu treten.
Da diese Schüler die einzelnen Tasten einer Schreibmaschine
nicht bedienen konnten, ging es hier zunächst darum mittels
elektronischer Geräte eine Schreibvorrichtung zu erstellen,
die nur mit einem Schalter zu bedienen war, um so wenigstens
die Möglichkeit der Bedürfnismitteilung auf schriftlichem
Wege zu ermöglichen.

Es zeigte sich jedoch sehr schnell, daß diese elektronischen
Geräte auch für diejenigen Schüler geeignet waren, die bisher mit der Schreibmaschine arbeiteten, da nun eine Korrektur einzelner Buchstaben, daß Positionieren der Schreibmarke
an eine bestimmte Stelle oder auch das Lesen des Geschriebene sehr viel einfacher zu realisieren war.

Parallel dazu wurden seitens der Industrie immer wieder
technische Einzelprojekte vorgestellt, die bestimmte Schädi-

gungen kompensieren sollten. Als typische Vertreter solcher
Geräte sind hier der CANON-COMMUNICATOR und die CARBA-Linguaduc-Schreibanlage zu nennen.

Der CANON-COMMUNICATOR ist eine Schreibmaschine im Pocket-
Kamera-Format, wo über eine kleine Tastatur Buchstaben eingegeben werden müssen, die dann auf einem kleinen Papier-
streifen ausgedruckt werden. Durch die Handlichkeit dieses
Gerätes hatten sprachbehinderte Menschen erstmals die Möglichkeit über Schriftsprache ortsunabhängig zu kommunizieren.

Bei der CARBA-Linguaduc-Schreibanlage handelte es sich um
eine relativ große stationäre Anlage, bei der mittels eines
Schalters auf einer Leuchttafel ein Lichtpunkt zu einem bestimmten Feld gebracht werden konnte, in dem dann ein Begriff in Form eines Bildes, ein Wort oder auch nur ein Buchstabe stand. Durch das Auswählen verschiedener dieser Felder
konnte somit aus Buchstaben ein Wort oder aus Wörtern ein
Satz zusammengestellt werden.

Der primäre Anlaß der Schulen für Lernbehinderte sich mit
der Computertechnologie auseinanderzusetzen, waren das von
der BUND-LÄNDER-KOMMISSION (BLK) 1985 veröffentlichte Rah-
men- und das 1987 veröffentlichte Gesamtkonzept für die Informationstechnische Grundbildung, in der die Einführung der
Computer in die Sekundarstufen I und II aller Schularten
festgeschrieben wurde. Parallel dazu wurden in einigen Ländern aber auch Lernprogramme für alle Jahrgangsstufen entwickelt.

BAUMANN-GELDERN-EGMONT befürwortet den Einsatz des Computers
auch in der Primarstufe, da dadurch wesentliche methodisch-
didaktische Prinzipien unterstützt werden. "Dazu zählen Differenzierung und Individualisierung, Verstärkung durch so-
fortige Rückmeldung, das Vorgehen in kleinsten Schritten,
Wiederholung durch Übung, die Förderung der Eigenaktivität
des Schülers sowie handlungsbetonte und anschauliche Unter-
richtsphasen" (1990, 210).

MELZER befürwortet Lernprogramme auch in den oberen Jahrgangsstufen: "Der Computer erzeugt bei den Schülern sehr
hohe Motivation, die eine auch langfristig konzentrierte
Arbeitshaltung zur Folge hat. (...) Das Medium ermöglicht in
hohem Maße individualisierende und differenzierende Lernsi-
tuationen, die angesichts der wachsenden Leistungsbandbreite
in den Sonderschulen für Lernbehinderte immer wichtiger werden. (...) Durch die Verwendung dieses Mediums werden gerade
'typische' Problembereiche lernbehinderter Schüler gefordert
und gefördert" (1987, 251).

HAMEYER sieht den Vorteil der Computerarbeit in einem erhöhten Lernleistungsniveau: "Der Computereinsatz erzielt eine
Qualität, die sonst nur bei Einzelfördermaßnahmen - auf einen Schüler bezogen - üblich ist. Anders ausgedrückt: Tradi-
tionelle Förderung setzt entweder mehr Zeit oder Personal
voraus, um vergleichbare Erfolge zu gewährleisten" (1989,
9).

Für die Schulen für Sehbehinderte ergaben sich zum einen
durch die Einführung der Informationstechnischen Grundbildung Berührungen mit der Computertechnologie, zum anderen
zeigte sich aber schon viel früher, daß durch elektronische
Geräte Bilder und Texte wesentlich besser und kontrastrei-
cher vergrößert werden konnten, als dies mit den bisherigen
augenoptischen Hilfsmitteln wie Linsen, Lupen und Brillen
der Fall war.
Dadurch wurde für diese Schülerpopulation plötzlich die Palette der möglichen Berufe stark erweitert, konnten nun auch
Ausbildungen in kaufmännischen Berufen oder auch in Berufen
aus dem Umfeld der elektronischen Datenverarbeitung gewählt
werden (vgl. APELT 1990, 52).

Ähnliches traf auch für Schüler der Schulen für Blinde zu.
Durch die Entwicklung einer an den Computer anschließbaren
Braille-Zeile, konnten blinde Schüler den Textinhalt des
Bildschirm plötzlich ertasten. Bei dieser Braille-Zeile wird

jeweils eine, bzw. eine halbe Zeile des Bildschirms in ab-
tastbarer Blindenschrift dargestellt. Blinde Schüler sind
jedoch meist auf eigene Spezialprogramme angewiesen, da sie
die aktuellen Informationen und Meldungen eines Programms
immer in der obersten Zeile an der ersten Spalte erwarten.
Im Gegensatz dazu geben viele Standardprogramme Informationen in der Mitte des Bildschirms aus. Ein Schüler, der solch
eine Information mit der Braille-Zeile ertasten will muß
zunächst mühsam die Zeile und dann in dieser Zeile die Spalte suchen, an der der Text steht. Mit Hilfe von Spezialprogrammen erweiterte sich aber auch für diese Schülerpopulation die Palette der möglichen Berufe. Neueste Programment-
wicklungen erweitern die Informationsausgabe der Braille-
Zeile durch eine Sprachausgabe (vgl. AKADEMIE FÜR LEHRER-
FORTBILDUNG DILLINGEN et al. 1988, 20ff).

An den Schulen für Sprachbehinderte und an den Schulen für
Hörgeschädigte wurden Computer im Rahmen der Einführung der
Informationstechnischen Grundbildung eingeführt. Auch an
diesen Schularten gibt es Bestrebungen, Lernprogramme für
alle Altersstufen einzusetzen.
Parallel dazu wurden auch schon vorher Spezialprogramme entwickelt, die über eine optische Rückkoppelung die Aussprache
einzelner Wörter oder Sätze visualisieren und so dem in seinem Hörvermögen eingeschränkten Schüler die Möglichkeit geben ein Gefühl für die korrekte Aussprache eines Wortes oder
eines Satzes zu entwickeln. Außerdem werden diese Geräte zur
Diagnose von Sprachstörungen eingesetzt.
Hierbei handelt es sich jedoch um technisch sehr aufwendige
und kostenintensive Einzelarbeitsplätze.

An den Schulen zur Erziehungshilfe fand die Begegnung mit
Computern ebenfalls im Rahmen der Einführung der Informationstechnischen Grundbildung statt. Aber auch hier sind in
nächster Zeit Einzelinitiativen zu erwarten, die für alle
Jahrgangsstufen Lernprogramme auf ihre Tauglichkeit hin
überprüfen.

In jüngster Zeit finden sich auch Initiativen und Arbeitskreise, die die Möglichkeiten des Computers an <u>Schulen für
Geistigbehinderte</u> erforschen. Diese Initiativen befinden
sich jedoch erst am Anfang ihrer Arbeit, so daß bisher noch
keine Erfahrungen und Ergebnisse veröffentlicht worden sind.

SCHMITZ hält den Computer an der Schule für Geistigbehinderte durchaus für sinnvoll, da er Kindern und Jugendlichen
Freude bereitet, Wahrnehmung, Hand-Auge-Koordination und
Abstrahierungsvermögen schult und sich durch ihn die Be-
schäftigungsmöglichkeiten geistigbehinderter Menschen in der
Werkstatt für Behinderte erhöhen. Da es zur Zeit aber noch
keine Programme gibt, die den Anforderungen und Bedürfnissen
geistigbehinderten Kindern und Jugendlichen gerecht werden,
sieht SCHMITZ momentan keine Möglichkeiten eines sinnvollen
und effektiven Einsatzes (vgl. SCHMITZ 1990, 727ff).

Kritischer werden die Einsatzmöglichkeiten des Computers von
BÖHM beurteilt, da speziell zur Förderung schwer- und mehrfachbehinderter Menschen Maßnahmen notwendig sind, die über
möglichst viele Sinne versuchen, die Gefühlsebene dieser
Menschen zu erreichen. Der Einsatzbereich des Computers wird
sich hier auf ergänzende Funktionsübungen beschränken (vgl.
BÖHM 1990, 62).

2.1.2. In Zusammenarbeit mit der Bund-Länder-Kom-
mission durchgeführte Modellversuche

Sehr unterstützt wurden Initiativen und Modellversuche zum
Teil von der BUND-LÄNDER-KOMMISSION FÜR BILDUNGSPLANUNG UND
FORSCHUNGSFÖRDERUNG (BLK), die in Zusammenarbeit mit den
jeweiligen Ländern Modellversuche fördert, die im Bildungswesen auf den "bewußten, aktiven und kritischen Umgang mit
neuen Informations- und Kommunikationstechniken" (BLK 1987,
41) vorbereiten. Die BLK begrüßt die Nutzung der Informa-
tions- und Kommunikationstechniken für behinderte Kinder und

Jugendliche, da es sich bereits in ersten modellhaft entwickelten Ansätzen zeigt, daß hierdurch völlig neue
Bildungs- und Kommunikationstechniken erschlossen werden.
"Die Kombinationsfähigkeit von Bild-, Text- und Spracheein-
gabe und -ausgabe bietet die Chance einer individualisierten
Nutzung mit einem hohen Maß an Selbständigkeit für die Behinderten" (a.a.O. 14).

Da jedoch von der BLK ein Modellversuch zu einem bestimmten
Thema immer nur einmal gefördert wird, und andererseits die
Länder oftmals auf eine Zusammenarbeit mit der BLK angewiesen sind, war somit eine Aufteilung der verschiedenen For-
schungsthemen auf die verschiedenen Bundesländer zu beobachten. Daß diese jeweiligen Bundesländer dann - trotz bundes-
weiter Veröffentlichung der Ergebnisse - in Bezug auf das
von ihnen erforschte Thema einen großen Informationsvor-
sprung haben ist offensichtlich, da zur Förderung eines Modellversuchs nicht nur die personelle, sondern auch die materielle Ausstattung gehört.

Im folgenden sollen die Modellversuche aufgelistet werden,
die sich in Zusammenarbeit mit der BLK mit dem Themenbereich
"Neue Informationstechnologien an Sonderschulen" beschäftig-
ten.

In Bayern entstand als solch eine Zusammenarbeit 1985 der
Arbeitskreis "Erarbeitung und Erprobung von elektronischen
Lern- und Kommunikationssystemen für Körperbehinderte" (Elekok), der die vielfältigen Chancen der Mikroelektronik, insbesondere der Computertechnik, für die Arbeit mit körperbehinderten Kindern fruchtbar machen sollte (vgl. HUBER et al.
1990, 11). Dieser Arbeitskreis endete 1990 und wird seitdem
vom Institut für Schulpädagogik und Bildungsforschung als
Arbeitskreis "Erarbeitung eines Konzepts zur Weiterentwicklung elektronischer Hilfen und zur Beratung körperbehinderter Schüler unter Berücksichtigung ihrer individuellen Bedürfnisse" weitergeführt.

In _Hamburg_ fand von 1986 bis 1989 der Modellversuch "Förderung Behinderter durch den Einsatz von Computern" statt.

In _Hessen_ wurde von 1988 bis 1989 der Modellversuch "Informations-Kommunikationstechnische Hilfsmittel für Sehgeschädigte - Einsatzmöglichkeiten und Entwicklungsaufgaben in der informationstechnischen Bildung" ins Leben gerufen.

In _Nordrhein-Westfalen_ fand von 1987 bis 1989 der Modellversuch "Informations- und kommunikationstechnologische Grundbildung in Schulen für Lernbehinderte und Schulen für Erziehungshilfen" und von 1988 bis 1990 der Modellversuch "Förderzentrum zur Integration Blinder und hochgradig sehbehinderter Schüler unter Einsatz neuer Informations- und Kommunikationstechnologien" statt.

In _Schleswig-Holstein_ fand von 1986 bis 1989 der Modellversuch "Neue Technologien in der Ausbildung lernbehinderter Jugendlicher" statt, in dem weitere mögliche Forschungsfragen zu den Bereichen Informationstechnischen Grundbildung, Computerunterstütztes Lehren und Lernen, Computerarbeitsgemeinschaften sowie Fragen zur Lehrerfortbildung erörtert wurden. Dieser Modellversuch wurde in Zusammenarbeit mit Jugendaufbauwerken, Berufsbildungswerken sowie Schulen für Lernbehinderte durchgeführt. Grundlegendes Anliegen des Modellversuches war es herauszufinden, inwieweit Selbstvertrauen, Motivation, Konzentration und Sozialverhalten der Jugendlichen durch die Arbeit am Computer gefördert werden können (vgl. NIESCHKE 1988, 50).

2.1.3. Aktivitäten in den einzelnen Bundesländern zum Thema "Sonderschulen und Computer"

Es sollen nun die in den einzelnen Bundesländern stattgefundenen oder auch erst geplanten Initiativen, Modellversuche und Arbeitskreise zum Themenbereich "Sonderschulen und Computer" kurz dargestellt werden. Da zwischen Planung und Durchführung einer Initiative und deren Veröffentlichung oft Monate oder auch Jahre liegen, ist eine lückenlose Darlegung des status quo nicht möglich.

Baden-Württemberg
Nachdem in der 1985 vom MINISTERIUM FÜR KULTUS UND SPORT erschienenen Informationsschrift "Neue Medien und moderne Technologien in der Schule" die Verankerung des Themas "Grundkenntnisse über Computer und Informatik" in den Lehrplänen der Sonderschulen ausgespart wurde (vgl. a.a.O. 15ff), trat zum Schuljahr 1990/91 für die Schulen für Lernbehinderte ein revidierter Lehrplan in Kraft, der für die Oberstufe unter der Themengruppe "Mensch, Erde, Umwelt" das Thema "Computer im Alltag" beinhaltet (vgl. REBMANN 1990, 9).
Hierbei soll der Computer jedoch lediglich als Unterrichtsgegenstand erörtert werden. Über einen möglichen Einsatz des Computers als Unterrichtsmedium soll erst in einer Kommission entschieden werden.
Parallel dazu entwickelten sich an der Pädagogischen Hochschule Reutlingen und an der Universität Tübingen Arbeitskreise und Projekte, die Lernprogramme auf ihre Brauchbarkeit für die Schulen für Lernbehinderte hin überprüften und auch eigene Lernprogramme entwickelten. Diese beziehen sich hauptsächlich auf die Lernbereiche Mathematik (vgl. MELZER 1987, 147ff; MELZER 1988, 169ff; SCHAIBLE 1988, 185ff) und Deutsch (vgl. NESTLE et al. 1988, 26ff; SCHAIBLE 1988, 177ff).

Bayern

In einer zweijährigen Phase wurden ab dem Schuljahr 1986 an
25 Schulen für Behinderte und Kranke der für alle Schularten
konzipierte Rahmenplan zur Informationstechnischen Grundbildung erprobt (vgl. ENGLMEIER 1988, 83ff).
Zum Schuljahr 1988/89 wurde die Informationstechnische
Grundbildung dann an allen Sonderschularten für die Jahr-
gangsstufen 7 bis 9 eingeführt. Sie stellt jedoch kein eigenständiges Unterrichtsfach dar, sondern ist in die Lernbereiche Arbeitslehre, Deutsch und Mathematik integriert (vgl.
GIGL 1990, 11).
Ausdrücklich wird jedoch darauf verwiesen, daß Lern- und
Förderprogramme systematisch und regelmäßig auch schon frü-
her als in der Jahrgangsstufe 7 eingesetzt werden können
(AKADEMIE FÜR LEHRERFORTBILDUNG DILLINGEN et al. 1988, 14).
Modellversuche finden des weiteren an einigen Schulen für
Körperbehinderte sowie in einigen Diagnose- und Förderklas-
sen statt.

Berlin

Hier ist für die Sonderschulen die Erstellung von Rahmenplä-
nen für einen Informationstechnischen Grundkurs geplant, in
dem Erfahrungen aus anderen Bundesländern sowie der Berliner
Haupt- und Gesamtschulen einfließen sollen (vgl. MESCHENMO-
SER 1990, 13).
Desweiteren wird der Computer seit mehreren Jahren bei der
integrativen Beschulung blinder Realschüler und Gymnasiasten
eingesetzt (vgl. MESCHENMOSER 1991, 10).
Aber auch an den vier Körper- und den vier Geistigbehinder-
tenschulen werden Computer als Kommuniaktionshilfe und als
Lernmittel eingesetzt.

Bremen

Seit dem Schuljahr 1988/89 findet an zwei Bremer Sonderschulen der Modellversuch "Computereinsatz in Sonderschulen für
Hörgeschädigte, für Sprachbehinderte, COSGES" statt, in dem
der Computer zur Erstellung von Differentialdiagnosen, aber

auch zur Vermittlung einer behindertenspezifischen Informationstechnischen Grundbildung verwendet wird.
Durch die in diesem Modellversuch gewonnenen positiven Erfahrungen ist in nächster Zeit eine Ausweitung des Computereinsatzes auf alle Sonderschulen zu erwarten (vgl. KLEINERT-
MOLITOR 1990, 14).

Hamburg

In einer ab dem Herbst 1987 begonnenen dreijährigen Erpro-
bungsphase sollten zunächst die für die Einführung einer
Informationstechnischen Grundbildung an den allgemeinbildenden Schulen notwendigen grundlegenden Maßnahmen, wie Lehrerfortbildung, die Entwicklung von Unterrichtseinheiten, die
unterrichtliche Erprobung sowie die schulische Ausstattung
erarbeitet und durchgeführt werden.
Seit dem Schuljahr 1989/90 wird in einer eigenständigen Er-
probungsphase die Informationstechnische Grundbildung an
drei Sonderschulen (eine Schule für Körperbehinderte, eine
Schule für Hörgeschädigte und eine Förderschule) durchgeführt. Aus diesen Erfahrung soll dann ein gemeinsames Konzept für alle Sonderschulen erarbeitet werden (vgl. MÖLLER-
HAVERLAND 1990, 15f).
Parallel dazu werden seit 1978 an Schulen für Lernbehinderte
speziell entwickelte Rechen- und Deutschprogramme erprobt
(vgl. RAUN 1987, 134ff; RAUN 1988, 162ff).
Aber auch an Schulen für Körperbehinderte werden Lern- und
Übungsprogramme eingesetzt.

Hessen

Von 1986 an wurde in Hessen an vier Sonderschulen für Lernbehinderte eine wissenschaftliche Untersuchung durchgeführt,
in der die Stellung des Computers beim Aufbau geistiger Operationen, die Bereitschaft der Lehrer zum unterrichtsorgani-
satorischen Umdenken und schließlich die didaktischen Einsatzmöglichkeiten des Computers erörtert werden sollten
(vgl. RADIGK 1988, 151ff). Ziel war es, nicht eine "Soft-
waredidaktik" (a.a.O. 151) zu entwickeln, sondern die viel-

fältigen Wirkungen des Computereinsatzes auf Lehrer und
Schüler zu untersuchen.

Niedersachsen

Nachdem anfänglich die Schulen für Lernbehinderte an dem
Modellvorhaben "Neue Technologien und Schule" nicht beteiligt werden sollten (vgl. PETTER 1990, 16), wurde von Oktober 1987 bis April 1988 eine Arbeitsgruppe gegründet, die
die Brauchbarkeit der vorhandenen Software für die Bereiche
Deutsch, Mathematik, Arbeits- und Wirtschaftstechnik an der
Schule für Lernbehinderte überprüfen sollte.
Von Oktober 1988 bis Juli 1991 fand daraufhin der Modellversuch "Informations- und kommunikationstechnische Bildung in
der Schule für Lernbehinderte" statt, indem zum einen die
Entwicklung und Erprobung eines Rahmenkonzept für die Behandlung der neuen Technologien in der Schule für Lernbehinderte erfolgen sollte (vgl. PETTER 1990, 16f) und zum ande-
ren Möglichkeiten sonderpädagogischer Fördermaßnahmen mit
Hilfe der Neuen Techniken untersucht werden sollten (vgl.
NIEDERSÄCHSISCHES KULTUSMINISTERIUM 1989, 25).

Nordrhein-Westfalen

Nachdem die Sonderschulen in Bezug auf die Einführung neuer
Informations- und Kommunikationstechnologien grundsätzlich
den entsprechenden Schulformen der Regelschule gleichgestellt worden sind (vgl. DER KULTUSMINISTER DES LANDES NORD-
RHEIN-WESTFALEN 1985, 8), wurde 1987 mit dem Modellversuch
"Informations- und kommunikationstechnologische Grundbildung
an Schulen für Lernbehinderte und Erziehungshilfe, GRISO"
begonnen, der Materialien für die informations- und kommunikationstechnologische Grundbildung der Jahrgangsstufen 7 bis
9 an der Schule für Lernbehinderte erarbeite und erproben,
und diese Materialien auf die Schule für Erziehungshilfe
adaptieren sollte (vgl. POLAK 1988, 119).
Im Rahmen dieses Modellversuchs wurden aber auch eigene Programme entwickelt und fünf projektartige Unterrichtseinhei-

ten vorgestellt (vgl. RAUTENBERG 1988, 124ff; LANDESINSTITUT
FÜR SCHULE UND WEITERBILDUNG 1990, 93ff).

Saarland
Mit Beginn des Schuljahres 1990/91 sollte im Saarland die
informationstechnische Grundbildung an allen Sonderschulen,
die nach dem Hauptschullehrplan unterrichten (Schulen für
Blinde- und Sehbehinderte und Schulen zur Erziehungshilfe)
in voller Identität zu dem Angebot der Hauptschule eingeführt werden.
Für die Schüler der Schulen für Lernbehinderte soll mit Beginn des Schuljahres 1991/92 eine modifizierte Form der informationstechnischen Grundbildung angeboten werden.
Schließlich soll mit Beginn des Schuljahres 1992/93 eine
Erprobung über den medialen Einsatz des Computer an Sonderschulen beginnen (vgl. BIET 1990, 21).

Rheinland-Pfalz
An den allgemeinbildenden Schulen wurde ab dem Frühjahr 1989
die Informationstechnische Grundbildung eingeführt. Diese
soll in modifizierter Form auch auf die Grundschulen und die
Schulen für Lernbehinderte übertragen werden.
Parallel dazu sind vereinzelt an einigen Sonderschulen Ei-
geninitiativen zu beobachten. Zur Koordination dieser
Initiativen wurden 1989 zwei Lehrerfortbildung organisiert
(vgl. MELZER 1990, 22).

Schleswig-Holstein
Von 1985 bis 1990 wurde in Schleswig-Holstein der Modellversuch COMPASS durchgeführt, der sich zunächst mit der Entwicklung und Erprobung von Unterrichtseinheiten zur Informationstechnischen Grundbildung an Schulen für Lernbehinderte
beschäftigte.
In einer zweiten Phase, an der sich 40 Schulen beteiligten,
sollten der Einsatz von Software im Unterricht analysiert,
eigene Programme zum Sachrechnen und Sachunterricht entwik-

kelt werden und die Brauchbarkeit des Computers als Hilfe
für den Lehrer eruiert werden (vgl. KÖNIG 1990, 23f).
Im Rahmen dieser Arbeit wurden des weiteren sowohl eigene
Programme entwickelt, als auch käufliche Software auf ihre
Brauchbarkeit hin überprüft (vgl. HAMEYER o.J., 35f).

Zu den neuen Bundesländern kann generell gesagt werden, daß
dort ein geplanter Einsatz von Computern in der Sonderschule
in nächster Zeit noch nicht zu erwarten ist.

In diesen Ländern befindet sich das Sonderschulwesen - wie
das gesamte Schulwesen überhaupt - momentan in einer Phase
des großen Umbruchs.

Auch ist momentan eine materielle Versorgung der Sonderschulen mit Computern nicht möglich.

Sehr vereinzelt sind an Schulen noch Computer der Marke RO-
BOTRON im Einsatz; da diese Geräte aber nicht dem westdeut-
schen Standard entsprechen, ist ein Programmaustausch nicht
möglich.

2.2. Computereinsatz bei körperbehinderten Kindern und Jugendlichen

Im folgenden sollen die Einsatzmöglichkeiten des Computers
bei körperbehinderten Kindern und Jugendlichen in den Bereichen Sonderschule, Rehabilitation und berufliche Aus- und
Weiterbildung erörtert werden.

Der Begriff der "Körperbehinderung" läßt sich aus sehr verschiedenen Blickrichtungen beschreiben. Je nach zugrundege-
legtem Paradigma kann "Körperbehinderung" als Schädigung des
Individuums (medizinisches Modell), als Ergebnis eines Zu-
schreibungsprozesses (interaktionsteoretisches Modell) oder
als - durch Bewegungsbeeinträchtigung verursachte - Beschränkung der Handlungsfähigkeit mit damit verbundener eingeschränkter Aneignung der gesellschaftlichen Wirklichkeit
(gesellschaftstheoretisches Modell) verstanden werden.

Nach SCHMEICHEL ist Körperbehinderung "als Folge einer Schädigung des Stütz- und Bewegungsapparates oder einer anderen
organischen Schädigung eine überwindbare oder dauernde Beeinträchtigung der Bewegungsfähigkeit mit anhaltenden, er-
heblichen Auswirkungen auf die kognitiven, emotionalen und
sozialen Vollzüge" (SCHMEICHEL o.J. 46).

Während SCHMEICHEL den Begriff der Körperbehinderung mehr an
medizinischen Fakten der jeweiligen Person festzumachen versucht, weitet SCHÖNBERGER diesen auf das gesellschaftliche
Umwelt der Person aus: "Körperbehindert ist, wer infolge
einer Schädigung der Stütz- und Bewegungsorgane in seiner
Daseinsgestaltung so stark beeinträchtigt ist, daß er jene
Verhaltensweisen, die von den Mitgliedern seiner wichtigsten
Bezugsgruppen in der Regel erwartet werden, nicht oder nur
unter außergewöhnlichen individuellen und sozialen Bedingungen erlernen bzw. zeigen kann und daher zu einer langfristigen schädigungsspezifisch-individuellen Interpretation wichtiger sozialer Rollen finden muß" (SCHÖNBERGER 1974, 202).

2.2.1. Die Entwicklung des Computereinsatzes an bayerischen Schulen für Körperbehinderte

Mit der Installation der erste CARBA LINQUADUC-Schreibanlage
an der Bayerischen Landesschule für Körperbehinderte in München im Jahr 1978 kann sicherlich der Beginn der Ära der
elektronischen Hilfsmitteln datiert werden (vgl. BRANDL &
WEIKMANN 1987, 24).
Bei dieser ersten Anlage konnte mittels einer oder zweier
Pneumatiktasten auf einer Leuchttafel ein bestimmter Buchstaben angesteuert werden. Erst die fünf Jahre später er-
schienene zweite Generation des CARBA LINQUADUC arbeitete
mit einem Bildschirm.
Bei diesen Geräten war es nun erstmals möglich, mit einer
einzigen Schaltbewegung verschiedene Buchstaben, Symbole
oder auch Bilder anzusteuern. Für all diejenigen Schüler,
die selbst mit Abdeckplatten modifizierte Schreibmaschinen

nicht bedienen konnten, bot sich hier die Möglichkeit, selbständig aus Buchstaben ein Wort zusammenzusetzen.
Da diese Anlage zum einen jedoch sehr teuer war (ca.
25.000,- DM pro Arbeitsplatz) und zum anderen sehr viel
Platz beanspruchte, war an die Anschaffung mehrerer Schüler-
arbeitsplätze nicht zu denken. Zudem mußte geklärt werden,
inwieweit ein wirklicher Lernzuwachs mit diesem Gerät zu
erzielen war, inwieweit es sich als "wirkliches" Hilfsmittel
bewährte.

1985 wurde dann vom Bundesminister für Bildung und Wissenschaft und vom Bayerischen Staatsministerium für Unterricht
und Kultus der Modellversuch "Erarbeitung und Erprobung
elektronischer Lern- und Kommunikationssyteme für Körperbehinderte" (ELEKOK) eingerichtet.

Dieser Modellversuch sollte - den 1973 vom Deutschen Bildungsrat festgeschriebenen Rahmenzielen sonderpädagogischer
Bemühungen verpflichtet (vgl. GIGL & HUBER 1987, 1) - erproben, ob und inwiefern sich durch technische Hilfen neue
Lern- und Kommunikationsräume für diejenigen Schüler erschließen lassen, die zu keiner verbalen Kommunikation fähig
sind, weder mit der Hand noch mit üblichen Hilfsmitteln oder
Apparaten schreiben können oder sich schulische Bildungsin-
halte auf übliche Weise nicht aneignen können (vgl. HUBER et
al. 1990, 11).

An diesem Modellversuch, der von 1985 bis 1990 durchgeführt
wurde, beteiligten sich in einer ersten Phase acht
bayerische Schulen für Körperbehinderte. In der zweiten Arbeitsphase, in der die Übertragbarkeit der im ersten Ver-
suchszeitraum gewonnenen Ergebnisse auf andere Schularten
überprüft werden sollte, waren fünf Schulen für Körperbehinderte, eine Schule für Lernbehinderte und zwei Schulen für
Geistigbehinderte beteiligt.

Die ersten Tätigkeitsfelder lagen in der Einarbeitung der beteiligten Sonderschullehrer in die Computertechnik, der Vermittlung basaler Programmierkenntnisse, der Zusammenstellung einer einheitlichen und geeigneten Hardware-Konfiguration, der Analyse und Prüfung käuflicher Software auf deren Brauchbarkeit für körperbehinderte Schüler hin und in der Entwicklung eigener Programme (vgl. GIGL & HUBER 1987, 1f).

Ab 1986 wurde ein Diplompädagoge mit der wissenschaftlichen Betreuung dieses Modellversuchs beauftragt, dessen Aufgabe darin bestand, die Hypothesen und Zielsetzungen des Arbeitskreises mittels geeigneter Untersuchungen zu überprüfen (vgl. HUBER et al. 1990, 15).

Der Modellversuch ELEKOK betreute über zwei Schuljahre hinweg 92 Schüler im Alter von 7 bis 23 Jahren. Diese Schülern, von den ein Viertel Mädchen und drei Viertel Jungen waren, sollten kontinuierlich über den ganzen Betreuungszeitraum am Computer arbeiteten (vgl. a.a.O. 142f).

Über drei Viertel dieser Schüler zeigten das Behinderungsbild der Cerebralparese, bei der aufgrund einer Hirnschädigung einzelne oder auch mehrere Körperteile oder auch Körperhälften in ihrer Bewegungsfähigkeit eingeschränkt sind. Über 9% dieser Schüler waren Schüler mit einer progressiven Muskeldystrophie, einer genetisch bedingten Stoffwechselstörung, die eine fortschreitenden Kraftlosigkeit der Muskulatur bewirkt. Bei dieser Krankheit, die meistens bei Jungen auftritt, ist die Lebenserwartung stark eingeschränkt. Diese Schüler erreichen selten das 22. Lebensjahr.

Fast 30% der betreuten Schüler waren aufgrund der Behinderung zu keiner verbalen Sprache fähig, weshalb diesen Schülern der Computer hauptsächlich als Kommunikationsmittel diente (vgl. a.a.O. 148), mit dessen Hilfe sie ihrer Umwelt Bedürfnisse und Botschaften mitteilen konnten.

Über 70% dieser Schüler benutzten den Computer als Schreib-
maschinenersatz um ihre motorischen Beeinträchtigungen beim
Schreiben zu kompensieren.

Von der betreuten Schülerpopulation waren nur 40% in der
Lage, den Computer über die normale Tastatur zu bedienen.
26% der Schüler benötigten Spezialtastaturen (vgl. Abschnitt
4.1.2.).

20% dieser Schüler konnten keine Tastaturen bedienen. Sie
benötigten spezielle Programme, bei denen die Eingabe mittels eines Joysticks erfolgt.

14% der Schüler schließlich waren in ihrer Bewegungsfähigkeit so weit eingeschränkt, daß eine Eingaben nur über Spezialschalter möglich war. Darunter sind individuell angefertigte Schalter zu verstehen, die mit sehr verschiedenen Kör-
perteilen, beispielsweise dem Fuß, Knie aber auch dem Mund,
bedient werden können (vgl. Abschnitt 4.1.2.).

Es zeigte sich bald, daß die käuflich zu erwerbenden Programme für körperbehinderte Schüler ungeeignet waren, da
diese Programme meist vom Aufbau zu schwierig waren, die
Darstellung der Zeichen und Bilder am Bildschirm zu klein
oder auch zu unübersichtlich war, die Bearbeitungsgeschwin-
digkeit nicht an die Bedürfnisse körperbehinderter Schüler
angepaßt werden konnte oder aber die Programme nicht mit
einer beziehungsweise zwei Tasten zu bedienen waren (vgl.
BRANDL & WEIKMANN 1987, 29).

So wurden im Rahmen dieses Modellversuchs eigene Programme
zum Bereich des Erstrechnens, des Erstschreibens und Erstlesens und zur Förderung der Wahrnehmung und der visumotori-
schen Koordination (vgl. ARBEITSKREIS ELEKOK 1987, 287) erstellt, die nun die gestellten Anforderungen erfüllen sollten.

Im Rahmen der wissenschaftlichen Begleitung ging es um die Frage, wie sich der Einsatz des Computers auf die Persönlichkeitsentwicklung von behinderten Schülern auswirkt. Es zeigte sich bald, daß sich diese Frage aufgrund der Heterogenität der betreuten Schüler und den jeweils unterschiedlichen individuellen Voraussetzungen und Bedürfnissen nicht in einem geschlossenem Konzept beantworten läßt.

"Stattdessen wurde im Rahmen von Einzelfallstudien an drei schwer- und mehrfachbehinderten Kindern und Jugendlichen untersucht, wie die betreffenden Schüler sich in verschiedenen Lebenszusammenhängen selbst sehen und die Bedeutung elektronischer Systeme für die Bewältigung ihres Lebens persönlich beurteilen" (STAATSINSTITUT FÜR SCHULPÄDAGOGIK UND BILDUNGSFORSCHUNG 1991, 9).

Die Ergebnisse dieser Einzelfallstudien werden folgendermaßen zusammengefaßt:

> "Die Besonderheit eines körperbehinderten Menschen, die ihn schon augenscheinlich von allen anderen nichtbehinderten Menschen abhebt, liegt in der Behinderung, in dem Funktionsdefizit, in motorischen Unfähigkeiten und den daraus sich ergebenden Erschwernissen für die Persönlichkeitsentwicklung. Beide, die Individualitätserfahrung und die Autonomieerfahrung der drei körperbehinderten Jugendlichen sind negativ bestimmt, als Erfahrung einer Andersartigkeit und Begrenztheit.
>
> Die Arbeit mit dem Computer ermöglicht ihnen dagegen ein positives Erleben in den beiden Dimensionen. Übereinstimmend bringen sie die neuen Handlungsspielräume zur Sprache, die Möglichkeit, sich auszudrücken und sich als Individuum in seiner Besonderheit mit eigenen, individuellen Erlebnissen und Fähigkeiten darzustellen, die ihnen der Umgang mit elektronischen Systemen eröffnet hat" (a.a.O. 18).

Der Modellversuch ELEKOK ist das in Deutschland bislang einmaligen Projekt, Möglichkeiten, Bedingungen und Auswirkungen des Computers als Lern- und Kommunikationsmittel in der Schule für Körperbehinderte zu untersuchen.

Ein Anliegen des Modellversuchs war es, deutlich zu machen, daß neben der Entwicklung von Programmen und der Diskussion um die geeignete Hardware auch die Auswirkungen dieser neuen Technologien auf die Schüler untersucht werden müssen.

Zu den im Rahmen dieses Modellversuchs entwickelten Programmen und Programmserien wurden zum Teil auch didaktische Handreichungen formuliert, die dem Lehrer Hilfestellungen zur Einbindung des Computers in den Unterricht geben sollen (vgl. a.a.O. 6).

2.2.2. Einsatzmöglichkeiten im Bereich der Rehabilitation und der beruflichen Aus- und Weiterbildung

Ein zentrales Problem aller Schulen für Körperbehinderte ist die Vermittlung eines Ausbildungsplatzes, an dem der Schüler die Gelegenheit erhält, seine in der Schulzeit erworbenen Kenntnisse und Fähigkeiten zu gebrauchen und weiterzuentwikkeln.

Die Vermittlung eines Ausbildungsplatzes in Betrieben stellt die sehr seltene Ausnahme dar; fast ausschließlich erfolgt die Ausbildung dieser Personengruppe in Berufsbildungswerken für Körperbehinderte, und hier auch oft erst nach bis zu vierjähriger Wartezeit (vgl. BECKER 1989, 10).

Doch finden zu den Berufsbildungswerken meist nur diejenigen Schüler Zugang, die mindestens Hauptschulabschluß besitzen und zudem in ihrer körperlichen Beweglichkeit nicht in zu hohem Maße beeinträchtigt sind: gute Handmotorik und gutes Sehvermögen sollten vorhanden sein (vgl. SZUKULA & WEHMEIER 1989, 17), bzw. die Jugendlichen sollten über eine "solide, breit angelegt berufliche Grundausbildung" (NIEDERHOLZ 1989, 6) verfügen.

Doch selbst für die Jugendlichen, die in solch einem Berufsbildungswerk einen Ausbildungsplatz gefunden haben, beginnt
nach dieser Ausbildung die mühsame, oft vergebliche Suche
nach einem adäquaten Arbeitsplatz. "Körperbehinderte Ausbil-
dungsabsolventen aus Berufsbildungswerken - dem weithin einzigen Ausbildungsort für diese Gruppe - sind in hohem Maße
von Arbeitslosigkeit bedroht. Verschiedene regionale Untersuchungen verweisen auf eine Arbeitslosenquote von durchweg
mehr als 50% unmittelbar nach Ausbildungsabschluß - mit
steigender Tendenz bei zunehmendem zeitlichen Abstand zum
Abschluß der Ausbildung" (BECKER 1991, 9).

Sehr viel schwieriger stellt sich die Situation für diejenigen Schüler dar, die zwar auch Haupt- zum Teil sogar Real-
schulabschluß besitzen, aber zur Gruppe der schwer oder
mehrfach körperbehinderten Schüler gehören.

BECKER (vgl. 1989, 11) beschreibt die Situation dieser Schüler als eine Ansammlung von Brüchen zwischen Intentionen,
Vorstellungen und Fähigkeiten auf der einen Seite und der
nachschulischen Wirklichkeit auf der anderen Seite.
Zunächst einmal gibt es für diese Schüler fast keine be-
trieblichen Ausbildungsplätze und die Arbeitsplätze, die
solchen Schülern in Ausnahmefällen eingeräumt werden, wider-
sprechen in der Regel nicht nur den Schulleistungen, sondern
auch den intellektuellen und persönlichen Entwicklungsfähig-
keiten.

Auch NIEDERHOLZ betont, daß viele Schüler eine Ausbildung
aufgrund ihrer Einschränkung durch die Behinderung und nicht
aus Interesse gewählt haben (vgl. 1989, 7).

Kann dann nach langer Wartezeit ein Ausbildungsplatz in einem Berufsbildungswerk angenommen werden, muß der Schüler
mehrere Teststationen durchlaufen, "die nicht jeder als
'ausbildungsfähig' verläßt. Wenige werden danach einem 'Re-

gelberuf', viele einem 'Sonderberuf' zugewiesen" (BECKER 1989, 11).

Unter diesen "Sonderberufen" sind die "Sonderausbildungsregelungen" gemeint, nach der im bürokaufmännisch-verwaltenden Bereich und auch in den handwerklichen bzw. industriellen Fertigungsberufen ein Großteil der Rehabilitanden ausgebildet wird. Diese Ausbildungsgänge orientieren sich im Normalfall an "ähnlichen 'Regelberufen', sind jedoch sowohl im Hinblick auf das Spektrum beruflicher Handlungsbereiche als auch insbesondere hinsichtlich der intellektuell-theoretischen Anforderung deutlich reduziert" (BECKER 1991, 15).

Diejenigen Jugendlichen aber, die auch trotz "Sonderberufsausbildungsregelung" nicht vermittelbar sind, und die die Arbeitsamtsberatung als "nicht ausbildungsfähig", aber "arbeitsfähig" (BECKER 1989, 11) verlassen, landen im Regelfall in der Werkstatt für Behinderte, "ohne Chance auf eine betriebliche 'Reintegration' und ohne Möglichkeit der Teilnahme an weiterführenden (d.h. aus der Werkstatt herausführenden) Bildungsmaßnahmen" (a.a.O. 11).

In dieser "düsteren Bilanz" stellt nun der Computer eine "theoretische Hoffnung" dar, werden doch durch ihn mehr und mehr ursprünglich manuelle Tätigkeiten in "Arbeiten am Computer" umgewandelt. Diese Arbeit am Computer kann nun (theoretisch) auch von körperbehinderten Menschen verrichtet werden. Damit würde sich die Palette der möglichen Berufe von den "typischen Berufen" für Behinderte, wie etwa Verwaltungsfachangestellter (vgl. BECKER 1991, 18) um Berufe aus dem kaufmännisch-verwaltenden Bereich, den Dienstleistungsberufen, den technisch orientierten Berufen in Industrie und Handwerk (vgl. BECKER 1989, 12), aber auch um Berufe aus dem Bereich der Datenverarbeitung, wie DV-Kaufmann, staatlich geprüfter Betriebswirt DV oder Diplom-Informatiker (vgl. DAS BAND 1986, 11) erweitern.

Als positives Beispiel in dieser Richtung ist sicherlich die
Firma "Programmierservice GmbH (PSG)" zu betrachten, die
zwar eine der Stiftung Pfennigparade München angesiedelte
Werkstatt für Behinderte ist, sich aber als "Dienst-
leistungszentrum" versteht, in der körperbehinderte Menschen
mit qualifizierter Ausbildung im EDV-Bereich bei markt- und
leistungsgerechter Vergütung für Firmen Programmieraufträge
übernehmen (vgl. SCHMITZ 1989, 9) [10].

Bei diesem Projekt stellen die motorischen Beeinträchtigungen der einzelnen Mitarbeiter überhaupt kein Problem dar, da
die Arbeit eines Programmierers hauptsächlich im Kopf stattfindet und nur 5-10% der Arbeitszeit aus manueller Tätigkeit
(Eintippen in die Tastatur) besteht (vgl. SCHMITZ 1989, 9).
Voraussetzung für das Gelingen dieses Projektes ist jedoch
ein durchweg hohes intellektuelles Niveau der Mitarbeiter,
weshalb diesem Projekt auch sofort eine Nicht-Übertragbar-
keit auf die "typische" Werkstatt für Behinderte beschieden
wurde (vgl. a.a.O. 10).

Auch das Körperbehinderten-Zentrum Oberschwaben (KBZO)
vertritt den Standpunkt, daß es für die berufliche Rehabilitation vieler behinderte Menschen ausreichend ist, Bedie-
nungsmöglichkeit zur Benutzung eines Computers in Form von
Spezialtastaturen, Spezialschaltern oder kleiner Spezialprogramme bereitzustellen und daß ansonsten aber möglichst viele Standard-Geräte und Standard-Programme verwendet werden
sollten, um den Firmen hohe Kosten für spezielle Arbeitsplätze zu ersparen und um einen innerbetrieblichen Informationsaustausch durch die Benutzung einheitlicher Programme
zu gewähren (vgl. LORMES 1987, 5).

---

[10] Die Inanspruchnahme des Programmierservice ist für Firmen
freilich noch aus einem anderen Grund interessant: Die Kunden
können 30% des Rechnungsbetrages von der zu zahlenden Aus-
gleichsabgabe kürzen, die sie laut Gesetz für nichtbesetzte
Pflichtarbeitsplätze für Behinderte leisten müssen (vgl. DAS
BAND, 6 (1986), 10).

Diese Einschätzung mag für viele körperbehinderte Menschen,
die keine intellektuelle Beeinträchtigung erfahren haben zu-
treffen, sie eröffnet jedoch denjenigen Menschen, die nicht
nur in ihrer Motorik, sondern darüber hinaus auch in ihrer
intellektuellen Entwicklung Beeinträchtigungen erfahren haben keinerlei Realisierungsmöglichkeiten.

Der Nutzen und der Erfolg der hier kurz skizzierten rehabi-
litativen Maßnahmen soll nicht bezweifelt oder geschmälter
werden, es gilt nur zu verdeutlichen, daß innerhalb der
Gruppe der körperbehinderten Menschen, diejenigen, die mit
Hilfe des Computers eine motorische Beeinträchtigung kompensieren und in einem regulären Arbeitsverhältnis stehen, eine
Minderheit darstellen.

BECKER (vgl. 1991, 26ff) schlägt für all diejenigen körperbehinderten Jugendlichen und Erwachsenen, die über den frei-
en Arbeitsmarkt und über Berufsbildungswerke keine Möglichkeit einer adäquaten Ausbildung und Beschäftigung haben, ein
"Stufenausbildungskonzept" vor. Angesiedelt in der Werkstatt
für Behinderte werden den schwer und/oder mehrfach Körperbehinderten zunächst in einer zweijährigen Ausbildung Grundqualifikationen in bestimmten, arbeitsmarktrelevanten Segmenten der computergestützten industriellen Dienstleistung
vermittelt (vgl. a.a.O. 30).
Im Anschluß an eine Berufspraxis können die Betroffenen dann
in den Bereichen computergestütztes Zeichnungswesen (CAD),
computergestützte Textverarbeitung, bzw. Druckvorlagenge-
staltung oder EDV-gestützte Datenverarbeitung (vgl. a.a.O.
99ff) ihre Grundqualifikationen zu Teilqualifikationen erweitern (vgl. Abb.2).

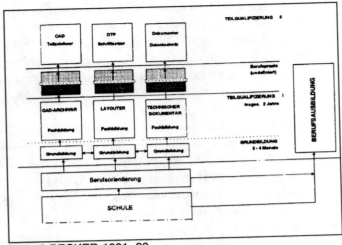

Abb. 2 BECKER 1991, 29

Ein wesentliches Moment dieses Konzepts ist die Durchlässigkeit sowohl in horizontaler als auch vertikaler Richtung: So
soll zum einen "zwischen den einzelnen 'Teilqualifikations-
Segmenten' eine berufsfachliche 'Durchlässigkeit' bestehen,
die ein (ggf. späteres) 'Umsteigen' zwischen den einzelnen
Bereichen möglich macht" (a.a.O. 31), zum anderen soll aber
auch jederzeit ein Vorrücken zu komplexeren, wie ein Zurück-
kehren zu einfacheren Tätigkeiten möglich sein.

Diese Konzept wird in Berlin seit 1989 unter der Bezeichnung
"Berufsorientierter Lehrgang (VZ11)" zu realisieren versucht.

Der Sonderschule für Körperbehinderte fällt in diesem Konzept eine besondere Rolle zu: Sie soll in einem (in den meisten Bundesländern möglichen) "vollzeitschulischen 11.
Schuljahr" (a.a.O. 26f) ein noch zu erarbeitendes und am
qualitativen Bedarf der Zielgruppe orientiertes neuartiges
(computerorientiertes) Curriculum praktisch umsetzen (vgl.
a.a.O. 27).

Damit soll ein dringend notwendiger Übergang von den "schulischen Lernfeldern" zu den "beruflichen Qualifikationsfeldern" (vgl. a.a.O. 27) geschaffen werden.
Denn es muß immer wieder festgestellt werden - so BECKER -, daß "die abgebenden Sonderschulen weder auf der Ebene des Lehrplans, noch in der konkreten Unterrichtsgestaltung hinreichend auf die Situation nach der Schule, wie sie bspw. Körperbehinderten bevorsteht, vorbereitet" (a.a.O. 17).

Bezogen auf die bayerische Situation muß dieser Vorwurf doch in der Art relativiert werden, daß durch das im Hauptschullehrplan verankerte Fach Arbeitslehre, durch die im Lehrplan zur individuellen Lernförderung im berufswahlvorbereitenden und lebenspraktischen Lernbereich ausgewiesenen Fächern Arbeitslehre, berufswahlvorbereitender Förderunterricht oder Technisches Werken aber auch die Werkstufe für geistig behinderte Schüler die Möglichkeit bieten, die spätere Lebenssituation und Lebensrealität zum Unterrichtsgegenstand zu machen.
Ob diese Möglichkeiten in der Praxis auch genutzt werden, ist natürlich eine weitere Frage.

Auch HUBER et al. weisen auf die schwierige Aufgabe der vorwiegend auf handwerkliche Arbeit ausgerichteten Werkstätten für Behinderte hin, den schwer körperbehinderten Jugendlichen und Erwachsenen eine angemessene und sinnvolle Arbeit anzubieten. Aber auch sie betonen die Notwendigkeit der Schule, "ihre Bildungsangebote unter den Bedingungen einer 'dritten industriellen Revolution', also dem Eindringen der neuen Informations- und Kommunikationstechnologien in nahezu alle Berufszweige zu überdenken und (sich) näher an den veränderten beruflichen Erfordernissen zu orientieren" (1990, 19).

Sehr viel leichter haben es die Werkstätten, die neben handwerklichen Tätigkeiten auch Bürodienstleistungen durchführen. Hier können durch Aufteilung der anstehenden Arbeit in

kleine und kleinste Schritte auch schwer körperbehinderte
Menschen gemäß ihren Fähigkeiten sinnvoll in die verschiedenen Arbeitsprozesse eingebunden werden (vgl. NACHTSHEIM
1989, 5).

Allgemein stellt sich das schwierige Problem der sinnvollen
Miteinbeziehung schwer körperbehinderter Menschen in einen
Arbeitsprozeß. Natürlich gilt es auch immer zu hinterfragen,
ob für diese Gruppe von Menschen die Arbeit in der Werkstatt
für Behinderte auf Dauer wirklich eine sinnvolle und erfül-
lende Beschäftigung darstellt, oder ob damit nicht vielmehr
nur ein "Schein von Freiheit" (BECKER 1988) vermittelt wird,
einer Freiheit, der im Alltag mangels Möglichkeiten, mangels
Personal, mangels materieller Ausstattungen und vielleicht
auch mangels Ideen keine Realisierungsmöglichkeiten "mit zur
Hand" gegeben werden.

Diese Fragen müssen jedoch in jeder einzelnen Situation für
jeden einzelnen Betroffenen, und vor allem: **mit** jedem einzelnen Betroffenen neu beantwortet werden.

Solange keine schlüssigen alternativen "Lebens"-Konzepte
vorliegen, sind alle Versuche und Anstrengungen zu bewundern
und zu unterstützen, die schwer körperbehinderte Menschen zu
einer selbständigen Arbeit, vielleicht auch nur zu einem
selbständigen Handeln innerhalb einer Gemeinschaft hinführen
wollen.

3. Voraussetzungen für den Einsatz elektronischer Hilfen

Im folgenden sollen die Voraussetzungen beschrieben werden, die für einen sinnvollen Einsatz von elektronischen Hilfen an Schulen für Körperbehinderte notwendig sind.

Diese Voraussetzungen sind bei weitem nicht die Computer allein. Natürliche müssen entsprechende Geräte vorhanden sein, die in ihrer Leistung, in der Bildschirmdarstellung und in den Eingabemöglichkeiten an den entsprechenden Schüler oder auch die entsprechende Schülergruppe angepaßt sind.

Weitaus wichtiger für einen sinnvollen Einsatz sind jedoch die verwendeten Programme. Erst die Software kann einem Computer seine "Fähigkeiten" entlocken, erst an Hand des Programms läßt sich entscheiden, ob der Computer didaktisch sinnvoll verwendet werden kann, ob er eine wirkliche Hilfe darstellt und ob Lernzuwächse zu erwarten sind.

Mitbestimmend dafür, ob sich eine elektronische Hilfe erfolgreich einsetzen läßt oder nicht, ist die Akzeptanz dieser Geräte von den Benutzern, dem pädagogischen Fachpersonal und natürlich auch von den Eltern.

Wie im folgenden aufgezeigt werden soll, ist nur bei entsprechender Konstellation aller Variablen ein sinnvolles Einbinden der Technik in pädagogische Interventionen möglich.

3.1. Klassifizierung von Software

Im folgenden Abschnitt sollen Klassifizierungskriterien pädagogischer Software vorgestellt werden. In der Literatur
beziehen sich solche Klassifizierungskriterien meistens auf
Lernprogramme. Darunter werden Programme verstanden, in denen
ein bestimmtes Verfahren geübt werden sollen, oder die einen
neuen Sachverhalt vermitteln wollen.

KARRASCH spricht auch von "Didaktischer Software" (1991, 1),
worunter Programme verstanden werden, "die sich handlungs-
und dialogorientiert am Problem, am Lernziel, am Lerninhalt
und vor allem am Schüler orientieren. Didaktische Software
soll interessieren, inspirieren, aktivieren und korrigieren.
Didaktische Software muß sich an den Prinzipien der Angemes-
senheit, Zielorientierung, Selbständigkeit und Reduktion
ausrichten" (a.a.O. 3).

Die heute existierenden Lernprogramme lassen sich in verschiedene Programmarten klassifizieren. Ausschlaggebend dafür, wie
ein Programm gestaltet und aufgebaut ist, ist zunächst einmal
der Zweck und die Zielgruppe, für die ein Programm geschrieben
wurde, aber auch die technischen Möglichkeiten und Mittel,
die dem Programmierer und der späteren Anwendergruppe zur
Verfügung stehen. Letzlich kann auch die Anlehnung an eine
bestimmte Lerntheorie Einfluß auf die Programmgestaltung
nehmen. So wird ein Programm, dem die Theorie der operanden
Verstärkung zugrunde liegt anders konzipiert sein, als ein
Programm, das einsichtiges und konstruierendes Lernen vermitteln will (vgl. BUSSMANN & HEYMANN 1987, 25).

BUSSMANN & HEYMANN unterscheiden drei verschiedene Typen von
Lernprogrammen:
- die "drill- und praktice-Systeme",
- Programmierter Unterricht und

- Lerndatenverarbeitender Programmierter Unterricht (Tutori-
elles Programm) (vgl. a.a.O. 25 f).

MANDL & HRON nennen eine andere Typisierung:
- Übungsprogramme,
- Simulationsprogramme und
- Tutorielle Programme (vgl. 1989, 660 ff).

FREY schließlich unterteilt die Lernprogramme in vier Gruppen:
- Übungsprogramme,
- Tutorielle Programme,
- Simulationsprogramme und
- Computerorganisierte Programme (vgl. 1989, 641 f).

Unter einem computerorganisiertem Programm versteht FREY eine
Vielzahl von einzelnen Lehr- und Lernprogrammen, die in der
Übungssituation vom Computer nach den jeweils erbrachten
Leistungen des Übenden ausgesucht und zusammengestellt werden
(vgl. a.a.O. 642).

Diese Klassifizierung der Lernprogramme soll um zwei weitere
Programmtypen erweitert werden, die in der Arbeit mit
körperbehinderten Menschen eine wesentliche Rolle spielen:
- Programme zur Kompensation einer Schädigung und
- Kommunikationsprogramme.

Bei der Beschreibung der verschiedenen Programmtypen werden
jeweils Beispiele vorgestellt. Bei diesen vorgestellten
Programmbeispielen handelt es sich um solche, die in der Arbeit
mit körperbehinderten Schülern erprobt sind.

3.1.1. Übungsprogramme

Etwa 80% aller Lernprogramme dürften zur Gruppe der Übungsprogramme gehören, die im angelsächsischen auch als "drill-
and practice" Programme bezeichnet werden (vgl. FREY 1989
641).

Der Sinn dieser Programme liegt nicht in der Vermittlung eines
neuen Lehrstoffs, sondern im Trainieren eines bereits gelern-
ten Stoffes. Diese Programme setzen also bereits ein Verständnis für den zu behandelnden Lernstoff voraus.

Diese Programme sind gewöhnlich nach der behavioristischen
Lehrlogik des "prompting and fading" aufgebaut (vgl. BUSSMANN
& HEYMANN 1987, 25). Unter "fading" wird in der behavioristischen Lerntheorie das sinnvolle Auseinanderhervorgehen kleiner Einzelschritte in einem Lehrprozess verstanden (vgl.
SCHRÖDER 1971, 36) während mit "prompting" Lernhilfen gemeint
sind (vgl. a.a.O. 81).

Die Struktur dieser Übungsprogramme ist meist einheitlich:
Anbieten der Aufgabe, Registrierung der Antwort, Bewerten der
Antwort und Übergang zur nächsten Aufgabe. Die Rückmeldung
erfolgt meist in Form von "falsch" und "richtig" (vgl. MANDL
& HRON 1989, 661)

Diese Übungsprogramme präsentieren auf dem Bildschirm eine
lineare Sequenz einzelner Lernelemente, die jeweils eine zu
lösende Aufgabe beinhalten. Die vom Schüler gemachte Eingabe
wird mit der im Programm einprogrammierten erwarteten Lösung
verglichen. Sind erfolgte und erwartete Eingabe gleich, wird
über das positive Ergebnis rückgemeldet und die nächste
Aufgabe präsentiert. Sind erwartete und erfolgte Eingabe
verschieden, erhält der Schüler eine negative Rückmeldung.
Die Aufgabe wird dann in den meisten Fällen wiederholt und -
bei anspruchsvolleren Programmen - erscheinen nach wiederhol-

ten Fehlern zunächst Zusatzinformationen, die die Lösung erleichtern sollen (z.B. grafische Veranschaulichungen bei mathematischen Aufgaben), oder aber die Aufgabe wird vor den Augen des Schülers gelöst.

Diese Programme können nur bewerten, ob die erfolgte Eingabe gleich der erwarteten ist. Sie können nicht bewerten, ob es sich um einen schwerwiegenden Fehler handelt, der ein nicht-verstehen des gesamten Kontext vermuten läßt, oder aber, ob es sich nur um einen kleinen Schreib- oder Rechenfehler handelt. Eine falsche Eingabe wird immer als eine falsche Aufgabenlösung behandelt und rückgemeldet.

Programmbeispiel

Typische Übungsprogramme sind die von der Schule für Körper-behinderte in Hamburg entwickelten Mathematik-Übungsprogram-me.

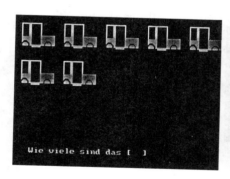

Abb.3

Abb.4

In diesem Programmpaket befindet sich eine Übung zum Erfassen und Abzählen von Mengen, bei der auf dem Bildschirm eine Anzahl von Lastwagen, Lokomotiven oder Häusern erscheint (vgl. Abb. 3). Der Schüler muß die Menge über die Tastatur eingeben und erhält in Form eines lachenden Gesichts (vgl. Abb. 4), bzw.

Abb. 5

Abb.6

eines weinenden Gesichts (vgl. Abb. 5) eine Rückmeldung über die Richtigkeit seiner Lösung. Nach Beendigung des Programmes fährt eine Lokomotive mit dem (vorher eingegebenem) Namen des Schülers über den Bildschirm (vgl. Abb. 6).

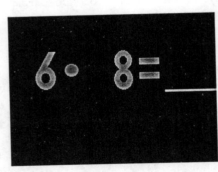

In einer anderen Übung kann die Multiplikation von einstelligen Zahlen geübt werden, die in großer Schrift auf dem Bildschirm erscheinen (vgl. Abb. 7). Der Schüler muß wieder über die Tastatur das richtige Ergebnis eintippen. Wird eine Aufgabe zweimal falsch berechnet, erscheint automatisch die richtige Lösung.

Abb. 7

Die Multiplikation einstelliger Zahlen kann auch mit dem Programm "Einmaleins" der Zentralstelle für Computer im Unterricht, Augsburg geübt werden. Bei diesem Programm erscheint bei Falschlösung eine graphische Veranschaulichung als Losungshilfe (vgl. Abb. 8). Der Schüler kann dann die richtige Lösung abzählen.

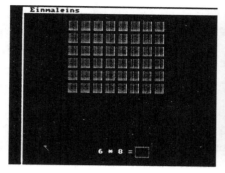

Abb.8   **Abb.9**

Zum Schluß erscheint auf dem Bildschirm ein Protokoll, mit
Angaben über die Anzahl der Aufgaben, die Anzahl der Aufgaben
die ohne und die mit der Lösungshilfe bearbeitet wurden, sowie
der zum Rechnen benötigten Zeit (vgl. Abb. 9).

3.1.2. Simulationsprogramme

Mit Simulationsprogrammen soll die Einsicht in komplexe
Systembeziehungen und Zusammenhänge mittels einer vereinfach-
ten modellähnlichen Nachbildung vermittelt werden (vgl. MANDL
& HRON 1989, 663).

Solche Simulationen sind im Fernsehen oft in Fachsendungen
aus den Bereichen Medizin und Technik zu sehen.

Ein weiteres Merkmal von Computersimulationen ist ihre
Manipulierbarkeit. Während bei Fernsehsendungen nicht eingegriffen werden kann, kann der Schüler bei der Computersimu-
lation die einzelnen Teilschritte per Knopfdruck auslösen,
das Tempo der Simulation beeinflussen oder auch durch

Hinzufügen oder Hinwegnehmen weiterer Komponenten die Komplexität des Gezeigten beeinflussen.

Dargestellt werden können bekannte, aber auch unbekannte oder unsichtbare Abläufe, wie etwa die Funktionsweise einer Flugzeugsteuerung oder eines Verbrennungsmotores. Aber auch die Darstellung fiktiver Mikrowelten ist möglich. Gerade auf dem Sektor der Spielprogramme erfreuen sich diese fiktiven Mikrowelten, in denen der Benutzer z.B. an einer Raumschiffjagd teilnehmen darf, größter Beliebtheit.

In der pädagogischen Arbeit leisten die Simulationsprogramme oft wertvolle Dienste, lassen sich doch komplexe Zusammenhänge durch Visualisierung und Vereinfachung verständlich darstellen.

Die Schwierigkeiten bei der pädagogischen Arbeit mit diesen Programmen liegen - bedingt durch den hohen programmiertechnischen Aufwand - in dem geringen Angebot solcher Simulationen und der Darstellung isolierter und begrenzter Sachverhalte. So gibt es z.B. ein Simulationsprogramm zur Veranschaulichung der Funktionsweise eines Verbrennungsmotores, ein Dieselmotor kann mit diesem Programm jedoch nicht dargestellt werden. Der Pädagoge ist immer auf den im Programm vorgetragenen Sachzusammenhang verwiesen und kann nicht eigene Ideen oder Wünsche in ein solches Programm einbinden. Die Themenauswahl ist bereits durch das Programm festgelegt.

Erwähnenswert ist der hohe motivationale Charakter, den diese Programme besitzen, da sie den Ablauf von schwer zu beobachtenden Sachverhalten mit bewegten Bildern und Grafiken anschaulich und dynamisch präsentieren (vgl. MANDL & HRON 1989, 665).

Programmbeispiel

Ein typisches Beispiel für ein Simulationsprogramm ist das von der Zentralstelle für Computer und Unterricht in Augsburg vertriebene Programm "Schleuse", mit dem die Funktionsweise einer Schleuse verdeutlicht werden soll. Der Schüler fungiert hier selbst als "Schleusenwärter" d.h. heißt, er muß die Ampeln, die Tore und die Ventile der Schleuse in der richtigen Reihenfolge bedienen.

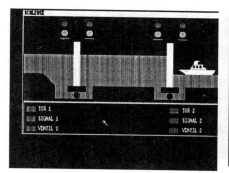 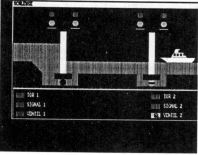

Abb.10   **Abb.11**

Nach dem Starten des Programmes erscheint auf dem Bildschirm ein Schiff, das vor einer Schleuse steht. Diese Schleuse besteht aus jeweils 2 Toren, 2 Ampelanlagen und 2 Ventilen, die jeweils vom Schüler - durch Anklicken der entsprechenden Felder mit der Maus - gesteuert werden können.

In der Ausgangssituation befindet sich das Schiff auf der rechten Seite und möchte nach links weiterfahren. Es kann jedoch noch nicht in die Schleuse einfahren, da das Tor geschlossen ist und der Wasserstand in der Schleuse nicht dem Wasserstand des Schiffes entspricht (vgl. Abb. 10).

Der Schüler muß also zunächst das "VENTIL 2" öffnen, damit das Wasser, daß sich innerhalb der Schleuse befindet, abfließen kann (vgl. Abb. 11).

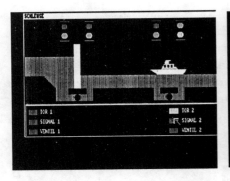 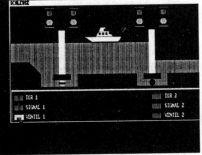

Abb.12   **Abb.13**

Nachdem das "VENTIL 2" wieder geschlossen wurde, muß das "TOR 2" geöffnet werden. Wird nun die rechte Ampel vom "SIGNAL 2" - mit der die Einfahrt in die Schleuse geregelt wird - auf grün geschaltet, fährt das Schiff automatisch in die Schleuse hinein (vgl. Abb. 12).

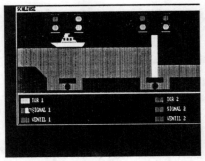

Nun muß die rechte Ampel wieder auf rot geschaltet, das "TOR 2" geschlossen und "VENTIL 1" ge- öffnet werden, damit sich die Schleuse mit Wasser füllt (vgl. Abb. 13).

Abb.14

Nachdem das "VENTIL 1" wieder geschlossen und das "TOR 1" geöffnet wurde, muß die rechte Ampel von "SIGNAL 1" - mit der die Ausfahrt geregelt wird - auf grün geschaltet werden. Das Schiff fährt nun automatisch aus der Schleuse heraus (vgl. Abb. 14).

Auf Fehlbedinungen reagiert das Programm mit einem Warntext
(z.B. "Achtung! Ampelfehler!").

Mit diesem Programm kann auf sehr anschauliche Art und Weise
die doch relativ komplexe Funktionsweise einer Schleuse
verdeutlicht werden. Der Schüler kann die einzelnen Vorgänge
nicht nur beobachten, er kann diese sogar selbst auslösen und
steuern.

3.1.3. Tutorielle Programme

Tutorielle Programme dienen der Stoffvermittlung und der
Überprüfung des Lernerfolges. Im Unterschied zu Übungspro-
grammen wird bei Tutoriellen Programmen auf verschiedene
Fehler auch unterschiedlich reagiert. Der Computer meldet also
nicht nur, daß ein Fehler gemacht worden ist, sondern er gibt
Hilfestellungen zur Lösung eben dieses Fehlers. Der Begriff
"Dialog", mit dem in diesem Zusammenhang die Interaktion von
Prgogramm und Anwender oft bezeichnet wird (vgl. MANDL & HRON
1989, 669) sollte durch "Reaktion" ersetzt werden, da der
Computer nur gemäß seiner einprogrammierten Möglichkeiten
reagieren kann. Eine solche Reaktion kann eine Erläuterung
oder eine Hilfestellung zu einem gemachten Fehler sein, sie
kann aber auch aus einer Verzweigung in ein entsprechendes
Hilfsprogramm bestehen, in dem dieser Fehler speziell geübt
werden kann oder grundlegendes Wissen zur Vermeidung dieses
Fehlers vermittelt wird. Entscheidend ist, daß bei einem
gemachten Fehler nicht mit sturer Fehlermeldung und Aufgaben-
wiederholung reagiert wird, sondern daß die verschiedenen
Reaktionsmöglichkeiten von der Art des Fehlers abhängen. Die
Qualität eines Tutoriellen Lernprogrammes hängt von der
Komplexität der Vernetzung und der daraus resultierenden
Möglichkeiten ab.

Dadurch wird der Begriff "Tutorielle Programme" zu einer
Sammelbezeichnung für technisch einfache Programme aber auch
für hochkomplexe Programmsysteme. "Manche Autoren titulieren
bereits ihr Übungsprogramm mit einigen Schleifen als tutori-
elles Programm und sprechen von KI (= Künstliche Intelligenz,
T.S.). Bei scharfen Maßstäben gibt es einige Dutzend, bei
weniger scharfen einige Hundert tutorielle Programme" (FREY
1989, 642).

MANDL & HRON unterscheiden "Herkömmliche Tutorielle Programme"
von "Intelligenten Tutoriellen Systemen" (vgl. 1989, 669 ff).
Unter ersteren verstehen die Autoren Programme, die dem
Lernenden zunächst Informationen über einen bestimmten Sachverhalt präsentieren und in einem zweiten Teil dann Fragen zu
diesem Sachverhalt stellen. Die Antworten des Lernenden werden
bewertet, bei falschen Antworten werden die Hintergrundinfor-
mationen noch einmal vermittelt.

Intelligente Tutorielle Systemen zeichnen sich zum einen durch
die größere Bandbreite möglicher Reaktionen aus. Zum anderen
werden bei solchen Programmen nicht nur die Lösungen sondern
auch die Lösungswege, die ein Schüler oder Lernender ein-
schlägt bewertet. Diese Lösungswege werden mit den Techniken
eines Experten verglichen und der Schüler erhält - auch bei
richtig gelöster Aufgabe - Hinweise, wie ein Problem noch
besser und effektiver angegangen werden kann.

Auf diese Weise wird versucht, ein individuelles Lernprofil
des Lernenden zu gewinnen. Komplexe Programmsysteme erreichen
dies auch durch Auszählen der charakteristischen Fehler und
der gemachten Vor- und Rücksprünge innerhalb des Programmes,
sowie der in Anspruch genommenen Hilfe. Die Auswertung dieser
Daten bestimmt dann den weiteren Verlauf des Lernweges, die
Stufung des Schwierigkeitsgrades der Aufgaben oder auch den
Grad der Veranschaulichung (vgl. BUSSMANN & HEYMANN 1987, 26).

Durch immer schneller arbeitende Computer und immer größere Speichermedien ist es theoretisch denkbar, einem solchen "Intelligenten System" eine große Anzahl von Reaktionsmöglichkeiten einzuprogrammieren. Der Praxis sind hier jedoch deutliche Grenzen gesetzt. Zum einen ist die Erstellung solcher Programme mit großen Kosten und riesigem Aufwand verbunden, so daß eine Realisierung nur in ausgewählten Teilbereichen versucht wird. Zum anderen verhalten sich Lernende eben doch immer wieder anders, als der Computer es erwartet. "Die meisten der bisher entwickelten Programme sind noch nicht in der Lage, hinreichend differenzierte Modelle über die kognitive Struktur des Lernenden aufzubauen, die für eine gezielte individuelle Unterweisung wünschbar wären" (MANDL & HRON 1989, 673).

Gerade im Bereich der Sonderpädagogik dürften Programme, die auf Fehler differenziert reagieren, willkommen sein. BAUMANN-GELDERN-EGMOND (vgl. 1990, 96) weist jedoch darauf hin, daß pädagogisch-didaktisch durchdachte Tutorielle Programme für den Sonderschulbereich bisher kaum vorliegen.

RAUN (1990, 2) meint, daß es in der Sonderpädagogik nicht darum gehen sollte, durch diagnostizierende und selbststeuernde verzweigte Tutorenprogramme den Lehrer zu ersetzen. Die Vermittlung eines Lerngegenstandes sei ausschließlich dem Lehrer vorbehalten.

Da dieser Programmtyp in der Sonderpädagogik (momentan) keine Anwendung findet, wird von der Vorstellung eines entsprechenden Programms abgesehen.

3.1.4. Programme zur Kompensation einer Schädigung

Bei diesen Programmen steht nicht das Erlernen, Verstehen oder Üben eines Sachverhalts im Mittelpunkt. Ziel dieser Programme ist es, das Handlungspotential eines körperbehinderten Menschen zu erweitern, ja oftmals erst zu ermöglichen. In diesem Zusammenhang wird auch oft vom Computer als "prothetisches Hilfsmittel" (HUBER et al. 1990, 19) gesprochen.

Von solchen Programmen wird eine hohe Flexibilität erwartet, damit ein breites Spektrum von Schädigungen ausgeglichen werden kann. Ein einfaches Beispiel stellen Schreibprogramme dar. Damit werden Programme bezeichnet, die es einem körperbehinderten Menschen ermöglichen, trotz seiner Behinderung einen Satz lesbar zu Papier zu bringen. Dies geschieht im einfachsten Fall durch Eintippen der Buchstaben über die Tastatur. Der Text erscheint auf dem Bildschirm und kann dann, gegebenfalls nach Korrekturen und Veränderungen ausgedruckt werden. Ein solches Programm soll nun aber auch von demjenigen bedient werden können, der aufgrund seiner Behinderung nicht in der Lage ist, die einzelnen Tasten einer Tastatur zu drücken, sondern vielleicht nur einen oder zwei Spezialschalter mit einem bestimmten Körperteil (z.B. Fuß, Kopf, Knie etc.) bedienen kann. Dies bedeutet, daß solche Programme immer auch Eingabemöglichkeiten von Außen (beispielweise den Impuls eines Schalter) berücksichtigen und in die Programmstruktur integrieren müssen.

Zu dieser Gruppe von Programmen gehören auch Systeme zur Umweltsteuerung, obwohl es sich dabei im strengen Sinne nicht um einen Computer handelt, da diese Geräte nicht - wie ein Computer - frei programmierbar sind. Bei diesen heute auch dem Markt befindlichen Systemen handelt es sich um eigene Geräte, bei denen mittels einem oder mehreren Schaltern verschiedene elektrische Haushaltsgeräte an- und ausgeschaltet oder auch manipuliert werden können.

Der Nachteil dieser Geräte basiert auf der Geschlossenheit der Systeme. So gibt es zwar Geräte, mit denen mittels eines Schalters ein Fernsehgerät an- und ausgeschaltet werden kann, will nun der Betroffene aber das Fernsehprogramm wechseln oder die Lautstärke verändern, brauch er dazu eine neue Apparatur, die er sich im seltensten Fall alleine holen und installieren kann. Das eigentliche Ziel, nämlich die Erlangung von Selbständigkeit wird immer nur vorübergehend "auf Zeit" erreicht.

Entwicklungsbedarf besteht hier an integrierten Systemen, die Geräte an- und ausschalten können, Voreinstellungen manipulieren können, darüber hinaus eine schriftliche Verständigung (Schreibprogramm) ermöglichen oder sogar Merkmale eines Kommunikationsprogrammes aufweisen.

Aus technischer Sicht wäre die Entwicklung solcher Systeme heute durchaus möglich, es fehlt jedoch meistens an Möglichkeiten der Finanzierung.

Programmbeispiel
Ein typisches Beispiel für diesen Programmtyp ist das im Rahmen des ELEKOK-Arbeitskreises entwickelte Programm "RECHNE MIT 2". Mit diesem Programm können Additions- und Subtraktionsaufgaben im Zahlenraum 10 bearbeitet werden. Man kann die Aufgaben dabei per Zufallsgenerator vom Computer vorgeben lassen. Der Lehrer kann die Aufgaben aber auch selbst festlegen. Als Bedienungselemente können die Tastatur aber auch Einzelschalter verwendet werden. Dazu erscheint am unteren Bildschirmrand eine Zahlenleiste, in der immer eine Zahl farbig markiert ist. Diese Markierung springt von Zahl zu Zahl (vgl. Abb. 15) und der Schüler muß beim Erreichen der richtigen Lösungszahl den Schalter betätigen.

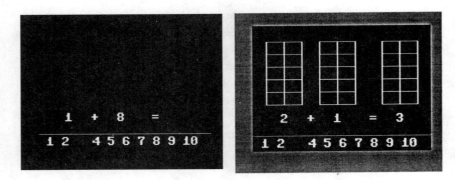

Abb.15   **Abb.16**

Als Hilfestellung kann bei diesem Programm eine graphische
Darstellung eingeblendet werden, so daß der Schüler die Mengen
auch bildlich vor Augen hat (vgl. Abb. 16).

Die Intention dieses Programmes ist es nicht, vom Computer
zusammengestellte Aufgaben zu üben oder mit Hilfestellungen
vom Computer zur richtigen Lösung angeleitet zu werden.
Vielmehr soll der Computer hier lediglich eine körperliche
Schädigung (z.B. eingeschränkte Handmotorik) kompensieren,
damit der Schüler auch mit seinen eingeschränkten motorischen
Möglichkeiten in vollem Umfang am Unterricht teilnehmen kann.

3.1.5. Kommunikationsprogramme

Unter Kommunikationsprogramme werden Computerprogramme oder
auch eigenständige Systeme verstanden, die bei nicht-vorhandener oder eingeschränkter Sprache Kommunikation ermöglichen.

Dies kann über die Ausgabe eines geschriebenen Textes aber
auch über die Ausgabe von gesprochenen Wörtern erfolgen. Somit
kann auch ein Schreibprogramm denn Charakter eines Kommunikationsprogrammes haben, wenn nämlich der Betroffene aufgrund

fehlender verbaler Äußerungsmöglichkeiten schriftlich mit seiner Umwelt kommuniziert. In der Regel wird von einem Kommunikationsprogramm aber auch eine Sprachausgabe erwartet, die über einen Lautsprecher die Botschaft an die Umwelt mitteilt.

Hier gibt es sowohl Kommunikationsprogramme, die über einen Computer laufen als auch computerunabhängige, in sich geschlossene Systeme.

Auch an Kommunikationsprogramme wird die Erwartung gestellt, daß sie sich für Schüler unabhängig vom Grad ihrer motorischen und intellektuellen Leistungsfähigkeit eignen. Da es nun gerade an Schulen für Körperbehinderte eine große Zahl von Schülern gibt, die weder über sprachliche Kommunikationsmöglichkeiten, noch über die intellektuellen Fähigkeit zum Erlernen von Schriftsprache verfügen, bedeutet dies, daß die Fähigkeit des Lesens und Schreibens zwar als wünschenswerte, nicht aber als ausschließliche Bedingung für ihre Kommunikation anzusehen ist. Entsprechend werden Programme benötigt, in denen mittels Bildern oder Symbolen Sätze zusammengestellt und ausgesprochen werden können.

Auch in diesem Bereich existieren momentan mehr Konzepte und Ideen als fertige Programme. Es gilt dabei zu betonen, daß solche Programme vom technischen Standpunkt realisierbar sind.

Programmbeispiel
Bei dem Programm "SPRICH MIT" wird zunächst über die Tastatur ein Text eingegeben, der sowohl ausgedruckt oder aber ausgesprochen werden kann. Dies geschieht mittels einer digitalisierten Sprachein- und ausgabe, d.h., jedes Wort muß zuvor über Mikrophon aufgenommen werden und wird dann - ähnlich wie bei einem Kassettenrekorder in den Computer abgespeichert. Vom Computer wird es dann abgerufen und ausgesprochen. Der

Nachteil dieser digitalisierten Sprachaus- und eingabe ist
das mühsame Aufnehmen jedes einzelnen Wortes. Darüber hinaus
müssen beispielsweise Verben in den verschiedenen Fällen
aufgenommen werden, da der Computer von sich aus nicht in der
Lage ist, ein Wort gemäß des grammatikalischen Syntaxes zu
verändern. Die digitalisierte Sprachausgabe hat jedoch den
großen Vorteil, daß keine künstliche Computerstimme spricht,
und das Gesprochene somit gut verstanden wird.

Neben der digitalisierten Sprachausgabe verwenden manche
Kommunikationsprogramme auch die synthetische Sprachausgabe.
Bei diesem Verfahren wird jedes eingegebene Wort vom Computer
ausgesprochen. Der Benutzer ist hierbei nicht auf einen
bereits existierenden Wortschatz angewiesen, sondern kann frei
kommunizieren. Es spricht hier jedoch eine "Computerstimme",
die nicht immer ganz leicht zu verstehen ist.

Mit diesen Programmen haben diejenigen Schüler, die aufgrund
einer Behinderung über keine aktive Sprache verfügen, die
Möglichkeit, sich über Lautsprache mitzuteilen.

3.1.6. Neuere Forschungsansätze: "Neuronale Netze" und "Künstliche Intelligenz"

In dem nun folgenden Abschnitt sollen kurz die aktuellen
Forschungsansätze dargestellt werden. Die elektronische In-
dustrie legt dabei wie keine andere Branche ein Tempo und eine
Eigendynamik in der Entwicklung und Erforschung neuer Systeme
an den Tag [11], die es an dieser Stelle nur gestatten,
Blitzlichter zu setzen.

---

11 "Wenn sich die Flugzeugindustrie in den letzten 25 Jahren
ebenso rasant entwickelt hätte wie die Computerindustrie,
könnte eine Boeing 767 heute in nur 20 Minuten die Erde umrunden
- bei einem Treibstoffverbrauch von nicht einmal 20 Litern.
Und dieses Superflugzeug wäre für nur DM 1.500,- zu haben"

<u>"Künstliche Intelligenz"</u>

Die "Künstliche Intelligenz" ist heute zu einem etwas schillernden Begriff geworden, mit dem die verschiedensten Dinge gemeint sind.

Da gibt es zunächst Experten, die bereits heute existierende Systeme als solche Künstliche Intelligenz bezeichnen. Darunter werden Technologien verstanden, die in der Lage sind, Prozesse zu automatisieren oder zu beschleunigen und die dabei selbständig aus anderen Systeme Informationen gewinnen oder auch andere Systeme mit Daten manipulieren, ergänzen oder verändern (vgl. STENDER et al. 1990, 4).

ZEILINGER, der in diesem Zusammenhang auch von einem "Expertensystem" spricht (vgl. 1990, 12), nennt hierfür folgendes Beispiel:

Eine Automobilfirma möchte bei einem Fahrzeug die Leistung der Lichtmaschine erhöhen (etwa von 12 Volt auf 24). Das Expertensystem führt nun in den im Computer gespeicherten Plänen die notwendigen Änderungen durch. Diese betreffen zunächst natürlich die Lichtmaschine, aber auch alle anderen elektrischen Aggregate bis hin zur einfache Glühbirne müssen auf die neue Spannung umgestellt werden. Außerdem müssen für die höhere Spannung dickere Kabel verlegt werden, für die vielleicht manche Bohrungen am Gehäuse erweitert werden müssen. Das Expertensystem führt alle Änderungen automatisch durch, erstellt von den geänderten Teilen neue Konstruktionspläne und listet auch noch die erwarteten Kosten der Umstellaktion auf (vgl. a.a.O. 12).

Es ist einleuchtend, daß ein solches System für Anwendungen in solchen Produktionsabläufen gute Dienste leisten kann und den Ingenieuren damit viel mühsame Arbeit erspart bleibt.

(TOONG & GUPTA zit. nach WALTER 1984, 11).

Der strengen Definition von "Künstlicher Intelligenz" hält
dieses Beispiel jedoch nicht stand, da der Computer in dem
angesprochenen Beispiel letzlich nur das machen kann, was ihm
einprogrammiert und vorgegeben wurde; er kann nur die Pläne
überprüfen, die ihm vorher auch genannt wurden.

Das Dogma der Künstlichen Intelligenz-Theoretiker drückt sich
in der Überzeugung aus, "daß Intelligenz schlechthin und ihre
unterschiedlichen Erscheinungsformen physikalischen Ur-
sprungs und somit mittels physikalischer Gesetze analysier-
und interpretierbar sind" (EURICH 1985 c, 29). Ist diese
Analyse erst einmal abgeschlossen, ist die Übertragung dieser
Struktur auf einen Computer - so die Theoretiker - ohne
weiteres möglich.

Die große Kritik, die der künstlichen Intelligenz immer wieder
entgegengebracht wird, richtet sich auf die Reduktion des
menschlichen Denkens auf eine binäre Logik. Freilich gibt es
in Teilbereichen Formen der menschlichen Intelligenz, die auf
solch einer Logik basiert und die dann folglich auch auf einen
Computer übertragbar ist. In diesem Zusammenhang sei nur das
Schachspiel erwähnt, in dem Computer heute schon den Weltmei-
stern nahe kommen. Doch hauptsächlich ist unser Denken von
komplexen, nicht-linearen und zum Teil selbst für andere
Menschen nicht nachvollziehbaren Strukturen geprägt, in denen
es nicht nur "Ja" und "Nein", sondern in weitaus größerem Maße
ein "Sowohl-als-auch" und ein "Vielleicht" gibt. Und wie
schließlich will man Liebe, Zuneigung, Emotionen und Gefühle
als algorithmisch ablaufende biochemische und biophysikali-
sche Prozesse beschreiben (vgl. EURICH 1985, 30)?

"Neuronale Netze"
Auch die Idee der "Neuronalen Netze" orientiert sich am
menschlichen Verstand. Computer sind heute noch nicht in der
Lage, zwei Dinge wirklich gleichzeitig zu machen. Zwar kann

sich ein Computer immer abwechseln zwei verschiedenen Tätigkeiten widmen und durch das schnelle Tempo des Wechselns für
den Anwender eine Gleichzeitigkeit simulieren, tatsächlich
aber ist der Prozessor während der Ausführung einer Operation
für weiter Operationen gesperrt. Damit folgen auch heute noch
die schnellsten Rechner dem 1945 entwickelten John-von-Neu-
mann-Prinzip. Die Neuronalen Netze sollen nun nach dem Prinzip
der Parallelverarbeitung funktionieren. Hier arbeiten mehrere
Computer gleichzeitig, die jedoch miteinander verbunden sind.
Diese verbundenen Computer können sich dann - zur schnelleren
Bearbeitung - eine Aufgabe teilen, sie können aber auch jeder
getrennt mit verschiedenen Lösungswegen an die Aufgabe
herangehen und die Ergebnisse und die Effektivität der
verschiedenen Lösungswege bewerten und vergleichen. Die Idee
der Neuronalen Netze geht weiter davon aus, daß Hunderte
solcher Computer - ähnlich wie die Nervenzellen des menschlichen Gehirns - miteinander verbunden sind und somit jeder
dieser Einzelcomputer überprüfen kann, ob ein anderer Computer
an der gleichen oder einer ähnlichen Aufgabe arbeitet und ob
Lösungen übernommen werden oder selbst errechnete Lösungen
weitergegeben werden können. Über konkrete Ergebnisse dieser
Forschung wurde bislang jedoch kaum etwas veröffentlicht.

3.2. Softwareentwicklung im pädagogischen Bereich

Die heute konstruierten und produzierten Computer besitzen
ungeheure technische Möglichkeiten. So können beliebig viele
Bilder mit höchster Auflösung und vielen Farbnuancen, mit
Sprache und Musik gekoppelt werden, ja sogar das Einbinden
von Video-Filmen in eine Computerprogramm ist möglich.
BRÜGELMANN beschreibt, wie die Einbindung dieser Möglichkeiten
in ein pädagogisches Leselernprogramm aussehen könnte (1985,
16): "Wenn ein Kind ein unbekanntes Wort auf dem Bildschirm
berührt, wird es vom Gerät ausgesprochen; berührt es das Wort
ein zweites Mal, verschwindet der Text und es erscheint eine

kurze Filmschleife, die den Begriff bildlich und mit mündlichem Kommentar erklärt, ehe der Text wieder erscheint".

Obwohl solche Programme bereits heute technisch möglich sind, gibt es sie noch nicht und wird es sie wohl auch in der nächsten Zeit so schnell nicht geben. Die Probleme liegen nicht auf der technischen Seite, sondern in dem enormen zeitlichen Aufwand und den damit verbundenen Kosten die nötig wären, ein derartiges Programm zu erstellen.

Trotzdem werden durch das Vorhandensein dieser technischen Möglichkeiten Erwartungen über mögliche Lernprogramme hervorgerufen. "Bei der Formulierung solcher Erwartungen oder Hypothesen (...) wird ausgesprochen oder unausgesprochen immer auf die potentiellen Möglichkeiten computerunterstützten Unterrichts abgehoben, und es wird immer unterstellt, daß solche Software existiere, obwohl in der Realität nicht oder kaum vorhanden" (WALTER 1989, 6).

Hier wird deutlich, inwieweit die Einsatzmöglichkeiten des Computers in hohem Maße von der Qualität der verwendeten Programme abhängig sind. Der Computer als solcher ist nur eine "leere Hülse", der mögliche Strukturen (Bildausgabe, Sprachausgabe etc.) beinhaltet. Diese Strukturen inhaltlich sinnvoll zu füllen und zu nutzen ist allein Aufgabe der Programme. Zu diesem Ergebnis kommt auch GÜNTHER, wenn er schreibt, daß die Grenzen heute weniger "in der hoch entwickelten Technologie zu liegen (scheinen) als vielmehr in den beschränkten materiellen und zeitlichen Ressourcen zur Entwicklung und Erprobung pädagogisch, psychologisch und linguistisch fundierter Lernprogramme, die die potentiellen technologischen Möglichkeiten voll nutzen" (1987, 227).

War es bei den ersten Computern noch relativ einfach, selbst zu Programmieren (was besonders in der Sonderpädagogik von vielen engagierten Lehrern wahrgenommen wurde), so besitzen

die Programmiersprachen für die heutigen Geräte eine Komplexität, die sich nicht ohne weiteres autodidaktisch erschließen
läßt. Hier sind vielmehr profunde Kenntnisse und folglich eine
fundierte Ausbildung nötig. "Die Konzeption sowie die Codie-
rung sowie das Ausprobieren pädagogisch und technisch ein-
wandfreier Programme (oder Programmpakete) benötigt oft 1000
Arbeitsstunden. Für einen Lehrer, der derartiges 'nebenbei'
bewältigen will, ist dies ein kaum zu realisierendes Unter-
fangen" (WALTER, 1987 c, 258).

3.2.1. Entwicklung von Software

Die Entwicklung pädagogischer Software ist ohne Pädagogen
nicht möglich. Diese werden nicht für das eigentliche
Programmieren gebraucht; diese Arbeit muß aus den oben
genannten Gründen von ausgebildeten Programmieren oder Pro-
grammierfirmen übernommen werden. Die Arbeit des Pädagogen
beginnt bei der Thematisierung des Programms. Folgende Fragen
können dabei zunächst im Mittelpunkt stehen:

* Für welchen Bereich wird das Programm benötigt?
* Was soll das Programm bewirken?
* Für welche Schülergruppe soll es konzipiert werden?
* Ist zur Vermittlung eines Lerngegenstandes oder zur Kom-
  pensation einer Schädigung unbedingt ein Computer notwen-
  dig?
* Ist das konzipierte Ziel auf den gängigen Computertypen
  technisch realisierbar oder sind Zusatzgeräte notwendig?
* Sind auf der Anwenderseite die notwendigen technischen
  Geräte verfügbar?

Nachdem mit diesen Fragen das Ziel konkretisiert und die
Notwendigkeit eines Lernprogrammes abgeklärt worden ist,
besteht der nächste Schritt in der Skizzierung eines Verlauf-
splanes des Lernvorganges, bei der allein pädagogisch-didak-

tische Fragestellungen im Mittelpunkt der Analyse stehen sollten. KANTER beklagt, daß viel zu wenig über die fachlich-strukturelle und hierarchische Gliederung von Lernprozessen bekannt ist (vgl. 1987, 44), und es folglich an qualifizierten Modellen, an denen sich ein Programmablauf orientieren könnte fehlt. "Ist der zu erlernende Gegenstand/Inhalt in seiner sachlich-fachlichen Durchgliederung bekannt, und liegen hinlängliche zielgruppenspezifische Erkenntnisse über die zu durchlaufenden Lernsequenzen zur Internalisierung des Lerngegenstandes (in seinen Teilen wie als Ganzes) vor, dann ist die curriculare Umsetzung in ein Lernprogramm erforderlich" (a.a.O. 45).

Der Pädagoge muß sich nun überlegen, wie der Programmablauf am Bildschirm aussehen muß:
* Welche Informationen sollen dem Schüler bildlich, schriftlich und/oder auditiv mitgeteilt werden?
* Worin besteht die Reaktion des Schüler? (Betätigen von Tastatur, Joystick, Schalter etc.)
* Welche Verknüpfungs- und Verzweigungsmöglichkeiten soll das Programm beinhalten?
* Was gilt es beim Bildschirmaufbau zu beachten? (Übersichtlichkeit, Schriftgöße, farbliche Gestaltung etc.)
* Welche Hilfestellungen soll das Programm bieten?
* Welche Rückmeldungen und Lösungen sollen im Programmablauf dem Schüler mitgeteilt werden?
* Welche Protokollierungsmöglichkeiten soll das Programm bieten?

Sind diese Fragen beantwortet, erfolgt die Erstellung eines Pflichtenheftes, in dem einem Programmierer detailliert mitgeteilt wird, wie der Programmablauf zu erfolgen hat, wie die Bildschirminhalte aussehen sollen und wie das Programm auf Eingaben reagieren soll. Der Programmierer überprüft das beschriebene Programm auf dessen Realisierbarkeit und dem damit verbundenen Aufwand hin und klärt offene Fragen mit dem

Ersteller des Pflichtenheftes. In der Regel erfolgt dann die Programmierung der O-Version, die vom Pädagogen getestet und überprüft wird und mit Anmerkungen und Veränderungswünschen versehen wieder zum Programmierer zurück kommt. Hier sind normalerweise mehrere Durchläufe notwendig, bis das Programm in einer ersten brauchbaren Version vorliegt.

Ist diese lauffähige Version vorhanden, kann mit der Erstellung der Programmbeschreibung begonnen werden. In dieser sollten alle Funktionen und Möglichkeiten des Programms in für den Laien verständlicher Sprache dokumentiert werden. Nun kann das Programm zusammen mit der Beschreibung an Interessierte vertrieben werden. In der Regel tauchen dann in der Praxis weitere Fehler oder Unzulänglichkeiten auf, die neue Nachversionen des Programms erforderlich machen.

Der hier beschriebene Entwicklungsweg einer pädagogischen Software - der sich in Monaten und Jahren vollzieht - stellt praktisch einen "Idealzustand" dar, der in der täglichen Praxis nur selten gegangen wird. Oftmals sind es Zeitprobleme, die den (überlasteten) Pädagogen daran hindern, einen Lerngegenstand gründlich zu durchgliedern oder den Bildschirmaufbau detailliert zu beschreiben. So treten Fehler und Mängel vielfach erst dann in Erscheinung, wenn mit dem (fertigen) Produkt in der Praxis gearbeitet wird.

Dieses Beispiel sollte jedoch verdeutlichen, welche entscheidenden Aufgaben dem Pädagogen bei der Entwicklung und der Erprobung von Software zukommen und daß seine Aufgaben eben nicht die des Programmierens sind. Weiterhin galt es aufzuzeigen, daß der Programmentwicklung "eine Schlüsselfunktion für die weitere Entwicklung der Nutzungsmöglichkeiten neuer Informationstechnologien in der Sonderpädagogik zukommt" (KANTER 1987, 46 f).

3.2.2. Kriterien der Softwarebewertung

Das Angebot an Lernsoftware hat mittlerweile einen Umfang erreicht, der es selbst engagierten Pädagogen unmöglich macht, den Markt zu überblicken und einzelne Programme hinsichtlich ihrer Eignung und ihrer Qualität zu überprüfen und zu bewerten.[12]

Auch für LAUTERBACH ist es nicht Aufgabe des Pädagogen, die Vorbereitungs- und Freizeit mit dem Durchsehen und Erproben von Programmen zu verbringen (vgl. 1987 b, 244).

Diese notwendige Aufgabe sollte von übergeordneten Institutionen wahrübernommen, bzw. von diesen delegiert werden. Anschließend sollten Übersichtskataloge erstellt werden, in denen verfügbare und brauchbare pädagogische Software beschrieben und bewertet wird.

Dazu gibt es bereits mehrere Ansätze.

THOMÉ (1988, 84 ff) analysierte 12 Softwarebewertungskataloge aus dem In- und Ausland und kam zu dem Ergebnis, daß diese Kataloge insgesamt 324 Kriterien zu Softwarebewertung beinhalten. Aus diesen 324 Punkten entwickelte sie dann eine eigene "Große Prüfliste für Lernsoftware (=GPL)", in der 221 Einzelkriterien abgefragt werden. Diese Prüfliste vermittelt sicherlich ein sehr detailliertes und genaues Bild des jeweiligen Programmes. Es fragt sich allerdings, von wem diese genaue Beschreibung der Programme vorgenommen werden soll und ob erwartet werden kann, daß der Pädagoge diese Prüfliste für jedes Programm anwendet und nach den 221 Einzelkriterien bewertet.

---

[12] BREUER beziffert die 1986 verfügbare Menge an Lernsoftware auf 150 eng beschriebenen Druckseiten (vgl. 1986, 333).

Einen anderen Weg beschritt eine Arbeitsgruppe am Institut für die Pädagogik der Naturwissenschaften (IPN) in Kiel. Diese Arbeitsgruppe entwarf einen Bewertungsbogen mit 40 Einzelkriterien (vgl. Abb. 17), in dem programmtechnische, fachdidaktische und interaktive Standards erfaßt und bewertet wurden. Bei diesem Bewertungsbogen wurde nicht versucht alle möglichen Beschreibungs- und Bewertungspunkte eines Programmes zu erfassen, vielmehr kann der Beurteiler in kurzen Worten den subjektiven Gesamteindruck des Programms beschreiben. Natürlich ist bei einer solchen Bewertung die Gefahr der subjektiven Verfälschung weitaus größer als bei streng standardisierten und eng begrenzten Fragen. Trotzdem dürfte für die tägliche Unterrichtspraxis ein kurzer Bewertungsbogen, in dem Vor- und Nachteile eines Programmes beschrieben sind, von größerem nutzen sein, als ein mehrseitiger und stark ausdifferenzierter Fragenkatalog.

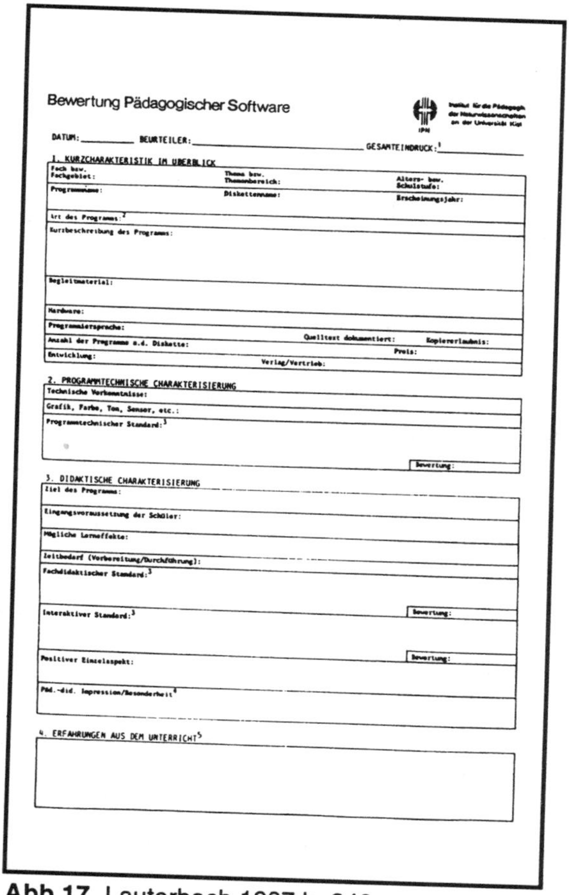
Bewertung Pädagogischer Software

IPN Institut für die Pädagogik der Naturwissenschaften an der Universität Kiel

DATUM: ________ BEURTEILER: ________ GESAMTEINDRUCK:[1] ________

1. KURZCHARAKTERISTIK IM UBERBLICK

Fach bzw. Fachgebiet: | Thema bzw. Themenbereich: | Alters- bzw. Schulstufe:

Programmname: | Diskettenname: | Erscheinungsjahr:

Art des Programms:[2]

Kurzbeschreibung des Programms:

Begleitmaterial:

Hardware:

Programmiersprache:

Anzahl der Programme a.d. Diskette: | Quelltext dokumentiert: | Kopiererlaubnis:

Entwicklung: | Preis:

Verlag/Vertrieb:

2. PROGRAMMTECHNISCHE CHARAKTERISIERUNG

Technische Vorkenntnisse:

Grafik, Farbe, Ton, Sensor, etc.:

Programmtechnischer Standard:[3]

Bewertung:

3. DIDAKTISCHE CHARAKTERISIERUNG

Ziel des Programms:

Eingangsvoraussetzung der Schüler:

Mögliche Lerneffekte:

Zeitbedarf (Vorbereitung/Durchführung):

Fachdidaktischer Standard:[3]

Bewertung:

Interaktiver Standard:[3]

Bewertung:

Positiver Einzelaspekt:

Päd.-did. Impression/Besonderheit[4]

4. ERFAHRUNGEN AUS DEM UNTERRICHT[5]

Abb 17 Lauterbach 1987 b, 240

Der programmtechnische Standard dieses Bewertungsbogens bezieht sich auf die Routinen des Programmablaufs (Betriebssi-
cherheit des Programmes, Wiederholbarkeit einzelner Teile des
Programmes), die Übersichtlichkeit des Programmablaufs, die
graphische Qualität der Bildschirmausgabe (Übersichtlichkeit
des Bildschirmaufbaues, Qualität der Beschriftungen und der
Graphik) sowie die Anschlußmöglichkeiten von Peripheriegerä-
ten (Ausdrucken von Ergebnisprotokollen).

Die Fragen nach dem fachdidaktischen Standard gelten der
Methode, den Inhalten sowie den beabsichtigten Zielen des
Programmes, der Art der Darstellungsform der Lerngegenstände
sowie der erzielten Wirkung des Programmes.

Mit den Fragen nach dem interaktiven Standard schließlich
sollen der Umfang der Eingriffsmöglichkeiten (Anzahl der
Schwierigkeitsstufen, Veränderung der Bearbeitungsgeschwin-
digkeit) sowie der Umfang der aktivitätsfördernden Rückmeldungen (Variabilität der Antwortsmuster, Möglichkeiten der
Fehleranalyse) erfaßt werden (vgl. LAUTERBACH 1987 b, 246 ff;
LAUTERBACH 1989, 702 ff).

Mit diesem Bewertungsbogen wurden 253 Programme aus dem
Bereich des naturwissenschaftlichen Unterrichts, des Sachunterrichts sowie der Informatik bewertet.

In Anlehnung an diesen Bewertungsbogen erstellten HAMEYER und
WALTER 1987 im Auftrag des Bundesministeriums für Bildung und
Wissenschaft eine Dokumentation, in der sie 83 Lern- und
Förderprogramme aus dem Bereich der Lernbehindertenpädagogik
analysierten und beschrieben. Körperbehindertenspezifische
Programme wurden in diese Dokumentation nicht mit einbezogen
(vgl. BUNDESMINISTERIUM FÜR BILDUNG UND WISSENSCHAFT 1988,
15). Diese Dokumentation, die Lernprogramme für die Fächer
Deutsch, Mathematik und Sachkunde enthält, vermittelt zum
einen einen guten Überblick über vorhandene Programme und gibt

zum anderen auch detailliert Auskunft über die pädagogische
und didaktische Qualitäten der einzelnen Programme. Eine
Bewertung erfolgt nicht. Stattdessen kann sich der Benutzer
anhand der Beschreibungskriterien selbst ein Bild über die
Brauchbarkeit der jeweiligen Programme machen (vgl. Abb. 18).

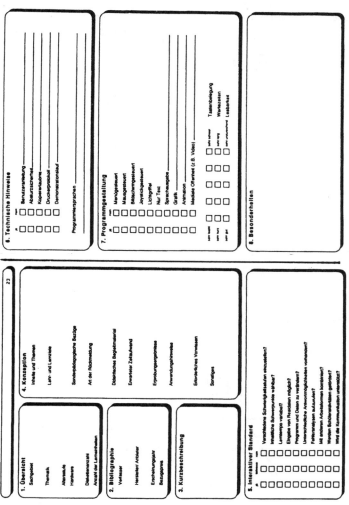

Abb. 18 HAMEYER/WALTER 1988, 23 f

Der ELEKOK-Arbeitskreis erstellte für die im Rahmen des
Arbeitskreises entwickelten Programme Beschreibungen, die
ebenfalls in kurzer und übersichtlicher Form einen Eindruck

SVE=Schulvorber. Einrichtung, **GS**=Grundschulstufe, **HS**=Hauptschulstufe,
US=Unterstufe, **MS**=Mittelstufe, **OS**=Oberstufe, **BVJ/WS**=Berufsvorbereitungs-
jahr / Werkstufe

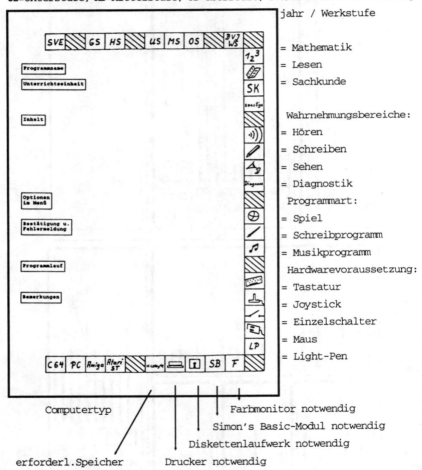

= Mathematik

= Lesen

= Sachkunde

Wahrnehmungsbereiche:

= Hören

= Schreiben

= Sehen

= Diagnostik

Programmart:

= Spiel

= Schreibprogramm

= Musikprogramm

Hardwarevoraussetzung:

= Tastatur

= Joystick

= Einzelschalter

= Maus

= Light-Pen

Computertyp

Farbmonitor notwendig

Simon's Basic-Modul notwendig

Diskettenlaufwerk notwendig

erforderl.Speicher   Drucker notwendig

Abb. 19 Programmbeschreibung des ELEKOK-Arbeitskreises

des Programms sowie dessen Nutzungsmöglichkeiten vermitteln
sollen (vgl. Abb. 19). Dieser Bewertungsbogen - der für
einfache und kurze Programme entworfen wurde - ist sicherlich
für heutige komplexe und integrierte Programmpakete nicht mehr
anwendbar.

Bei diesen Beschreibungen können Angaben zum Inhalt, zu
Optionen im Menü, zur Art der Fehlermeldung und zum Programmablauf gemacht werden. Außerdem steht noch eine Spalte für
Bemerkungen zur Verfügung. Der Rand dieser Beschreibungen ist
mit Symbolen versehen, die - entsprechend der jeweiligen
Einsatzmöglichkeiten, sowie der technischen Voraussetzungen
- mit Dreiecken markiert werden. Somit erhält der Anwender
einen sehr schnellen Überblick, für welche Bereiche das
Programm eventuell geeignet ist.

Es sollte in diesem Abschnitt deutlich gemacht werden, daß
Beschreibungen und/oder Bewertungen von Lernprogrammen für
den Pädagogen ein unverzichtbares Hilfsmittel sind, da die
Sichtung der Lernprogramme - aufgrund der Fülle von existierenden und neu erscheinenden Lernprogrammen - nicht durch
den Pädagogen erfolgen kann. Gegenüber umfangreichen und
detaillierten Programmbeschreibungen scheinen knapper gefaßte
Beurteilungsbögen, die nur einen kurzen Überblick über das
Programm und die darin enthaltenen Möglichkeiten vermitteln,
sinnvoller zu sein. Sie ermöglichen dem Lehrer, eine Voraus-
wahl an Programmen zu treffen, die für ein bestimmtes
Unterrichtsvorhaben eingesetzt werden können. Eine ab-
schließende Beurteilung eines Programmes muß dem Lehrer nach
persönlicher Sichtung selbst vorbehalten sein. Aus diesem
Grund reicht es, wenn Beschreibungen oder Bewertungen übersichtlich und knapp informieren.

3.2.3 Entwicklungen durch Softwarefirmen

Mittlerweile gibt es auch auf dem deutschen Markt einige Firmen, die Lernprogramme oder sogenannte "Unterrichtssoftware" anbietet. Solche Programme werden meist als "Public Domaine Programme" oder als "Shareware Programme" vertrieben. Beide kann man gegen eine geringe Gebühr kaufen. Bei letzteren erwirbt man zunächst die Programmdiskette zur Ansicht. Der Kaufinteressent kann dann das Programm erproben und sich für eienen Kauf entscheiden. Erst dann muß der volle Preis des Produkts bezahlt werden.

Viele dieser Programme werden heute von den Verlagen unter der Bezeichnung "Courseware" oder "Teachware" angeboten. Nach einem mißglückten Start der Schulbuchverlage Anfang der 80er Jahre nimmt inzwischen das Interesse an der Entwicklung und dem Vertrieb von Unterrichts-Software wieder zu (vgl. LAU-TERNBACH 1989, 700 f). Erschienen hier zunächst preisgünstige Übersetzungen ausländischer, meist englischsprachiger Programme, so werden in letzter Zeit die Produkte zunehmend "attraktiver, offensiver, expansiver und konsumtiver" (a.a.O. 701).

Fach	Anzahl gesamt	Anteil (in Prozent)				
		--	-	0	+	++
Physik	95	8,4	38,9	27,4*	23,2	2,1
Chemie	52	28,8	13,5	21,2*	25,0	11,5
Biologie	45	6,7	40,0	28,9*	22,2	2,2
Informatik	18	5,6	16,7	22,2	33,3	22,2
Sachunterricht	31	0,0	6,5	48,4	35,4	9,7
Gesamt	241	11,2	27,8	28,7*	25,7	6,6

*: enthält 0/+ Bewertungen (Ph 1,1%; Ch 7,7%; Bio 2,2%; Gesamt 2,6%)

Abb.20 LAUTERBACH 1989, 705

LAUTERBACH untersuchte 241 solcher Programme aus dem naturwissenschaftlichen Bereich sowie aus dem Bereich des Sachunterrichts auf ihren pädagogisch-didaktischen Wert und damit
auf ihre Verwendungsmöglichkeit in der Schulpraxis hin (vgl.
Abb. 20).

"Das Gesamtergebnis besagt auf den ersten Blick, daß aus einer
bereits positiven Auslese von Unterrichts-Software nur etwa
ein Drittel für Unterricht und Fortbildung geeignet erscheinen. Dieses Resultat erhärtet die bekannte Kritik an der
unzureichenden Qualität von Unterrichts-Software. Es ist
zugleich eine Warnung vor einer übereilten Ausweitung des
Computereinsatzes im Fachunterricht und verstärkt die Forderung nach Qualitätsverbesserung" (a.a.O. 705).

Auch WEIDENMANN & KRAPP verweisen auf eine krasse Diskrepanz
zwischen den angestrebten Zielen, die mit dem Computer
erreicht werden sollen und den vorhandenen Mitteln in Form
von qualitativ schlechten Programmen (vgl. 1989, 624): "Es
wird bezweifelt, daß angesichts ökonomischer Rahmenbedingungen auf dem Medienmarkt die anspruchsvollen, aber teuren
Programme eine Chance haben. Dazu kommt, daß die notwendige,
leistungsfähige Hardware in den Schulen fehlt. Die pragmatischen Skeptiker rechnen also eher mit einem Szenario, in der
der Markt mit billigen und pädagogisch zweifelhaften Programmen überschwemmt wird und die Curricula faktisch von Autoren
definiert werden, die der pädagogischen Kontrolle entzogen
bleiben" (a.a.O. 624).

LAUTERBACH spricht in diesem Zusammenhang von einer beobachteten "Degenaration des Standards" (1989, 706) und verweist
auf die Gefahr, daß der häufige Umgang mit schlechten oder
auch nur mittelmäßigen Programmen eine Anpassung des Erwar-
tungsniveaus der Lehrer an diesen Standard zur Folge hat.
Trifft der Pädagoge auf ein Programm, das sich aus der Flut
der mittelmäßigen und schlechten Programme leicht heraushebt,

so wird dieses häufig gleich als "sehr gut" bezeichnet, obwohl es vielleicht nur die selbstverständlichen Voraussetzungen eines alltäglichen Lernmittels gerade erfüllt.

BITZL & FRANK plädieren dafür, die didaktisch-methodischen Potentiale des Computers dem Pädagogen bedienungsfreundlicher zu präsentieren. Dadurch würden sich viele der oft bei Fortbildungsveranstaltungen an die Adresse der Lehrer gerichteten Beschwörungen "sich nicht den Zeichen der Zeit zu verschließen" (vgl. 1990, 376) erübrigen.

Durch diese Mängel besitzen solche Programme nur einen geringen Gebrauchswert für die Schulpraxis. Dieser reduziert sich weiter, wenn solche Programme sonderpädagogischen Anforderungen gerecht werden sollen, da hier - je nach sonderpädagogischer Fachrichtung - neben den "pädagogisch-didaktischen Grundforderungen" an die Programme weitere fachspezifische Anforderungen gestellt werden.

Es entstehen nun in letzter Zeit zunehmend Firmen, die auf diese besonderen Bedürfnisse eingehen und für bestimmte Personenkreise speziell entwickelte Computer, Computerprogramme und Computerzubehör entwickeln und verkaufen.

3.2.4. Entwicklungen auf dem Behindertensektor durch spezialisierte Soft- und Hardwarefirmen

Bei diesen Produkten handelt es sich weniger um Lernprogramme, sondern meistens um Kommunikationsprogramme und/oder Programme zur Kompensation einer Schädigung. Speziell bei der Entwicklung von Kommunikationsprogrammen ergibt sich häufig die Schwierigkeit, daß die Personen, die ein solches Programm benötigen ihre Bedürfnisse und Wünsche oftmals nicht selbst artikulieren können - ja oftmals gar nicht wissen, welche technischen Hilfen überhaupt zur Verfügung stehen. Sie sind

deshalb auf fachkundige Vermittlungspersonen angewiesen. Auf
der anderen Seite fehlen den Entwicklern und Programmieren
oftmals genau Kenntnisse über die Anforderung, die im
konkreten Alltag an die technischen Hilfen gestellt werden
müssen. Auch sie sind auf Initiativen und Verbesserungsvor-
schläge durch die Benutzer ihrer Produkte angewiesen.

Die Entwicklung solch spezialisierter Programme ist darüber
hinaus mit vielen Hindernissen und Gefahren verbunden, da der
Angebotsseite kein großer Markt gegenübersteht. In vielen
Fällen müssen einzelne Anfertigung noch mit zusätzlichen
Veränderungen versehen werden, damit das Produkt auch optimal
den individuellen Erfordernissen eines behinderten Menschen
angepaßt werden kann.

3.2.5. Anforderungen an eine sonderpädagogische Software aus Sicht der Körperbehindertenpädagogik

Aus den Unzulänglichkeiten der als Teach- und Courseware
angebotenen Lernprogramme und aus den im Umgang mit Spezialprogrammen gewonnenen Erfahrungen lassen sich folgende Anforderungen an Software für den Einsatz bei körperbehinderten
Menschen formulieren:

Inhaltliche Anforderungen
(1) Lern- und Übungsprogramme müssen vom Inhalt und den Zielen
her den gültigen Lehrplänen entsprechen

(2) Sie müssen in ihrem Aufbau didaktische und methodische
Grundsätzen allgemeiner und fachspezifischer Art berücksichtigen.

(3) Die Programme müssen von der Bedienung her einfach und in
ihrem Aufbau klar strukturiert sein, damit auch technisch
unerfahrene Pädagogen damit arbeiten können.

(4) Die Programme müssen für den Schüler ansprechend gestaltet sein und ihn zur Arbeit auffordern (vgl. HUBER et al. 1990 28f).

Anforderungen zum Programmablauf

(1) Das Programm sollte den Schüler nicht nur im Medium der Schrift, sondern auch mit Hilfe von Bildern und akustischer Sprachausgabe ansprechen. Die Bilder müssen in hochauflösender Graphik dargestellt werden, damit sie auch von Schülern mit optischen Wahrnehmungsstörungen klar erkannt werden können.

(2) Das Programm sollte flexible Möglichkeiten der Fehlermeldung und Verstärkung bieten. Dazu gehört, daß eine Bewertung erfolgt und daß das Programm einen Fehler meldet, dem Schüler aber zugleich Gelegenheit gibt, diesen zu verbessern. Die Fehlerkorrektur kann aber auch durch das Programm selbständig vorgenommen werden. Dabei sollte jedoch darauf geachtet werden, daß der Schüler die automatische Korrektur (etwa bei einem Schreibprogramm) sinnlich und gedanklich nachvollziehen kann.

(3) Arbeiten und Zwischenergebnisse sollten abspeicherbar sein, damit zu einem späteren Zeitpunkt an einer Aufgabenstellung weitergearbeitet werden kann.

Programmtechnische Anforderungen

(1) Eingaben sollten nicht nur über Tastatur, sondern - für motorisch schwer beeinträchtigte Schüler - auch über externen Joystick oder sogar über Einzelschalter möglich sein.

(2) Der Bildschirmaufbau sollte übersichtlich und klar strukturiert sein. HUBER empfiehlt für den Bildschirmaufbau folgende Einteilung (vgl. Abb. 21):

Abb. 21 HUBER 1990,39

Der "Bereich der Aufgabenstellung" sollte der Tafelüberschrift oder der Überschrift im Hefteintrag entsprechen. Im "Bearbeitungsbereich für den Schüler" erfolgt die Präsentation und Bearbeitung der eigentlichen Aufgabe. Im "Steuerungsbereich für Programm und Arbeitsablauf" erscheinen die Meldungen zur Richtigkeit eines Arbeitsergebnisses, nützliche Hinweise oder zusätzlich notwendige Informationen zur Steuerung des Programmes.

(3) Die Schrift auf dem Bildschirm muß zur besseren Lesbarkeit vergrößert werden und der verwendete Schrifttyp sollte den Vorgaben der Schulbücher entsprechen (z.B. durch den Schrifttyp "Sans Serif").[13]

---

13 Die üblicherweise auf einem Monitor dargestellten 80 Zeichen in 25 Zeilen sollten wenigstens in doppelter Größe (d.h. 40 Zeichen in 12 Zeilen) ausgegeben werden.

(4) Da das Erstellen von Bild- und Sprachdateien mit großem zeitlichen und zum Teil auch technischen Aufwand verbunden ist, sollten die in einem Programm verwendeten Bilder oder Sprachdateien auch für andere Programme nutzbar und lesbar sein.

Anschlußmöglichkeiten für Peripherie

(1) Zur Dokumentation von Lernfortschritten sollte die Möglichkeit des Protokollausdrucks vorhanden sein.

(2) Das Programm sollte Sprachausgabekarten unterstützen.

Anforderungen an den Vertrieb

(1) Die Beschaffung des Programmes, bzw. der Software-Lizenzen muß im Rahmen des Schuletats möglich sein (vgl. HUBER et al. 1990, 28).

(2) Zusammen mit dem Programm wird auch eine ausführliche Programmbeschreibung erworben.

(3) Für technische Probleme sollte - zumindest telephonisch - ein Ansprechpartner zur Verfügung stehen.

Viele der heute verwendeten Programmen entsprechen diesen Anforderungen nicht. Es zeigt sich jedoch mehr und mehr, daß nur die Programme sinnvoll in die pädagogische Arbeit einbezogen werden können, die diesen Anforderungen weitgehenst entsprechen.

3.3. Voraussetzungen für den Einsatz elektronischer Hilfen innerhalb pädagogischer Institutionen

Die Verfügbarkeit geeigneter Computerprogramme ist ein wesentlicher Faktor beim Einsatz elektronischer Hilfen. Wie schwierig, zeit- und kostenintensiv die Entwicklung solcher

Programme ist, wurde bereits aufgezeigt. Im folgenden soll auf weitere Faktoren hingewiesen werden, die den Erfolg des Computereinsatzes mitbestimmen.

3.3.1. Verfügbarkeit von Geräten und ausgebildetem Personal

Schulen die an einem Modellversuch zum Thema "Elektronische Hilfen" beteiligt sind, werden in der Regel aus den Mitteln des Modellversuchs mit Computern ausgestattet (vgl. RAUN 1990, 2; BRANDL & WEIKMANN 1987, 26). Es ist nicht möglich - und auch nicht beabsichtigt - über solche Modellversuche eine flächendeckende Versorgung mit Computeranlagen zu erreichen. Bei einem Modellversuch stehen das Erproben und Erkunden von Möglichkeiten, Bedingungen und Grenzen im Mittelpunkt. Die eigentliche Versorgung der Schüler muß nach Vorliegen positiver Erkenntnisse aus solchen Modellversuchen von anderen Seiten erfolgen.

Hier kommt zunächst der Schulaufwandsträger in Frage, der diejenigen Materialien finanziert, die zum Lehren und Lernen benötigt werden. Bei körperbehinderten Schülern übernehmen Krankenkassen die Kosten, wenn es sich um Materialien und Hilfsmittel handelt, die der betreffende Schüler zur Kompensation einer motorischen Schädigung und zur Bewältigung des Alltags braucht. Natürlich gibt es immer wieder Schüler, für die beide Kostenstellen zuständig wären, wodurch die Anschaffungsmöglichkeiten nicht erleichtert werden. Jede Kostenstelle prüft sehr genau, ob sie für diese (mitunter sehr großen) Investitionen auch wirklich zuständig ist. "Für die Sonderpädagogik bedeutet dies (die komplizierten Finanzierungswege; Anmerkung des Verfassers) bedauerlicherweise, daß sie in manchen Bereichen z.B. der prothetisch-instrumentellen Hilfe sehr kostenintensiv werden kann. Humane Hilfe für Schwache und Benachteiligte in der Gesellschaft ließ sich, so ist man geneigt zu resümieren, leider noch nie kostenneutral erbringen" (KANTER 1987, 43).

Die Verfügbarkeit der Geräte hängt wesentliche davon ab, ob diese als Lern- oder als Kommunikationsgeräte eingesetzt werden. Wird der Computer als Lerngerät eingesetzt, so arbeiten an diesem Gerät ein oder auch mehrere Schüler für einen beschränkten Zeitraumen. Danach steht das Gerät anderen Personen oder Gruppen zur Verfügung. Wird das Gerät jedoch als Kommunikationsgerät für einen bestimmten Schüler einge- setzt, so muß es diesem Schüler ständig (möglichst auch mobil) zur Verfügung stehen. Andere Schüler können dann nicht darüber verfügen. Der Bedarf von Computern an einer Schule oder innerhalb einer Klasse muß sich deshalb an diesen Indikationen orientieren.

Die Auswahl des Computers selbst hängt in erster Linie von dem verwendeten Programm ab. Da Programme immer nur für einen Computer-Typ konzipiert werden, ist hier auf eine Kompatibi- lität zwischen Gerät und Programm zu achten. Der Standard für Computersysteme sind heute die IBM-kompatiblen Computer. Darunter werden Computer verstanden, die im Aufbau den von der Firma IBM entwickelten Personal Computer (=PC) entspre- chen. Da diese Geräte mittlerweile von sehr vielen Firmen gebaut werden, herrscht unter den Herstellern ein großer Konkurrenzkampf, der wiederum direkte Auswirkungen auf den Preis ihrer Produkte hat. So sind Preisverfalle innerhalb eines Jahres um 50% keine Seltenheit. Ein weiterer Vorteil dieser Geräte liegt in der großen Produktauswahl. So ist von tragbaren Computern in der Größe eines Aktenordners bis hin zu Großbildschirmen mit einer Diagonalen von 50 cm alles zu bekommen. Stellte KANTER 1987 noch richtig fest, daß Geräte für gute Bild- und Sprachumsetzung noch nicht serienmäßig hergestellt werden und deshalb noch sehr teuer sind (vgl. 1987, 43), so hat sich auch für diese Spezialgeräte in Verbindung mit IBM-kompatiblen Systemen heute ein Markt etabliert, der es ermöglicht, Geräte in Serie und zu vertretbaren Preisen anzubieten.

Neben dem Gerät und der geeigneten Software bedarf es nun noch dem Personal, daß sich mit diesen Geräten und den Programmen auskennt. Beim Umgang mit Computern ist zwischen der Nutzung einerseits und der Warten und Installation der Geräte andererseits zu unterscheiden. Die neueren Computersysteme werden zunehmend benutzerfreundlich, so daß das Starten eines Programmes keine fachspezifischen Kenntnisse mehr voraussetzt. Die Betreuungsperson, bzw. der Pädagoge muß lediglich das jeweilige Programm kennen und beherrschen. Das kann je nach Komplexität der verwendeten Software dennoch sehr viel Zeit und Arbeit bedeuten.

Da Lehrern heute im statistischen Mittel während der Arbeitszeit ein bis zwei Tage pro Jahr (das entspricht 0,5 bis 1% der Arbeitszeit) für Fortbildungen zur Verfügung stehen (vgl. FREY 1987, 54), der Prozeß des Erlernens der Beherrschung von Computerprogrammen sich über Wochen und Monaten hinziehen kann, bedeutet dies, daß auf dem Gebiet der Computertechnik die Erarbeitung von Grundqualifikationen in den individuellen Freizeitbereich verlagert wird. Dies hat den Vorteil, daß die Pädagogen, dem Computer meist interessiert und offen gegenüberstehen, wenn sie sich in die Computerprogramme einarbeiten. Andererseits ist dadurch die Gruppe der "technisch-engagierten" Pädagogen sehr klein, da nur wenige die Bereitschaft haben und die Notwendigkeit sehen, sich in diese Materie einzuarbeiten. Auch LUTZ sieht das größte Problem nicht in der Bereitstellung der technischen Geräte sondern in der Ausbildung des entsprechenden Lehrpersonals (vgl. 1987, 7). Einen neuen Weg versuchte die Universität Oldenburg zu gehen. Dort wurde von 1984 bis 1986 für Lehrer der Fernstudiengang "Informatische Grundkenntnisse" angeboten und erprobt, in dem Anwendungsprogramme selbst, eine Einführung in die Architektur von Informationstechnologiesystemen sowie die Beurteilung von Programmen und von Computereinsatzmöglichkeiten in Seminaren von insgesamt 100 Stunden behandelt wurden. Neben diesen Seminaren mußten von den Studierenden 100 Stunden Selbststudium und 100 Stunden in Kleingruppenarbeit erbracht werden, wofür den am Fernstudium beteiligten Pädagogen für die Zeit des Studiums eine Stundenermäßigung zugeteilt wurde (vgl. GORNY 1985, 19 ff).

Neben den Pädagogen, die ein Programm bedienen können, ist darüber hinaus für jede Einrichtung ein "Systembetreuer" notwendig, der neue Anlagen aufstellt und installiert, bestehende Anlagen wartet und bei Fehlermeldungen als Ansprechpartner zur Verfügung steht. Dieser Systembetreuer muß über fundierte und detaillierte Kenntnisse der verwendeten Computersystem verfügen, da speziell die Zusatzgeräte wie z.B. Geräte zur Sprachausgabe oder die Einbindung von Spezialschalten in ein Programm hohes technisches Können voraussetzen.

Oftmals muß diese Arbeit heute von Lehrern - meist sogar über die reguläre Arbeit hinaus - übernommen werden. Hier wären dringend neue Überlegungen und neue Konzepte notwendig, da dieser Aufgabenbereich an Intensität noch zunehmen wird (vgl. STAATSINSTITUT FÜR SCHULPÄDAGOGIK UND BILDUNGSFORSCHUNG 1991, 20).

3.3.2. Die Akzeptanz des Computers durch den Benutzer

Ob bei vorhandenem Computer und bei geeigneter Software ein körperbehinderter Schüler wirklich durch elektronische Systeme gefördert wird hängt im wesentlichen auch davon ab, ob der betreffende Schüler das System als Hilfe akzeptiert. Das bedeutet, daß der Schüler - bewußt oder unbewußt - die Strapazen und Erschwernisse, die mit den elektronischen Hilfen verwunden sind in Relation zu den für ihn erkennbaren Vorteilen und erlebten Freuden setzt.

Zunächst sind die meisten Schüler sehr motiviert und begeistert, wenn mit ihnen am Computer gearbeitet wird. Für diejenigen Schüler, die auch mit anderen Arbeitsmitteln hantieren können und die am Computer meistens Lernprogramme bearbeiten, wird dies zunächst durch "den Reiz des Neuen" bewirkt. Für diejenigen Schüler, die aufgrund der motorischen Behinderung zu keinen selbständigen und aktiven Handlungen fähig sind und die den Computer meist als Kommunikationsmittel einsetzen, ist es die Faszination, endlich durch selbständige Handlungen - auch wenn es nur virtuelle Handlungen in der Bildschirmebene sind - etwas bewirken zu können, oder eigene Mitteilungen formulieren zu können. Oft zum ersten Mal sind sie durch den Computer in der Lage, Einfluß auf die Welt zu nehmen und diese zu verändern. Durch den Umgang mit dem Computer kann sich deshalb die Motivationsstruktur der Schüler in positiver Weise ändern (siehe hierzu auch 4.2.3).

Für die erstgenannte Schülergruppe ist der Reiz des Neuen manchmal nur von kurzer Dauer. Es bilden sich dann Einstellungen gegenüber dem Computer, die für die Motivation der weiteren Arbeit von Bedeutung sind. Erlebt der Schüler den Computer als gutes Lernmedium an dem er selbständig und effektiv üben kann und besitzen die Übungen den notwendigen Variationsreichtum, so wird sich zu dem Computer eine positive Einstellung bilden. Erlebt der Schüler am Computer Frustrationserlebnisse infolge kognitiver Überforderung oder aber wird das Übungsprinzip einer Aufgaben oder eines Programmes rasch durchschaut stellen sich Langeweile und Unlust ein. Es wird sich zu dem Computer eine eher negative Einstellung herausbilden (vgl. 4.2.3.). Letzlich verhält es sich dann mit dem Computer wie mit allen anderen Medien auch: In der "richtigen Dosierung" angewandt kann er durchaus das Unterrichtsgeschehen beleben und bereichern.

Sehr viel komplizierter und vielschichtiger stellt sich die
Situation für diejenigen Schüler dar, die auf den Computer
als ausschließliches Hilfsmittel angewiesen sind, die sich
nur durch den Computer ausdrücken können oder die das alles
erst noch erlernen müssen. Für diese Schüler steht zunächst
eine oft langwierige Adaptionsanpassung (vgl. 4.1.3.) im
Mittelpunkt, meistens gefolgt von technischen Problemen die
aus dem Umgang mit dem (neuen) Computer oder dem verwendeten
Programm heraus resultieren. Für Schüler mit spastischen
Bewegungsstörungen ist das Agieren am Computer oftmals sehr
harte Arbeit. Teilweise müssen Körperteile mit Gurten fixiert
werden um den Einfluß störender Spasmen gering zu halten. Dazu
kommt die große Anstrengung eine gezielte Bewegung zu machen
und gleichzeitig die Aufmerksamkeit auf ein optisches oder
akustisches Signal zu richten. Auch die erlebte Aufregung muß
noch kontrolliert werden. Soll die Begegnung mit dem Computer
als positiv bewertet werden, muß diesen Anstrengungen und
Beschwerden dann ein sichtbarer Erfolg oder zumindest eine
Freude entgegenstehen.

HUBER et al. befragte die im Rahmen des Modellversuchs ELEKOK
betreuten Schüler, inwieweit diese die Geräte auch in der
Freizeit benutzen (vgl. 1990, 150 ff). 33,3% der Schüler, für
die der Computer ein Kommunikationssystem darstellt, benutzen
diesen auch außerhalb der Schule. Dies bezeugt - zumindest
für diese Gruppe - eine Akzeptanz des Gerätes als Kommunikationssystem. Hieraus umgekehrt zu schließen, daß die restlichen zwei Drittel der Schüler den Computer ablehnen, ist
sicherlich nicht richtig, da keine Aussagen darüber gemacht
wurden, ob generell für alle Schüler eine Nutzung des Geräts
in der Freizeit möglich gewesen wäre.

HUBER et al.verweisen aber auf ein weiteres Problem wenn sie
schreiben daß "sich der Umgang mit solchen Hilfsmitteln
zusammen mit den damit verbundenen Kommunikationsmustern
gegenüber den ursprünglichen nonverbalen Verständigungsformen

noch nicht durchgesetzt zu haben (scheint). Schülerbeobach-
tungen lassen vermuten, daß das dem Umstand zuzuschreiben ist,
daß die personale Umwelt der Schüler die neuen Kommunikati-
onswege noch nicht angemessen nutzt" (a.a.O. 151). Auch
diejenigen Schüler, die auf den Computer als Kommunikationsmittel angewiesen sind besaßen ja bereits vorher Kommunikationsmöglichkeiten, selbst wenn diese zum Teil nur rudimentär
vorhanden waren. Schülern (und speziell auch den Betreuungspersonen und den Eltern) ist deshalb nicht einsichtig, warum
nun plötzlich mit einem anderen Medium kommuniziert werden
soll, zumal diese Kommunikation zunächst vielleicht auch
umständlicher und langwieriger ist, als die gewohnten Muster.

3.3.3. Die Akzeptanz der professionellen Helfer

KALLENBACH & KOERTH untersuchten die Einstellungen von Lehrern
an Schulen für Körperbehinderten zum Computereinsatz im
Unterricht. Diese Untersuchung basiert auf schriftlichen
Befragungen von Sonderschullehrern aus dem Bereich der
Körperbehindertenpädagogik in Nordrhein-Westfalen und Nieder-
sachsen (vgl. KALLENBACH & KOERTH 1987, 22).

Während die meisten der Befragten Computern in Büros,
Verwaltungen, Betrieben und Fabriken eine hohe zukünftige
Bedeutung beimessen, sprachen nur 45,7% der Befragten den
Computern im schulischen Bereich eine mittlere bis durch-
schnittliche Bedeutung zu (vgl. a.a.O. 23). Als Ursache dieser
Einstellung vermuten die Autoren diffuse Ängste vor einer
Computerisierung des Bildungswesen, die zum größten Teil auf
Unkenntis über Einsatzmöglichkeiten basieren, besaßen doch
71,7% der Befragten keine Computerkenntnisse und nur 23,9%
der Befragten verfügten über theoretisches Vorwissen. Hierbei
muß jedoch berücksichtigt werden, daß keine der Schulen, an
denen die Erhebung durchgeführt wurde, überhaupt einen
Computer besaß.

Für den Computereinsatz an Körperbehindertenschulen sprachen sich nur 13% der Befragten aus und nur 20% waren bereit, einen Computer bei der eigenen Unterrichtsarbeit einzusetzen. Jedoch zeigten 82,6% der Befragten Interesse am Besuch von Fortbildungsveranstaltungen zum Thema "Förderprogramme" (vgl. a.a.O. 24). Daraus kann gefolgert werden, daß sich viele Pädagogen nicht vorstellen konnten, welchen Beitrag die elektronischen Hilfen im Unterricht erbringen können.

Die Einsatzmöglichkeiten des Computers wurden hauptsächlich bei älteren Schülern gesehen. So möchten 45,7% der Befragten den Computer erst gegen Ende der Hauptschulzeit einsetzen.

KALLENBACH & KOERTH vertraten abschließend die Meinung, daß Lehrer dem Computer generell "nicht negativ gegenüberstehen" (a.a.O. 26), daß aber aufgrund fehlender Informationen viele sich kein klares Bild über Einsatzmöglichkeiten in ihrem Bereich machen können.

HUBER et al. befragten die am Modellversuch ELEKOK beteiligten Mitarbeiter, von denen 53,1% zur Gruppe der Lehrer, 35,2% zur Gruppe der Erzieher und 11,7% zur Gruppe der Therapeuten gehörten. Auch bei dieser Befragung wurde der Computereinsatz für umso geeigneter angesehen, je älter die Schüler waren und je höher ihre schulische Leistungsfähigkeit war. Der Computereinsatz bei geistig behinderten Schülern oder in der Unterstufe wurde von den meisten der Befragten als nicht sehr sinnvoll erachtet (vgl. 1990, 168).

Als geeignete Einsatzgebiete werden vor allem das Training der Wahrnehmung und der Konzentration sowie der mathematische Bereich und die Berufsvorbereitung genannt.

Während sich speziell die Gruppe der Therapeuten keine Einsatzmöglichkeiten innerhalb ihres Aufgabengebietes vorstellen kann (vgl. a.a.O. 170), beurteilen die meisten der

Mitarbeiter den Einsatz des Computers als pädagogisch-didaktisches Hilfsmittel zum Üben von Lernstoff und zur effektiven Differenzierung als sehr positiv. Im Unterschied zu der Untersuchung von KALLENBACH & KOERTH verfügten viele der von HUBER et al. befragten Mitarbeiter über praktische Erfahrungen mit Computern, bzw. hatten schon Computereinsätze in der pädagogischen Arbeit gesehen.

DITTON befragte Grundschullehrer aus Bayern und Nordrhein-Westfalen über ihre Einstellung zum schulischen Einsatz von Computer. Während 72,3% der Befragten der Ansicht waren, daß es heute zu den Aufgaben der Schule gehört, Wissen über den Computer zu vermitteln, hielten nur 55,8% der Befragten den Computer für eine geeignete Lernhilfe, während 44,2% der Befragten den Computer als Lernhilfe ablehnten (vgl. DITTON 1989, 198). Dem Einzug des Computers in das Schulleben wird zwar generell zugestimmt, eine Integration des Computers in die eigene Arbeit jedoch von vielen ausgeschlossen. Auch hier ist zu vermuten, daß viele Pädagogen kein klares Bild davon haben, wie ein solcher Einsatz aussehen könnte. DITTON betont, das Lehrern ein realistisches Bild vom Computer vermittelt werden müßte, um reflektierte Entscheidungen über den Computereinsatz im Unterricht zu ermöglichen (vgl. a.a.O. 213).

3.3.4. Die Akzeptanz der Eltern

In der pädagogischen Praxis zeigt es sich immer wieder, daß es wenig erfolgreich und auch wenig sinnvoll ist, eine pädagogische Maßnahme gegen den Willen der Eltern einzuführen. Dies gilt ganz besonders für den Bereich der Körperbehindertenpädagogik, wo meist ein sehr dichtes Beziehungsgeflecht zwischen Eltern, Pädagogen, Therapeuten und Erziehern besteht. So stimmten auch die meisten der im Rahmen des Modellversuchs ELEKOK befragten Eltern der Aussage zu, daß Computer im Einvernehmen mit den Eltern eingesetzt werden sollten (vgl.

HUBER et al.1990, 158). Die meisten der befragten Eltern waren auch der Meinung, das Computer Behinderten neue Möglichkeiten beim Lernen eröffnen und daß Behinderte sich mit Hilfe des Computers fremden Personen besser mitteilen können und ihnen das Leben durch die Computer erleichtert wird. Viele Eltern haben auch die Hoffnung, daß sich durch die Computer die Berufsaussichten ihrer Kinder verbessern (vgl. a.a.O. 157).

Bei der von DITTON durchgeführten Befragung der Eltern von Grundschulkindern stimmten 79,3% der Befragten der Aussage zu, daß das Vermitteln von Wissen über den Computer heute zur Aufgabe der Schule gehört. 59,7% der Befragten halten den Computer als Lernhilfe für geeignet.

Ist als Tendenz in beiden Befragungen eine Zustimmung zum Einsatz des Computer an der Schule zu erkennen, so liegt doch ein großer Unterschied in der jeweiligen Betroffenheit der Eltern. Während die Eltern der Grundschulkinder eher allgemein den Computer als Lernhilfe und als Unterrichtsgegenstand befürworten und sich damit für eine umfassendere Bildung ihrer Kinder aussprechen, geht es den Eltern der körperbehinderten Schüler doch zunächst primär um ihr eigenes Kind. Sie sehen meist ein ganz spezielles Problem, für das sie sich durch den Computer Hilfe und Erleichterung erwarten.

Das gleiche trifft auch für durchgeführte Unterrichtsmaßnahmen zu. So ist es eben ein großer Unterschied, ob ein neues Medium für alle Schüler in gleichem Umfang in der Schule eingeführt wird, oder aber ob es sich um eine Einzelförderung speziell für das eigene Kind handelt, in der von den Eltern vielleicht noch erwartet wird, sich aktiv in die Fördermaßnahme mit einzubringen.

Gerade wenn einem Schüler der Computer als Kommunikationsgerät nahegebracht werden soll, gilt es Interaktionsfelder aufzuzeigen, für die dieses neue Medium Gültigkeit hat. Und da gehört auch das Elternhaus hinzu. Der Schüler muß erkennen, daß das neue Medium seine Kommunikationsmöglichkeiten erweitert und bereichert und dies darf nicht nur auf das Gebiet der pädagogischen Institution beschränkt sein.

Andererseits haben natürlich gerade die Eltern im Laufe der Jahre gelernt, ihr Kind zu verstehen und mit ihm zu kommunizieren (vgl. Abschnitt 5.1.1.). Für diese Eltern ist es nun zum Teil schwer verständlich, warum sie nun plötzlich andere - in der Anfangsphase sicherlich viel schwierigere - Weg der Kommunikation beschreiten sollen. "Ich verstehe doch mein Kind!", lautet ein in diesem Zusammenhang oft gehörter Satz.

3.4. Zusammenfassung

In diesem Kapitel sollten die Voraussetzungen für den Einsatz elektronischer Hilfen in schulischen Institutionen erörtert werden.

Die Entscheidung, ob eine elektronische Hilfe für einen bestimmten Schüler eingesetzt wird, wird auch durch die Verfügbarkeit geeigneter Programme (mit)bestimmt.

Der Pädagoge oder der Therapeut, der über die Notwendigkeit der elektronischen Hilfe entscheidet, muß wissen, was er von dem Programm erwartet und ob das Problem mit kommerziellen Programmen, mit schulisch orientierten Übungsprogrammen oder mit sonderpädagogischen Spezialprogrammen angegangen werden kann. In der Praxis ist es leider oft so, daß ein Programm nicht "am Bildschirm" getestet werden kann, sondern aufgrund einer Beschreibung ausgewählt werden muß. Es sollte deutlich gemacht werden, daß auch bei ausführlichen Programmbeschreibungen letzlich die Brauchbarkeit erst am Bildschirm oder sogar erst in der Arbeit mit dem betreffenden Schüler beurteilt werden kann.

Als letztes muß die elektronische Hilfe in das soziale und personale Umfeld des Schülers eingebettet werden. Dazu müssen ihm, seinen Eltern und seinen übrigen Betreuungspersonen die Vorteile aber auch die eventuellen Nachteile des neuen Mediums plausibel gemacht werden, so daß letzlich von allen Personen das Einverständnis vorliegen sollte.

Neben dieser Arbeit mit dem Schüler sind aber Sonderpädagogen auch bei der Softwareentwicklung gefragt. Diese dürfen nicht warten, bis gute Programme auf dem Markt erscheinen, sondern müssen handelnd und fordernd tätig werden. Nicht die technischen Möglichkeiten definieren heute oftmals die Grenzen, sondern die finanziellen Möglichkeiten einzelner Institutionen und die zeitlichen Ressourcen einzelner Mitarbeiter.

4. Der Computer als Lernmittel im schulischen Einsatz bei körperbehinderten Kindern und Jugendlichen

In diesem Kapitel sollen die Einsatzmöglichkeiten des Computers bei körperbehinderten Schülern als Lernmittel - im Gegensatz zu den später beschriebenen Einsatzmöglichkeiten als Kommunikationsmittel - beschrieben werden. Diese künstliche Trennung ist in der Praxis oftmals nicht zu beobachten, da der Computer den Kindern und Jugendlichen, die ihn als Kommunikationsmittel benutzen, meist zugleich auch als Lernmittel dient.

Während KANTER (vgl. 1987, 31) allgemein für die Sonderpädagogik die Einsatzbereiche
* prothetisch-instrumentelle Hilfen und
* computergestützte Lehr- und Lernhilfen
definierte, differenziert das STAATSINSTITUT FÜR SCHULPÄDAGOGIK UND BILDUNGSFORSCHUNG (vgl. 1991, 5) für die Körperbehindertenpädagogik die Einsatzmöglichkeiten des Computers in:
* Hilfsmittel für Übungen in Deutsch und Mathematik,
* Hilfsmittel für das Erlernen des Lesens,
* Hilfsmittel für das Erlernen des Rechnens,
* Kommunikationshilfe
* Schreibhilfe und
* Hilfsmittel zur Förderung einzelner Wahrnehmungsfunktionen.

Im folgenden werden zunächst Einsatzmöglichkeiten des Computers als prothetisches Hilfsmittel sowie als Übungsgerät beschrieben. Im Anschluß daran wird am Beispiel des Lese- und Schreiblernprogrammes LIES MIT verdeutlicht, wie speziell für körperbehinderte Schüler konzipierte Programme auch beide Bereiche abdecken können.

4.1. Der Computer als prothetisches Hilfsmittel zur Kompensation einer Schädigung

KOBI definiert Prothese als ein "körperfremdes Objekt, das eine Person regelmäßig, möglichst unabhängig, mobil und flexibel, funktions- und situationsspezifisch benutzt zur Wiederherstellung bzw. Optimierung einer durch Behinderung gestörten physischen und/oder psychosozialen Homöostase" (1990,2).

Weiter betont KOBI die (orts)unabhängige Mobilität und Flexibilität der Prothesen. Soll ein Computer die Funktion einer Prothese übernehmen, muß dieser folglich der betreffenden Person (möglichst) immer und überall zur Verfügung stehen. Dies wird umso wichtiger, je schwerwiegender die Schädigung ist, die durch die Prothese kompensiert werden soll. Kann auf die Fähigkeit des Schreibens vielleicht in manchen Situationen verzichtet werden, so wird eine verbale Kommunikationsmöglichkeit doch für alle menschlichen Situationen als notwendig erachtet.

Eine solche Prothese - so KOBI weiter - "ermöglicht überhaupt erst die Realisation personaler Handlungskonzepte, die als solche vorstellungsmäßig freilich vorhanden sein müssen. Eine Prothese ist ein Handlungs-Instrument, mittels dessen sich eine Person realisiert, und sie ist nicht deren Stellvertretung" (a.a.O. 2). Die von KOBI hier angedeutete Subjekt-Objekt-Grenze droht speziell bei Sprachausgaben zu zerfließen. Einem Menschen, der sich nur mit einem Computer sprachlich mitteilen kann, wird von der Umwelt schnell diese Computersprache als persönliches Merkmal zugeschrieben. Das Erklingen der Computersprache wird sofort mit der jeweiligen Person assoziiert. Aber nicht nur seitens der Umwelt kann diese Assoziation erfolgen, auch für den betreffenden Menschen selbst kann die Computersprache zu einem Stück seiner selbst

werden, ist sie doch das Medium, mit dem er seine Gefühle,
Wünsche und Bedürfnisse kund tut, mit dem er Einfluß auf die
Welt nehmen kann und auf das seine Umwelt reagiert. Aber sie
bleibt eben trotzdem (nur) ein Medium.

4.1.1. Voraussetzungen beim Schüler

Nach KOBI müssen folgende zwei Fragen eindeutig beantwortet
sein, um einen Computer als prothetisches Hilfsmittel in
betracht zu ziehen:

"Kann diese Person quantitativ und qualitativ so wenig
'produzieren' (im weitesten Sinne des Wortes), daß sich ein
Computer aufdrängt oder könnte ein ökonomischeres Mittel
dieselben ökologischen Zwecke erfüllen?

und

kann diese Person quantitativ und qualitativ so viel 'produzieren' (im weitesten Sinne des Wortes), daß die Voraussetzungen für einen Computereinsatz erfüllt sind oder droht das
Vehikel zweckentfremdet und primitiviert zu werden?" (a.a.O.
19).

Es muß also zunächst eine hinreichende Notwendigkeit bestehen
das Hilfsmittel "Computer" einzusetzen. Speziell dann, wenn
ein Schüler ständig mit einem Gerät versorgt werden soll, sind
im Vorfeld die personalen, zeitlichen, finanziellen und
räumlichen Dimensionen der geplanten Maßnahme mit zu berücksichtigen.

Auf seiten der körperbehinderten Schüler müssen hinreichende
Handlungskompetenzen auf motorischem, kognitivem und perzep-
tivem Gebiet vorhanden sein, damit der Einsatz eines Computers
nach einer wie auch immer intensiv gearteten Übungs- und

Eingewöhnungzeit als sinnvoll und erfolgsversprechend gewertet werden kann.

Kognitive Voraussetzungen

Der Schüler muß verstehen, was von ihm in der Übungssituation verlangt wird. Er muß den Sinn der Übung, den Sinn des Computerprogrammes und die Darstellung auf dem Bildschirm verstehen können. Darüber hinaus muß ihm erkennbar werden, welchen Nutzen der Computer für ihn über die Übungssituation hinaus haben kann. D.h. es muß sich abzeichnen, daß seine Handlungspotentiale durch dieses Medium (vielleicht erst) in absehbarer Zeit erweitert werden.

Die kognitiven Fähigkeiten, die bei der Arbeit mit einem Computer vorausgesetzt werden müssen, hängen dabei (wie bei jeder schulischen Aufgabe) von den Anforderungen des verwendeten Programms und den in ihm zum Ausdruck gebrachten Zielen und Intentionen ab. Wird der Computer als Schreibhilfe eingesetzt, müssen komplexere kognitive Forderungen erfüllt werden, als wenn der Computer zum Aus- und Einschalten von elektrischen Geräten benutzt wird.

Motorische Voraussetzungen

Der Computer muß vom Schüler bedient werden können. Das bedeutet, daß der Schüler dazu in der Lage sein muß, mindestens eine Taste oder einen Schalter bewußt zu drücken und auch wieder loszulassen. Das Drücken und Loslassen muß innerhalb einer sinnvollen Zeitspanne in Abhängigkeit von auf dem Bildschirm präsentierten oder auch auditiv vermittelten Informationen geschehen. Dies bedeutet, daß sich die Aufmerksamkeit des Schülers sowohl auf die Informationsdarbietung als auch auf die Betätigung des Schalters konzentrieren muß.

Ist der Schüler in der Lage nur einen Schalter sicher zu bedienen, müssen die Buchstaben, Bilder oder Symbole vom Computer der Reihe nach abgefragt werden. Der Schüler wählt

dann das von ihm gemeinte Objekt durch Betätigen des Schalters
aus. Das Tempo der Abfrage kann hierbei in der Regel nicht
vom Schüler beeinflußt werden, es ist vielmehr Aufgabe der
Betreuungspersonen, das richtige Arbeitstempo herauszufinden
und den automatischen Ablauf des Programms entsprechend zu
regeln. Unberücksichtigt bleiben dabei oftmals temporäre
Leistungsschwankungen. Kommt der Schüler infolge widriger
Umstände einmal mit dem eingestellten Tempo nicht mit, kann
der Computer von sich aus - selbst bei größter Verzweiflung
des Schülers - nicht reagieren. Hinzu kommt, daß speziell
cerebralparetische Schüler gerade dann spastisch verkrampfen,
wenn sie bei der Auswahl eines Objekts zeitlich und psychisch
unter Druck geraten, wie das beim Betätigen eines Schalters
der Fall sein kann.

Von großem Vorteil ist es daher, wenn der Schüler mindestens
zwei getrennte Schalter bedienen kann. Er kann dann mit dem
Schalter A die Abfrage der Objekte steuern und mit dem Schalter
B das gewünschte Objekt auswählen. Hier kann der Schüler das
Arbeitstempo seiner individuellen und situativen Leistungsfähigkeit selbst anpassen. Er kann schneller arbeiten, er kann
aber auch langsamer arbeit oder eine Pause einlegen.

Perzeptive Voraussetzungen

Wenn der Computer als prothetisches Hilfsmittel benutzt wird,
erfolgen in der Regel Vorgaben durch das Programm, auf die
der Benutzer reagieren muß. Diese Vorgaben können im einfachsten Fall das Bereitstellen von Linien sein, in die dann bei
einem Schreibprogramm der Text eingegeben wird. Es können aber
auch Bilder oder Symbole sein, aus denen der Schüler bestimmte
Elemente auswählen soll. In der Regel handelt es sich um
optische Vorgaben, die der Schüler erkennen und deren
symbolischer Gehalt dechiffriert werden muß. Neben der rein
physiologischen Tätigkeit des Sehens muß der Schüler auch die
Leistung des Verstehens und Erkennens vollbringen.

Einmalig auf dem Gebiet der elektronischen Hilfen für
Körperbehinderte dürfte eine Spezialausführung des Schreib-
und Kommunikationsprogrammes TEDI V3.0 (vgl. 4.1.4.) sein,
bei dem die zur Bedienung des Programmes notwendigen Informationen auch akustisch vermittelt werden können, so daß das
Programm von blinden und schwer körperbehinderten Menschen
bedient werden kann.

4.1.2. Die Bedeutung der Adaptionen

Unter dem Begriff "Adaption" versteht man die Anpassung des
Computers an die Bewegungsfähigkeit eines körperbehinderten
Menschen. Kann dieser den Computer über die Tastatur bedienen,
sind in der Regel keine weiteren Anpassungen notwendig.
Schüler mit cerebralen Bewegungsstörungen haben jedoch oftmals
große Schwierigkeiten, die einzelnen Tasten einer Tastatur
sicher zu bedienen. Hier kann im einfachsten Fall schon eine
Abdeckplatte (vgl. Abb. 22) helfen, die auf die normale
Tastatur aufgesteckt wird. Die Hand kann dann auf die
Abdeckplatte gelegt werden, so daß die entsprechenden Tasten
durch die Bohrungen der Abdeckplatte sicher angewählt werden
können.

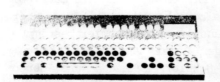

Abb.22 aus INCAP 1991,13   **Abb. 23** aus DIB 1990, 3

Für Schüler mit schweren cerebralen Bewegungsstörungen sind
jedoch die Abstände zwischen den einzelnen Tasten und der

Durchmesser der einzelnen Bohrungen zu klein, so daß selbst mit einer Abdeckplatte keine befriedigenden Resultate erzielt werden. Für diese Schüler eignet sich unter Umständen eine Großtastatur (vgl. Abb. 23). Solche Großtastaturen entsprechen vom Aufbau und von der Funktionsweise her einer normalen Computertastatur, mit dem Unterschied, daß die einzelnen Tasten und ihr Abstand zueinander stark vergrößert sind, so daß auch die Schüler einen Buchstaben sicher anwählen können, die zu keinen feinmotorischen Bewegungen fähig sind.

Abb. 24 aus DIB 1990, 4   **Abb. 25 aus INCAP 1991, 7**

Analog dazu gibt es für diejenigen Schüler, die nur über einen sehr kleinen Aktionsradius der Hand verfügen Miniaturtastaturen (vgl. Abb. 24), bei denen die einzelnen Tasten sehr dicht beieinander liegen. Zum Betätigen der einzelnen Tasten einer solchen Miniaturtastatur ist nur ein geringer Kraftaufwand nötig, so daß auch muskeldystrophische Schüler, die nur noch sehr wenig Kraft haben, solche Tastaturen bedienen können.

Für diejenigen Schüler, die in ihrer Motorik so stark eingeschränkt sind, daß sie keine Tastatur bedienen können, bietet sich der Joystick, bzw. Joysticknachbildungen an, mit denen der Computer gesteuert werden kann. Mit einem Joystick (vgl. Abb. 25) können vier verschiedene Richtungen (oben, unten, links, rechts) angesteuert werden. Darüber hinaus

Abb. 26 aus INCAP 1991, 7   **Abb. 27** aus INCAP 1991,7

verfügen Joysticks über einen zusätzlichen "Feuerknopf", mit dem die Auswahl eines angesteuerten Objekts vorgenommen werden kann. Die vier Richtungstasten eines Joysticks können in Joysticknachbildungen auch auf separate Tasten gelegt werden (vgl. Abb. 26 und 27). Wichtig ist, daß im Programm die Möglichkeit der Joystickansteuerung vorgesehen ist. Handelsübliche Programme können meist nicht mit Hilfe eines Joysticks bedient werden. Die Einbindung eines Joysticks in Schreibprogramme erfolgt meist über eine eingeblendete Bildschirmtastatur.

Abb. 28
Um die Auswahlmarke auf das "o" zu steuern, muß am Joystick die Rechts-Taste gedrückt werden.

Abb. 29
Wird jetzt die "Feuertaste" gedrückt, wird der ausgewählte Buchstabe in die Schreibzeile übernommen.

In einer solchen Bildschirmtastatur, kann der Schüler dann
mittels der vier verschiedenen Richtungsschalter den gewünschten Buchstaben anwählen (vgl. Abb. 28) und diesen durch Drücken
der "Feuertaste" an das Programm als ausgewählten Buchstaben
übermitteln (vgl. Abb 29). Zur Bedienung einer Bildschirm-Tastatur sind somit nur fünf Tasten notwendig.

Für viele Schüler ist jedoch auch das Betätigen fünf
verschiedener Schalter nicht möglich. Kann ein Schüler zwei
Schalter betätigen, so kann er mit Hilfe des sogenannten
"Scannings" arbeiten. Hierbei werden beispielweise bei einem
Schreibprogramm in einer Bildschirmtastatur zunächst die
entsprechende Spalte und dann innerhalb dieser Spalte der
entsprechende Buchstabe ausgewählt. Das Programm würde also
zunächst mit der Abfrage der ersten Spalte beginnen. Sucht
der Schüler beim Beispiel in Abbildung 30 den Buchstaben "o",
so muß er mit einem Schalter A den Auswahlbalken auf die vierte
Spalte bringen (vgl. Abb. 30), und dem Programm nun durch
Betätigen des Schalters B mitteilen, daß sich der gesuchte
Buchstabe in dieser Spalte befindet. Das Programm würde
daraufhin in der vierten Spalte den ersten Buchstaben anwählen
(vgl. Abb.31). Da sich der Buchstabe "o" jedoch nicht in der
ersten, sondern in der dritten Zeile befindet, müßte der
Schüler zweimal den Schalter A betätigen und dann, wenn der
Buchstabe "o" markiert ist, die Auswahl mit dem Schalter B
bestätigen, woraufhin dieser Buchstabe in den Text übernommen
wird.

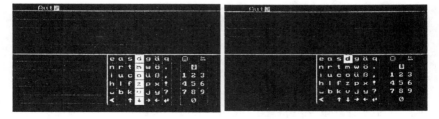

Abb. 30   **Abb. 31**

In die meisten Bildschirmtastaturen sind auch Steuerzeichen integriert, wodurch in begrenztem Maße Textverarbeitung wie z.B. Speichern, Drucken, Korrigieren etc. ermöglicht wird (vgl. Abb. 32). Die dafür notwendigen Sonderzeichen werden wie die übrigen Buchstaben mit der Auswahlmarke angesteuert.

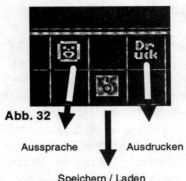

Abb. 32

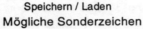

Aussprache   Ausdrucken

Speichern / Laden
Mögliche Sonderzeichen

Abb. 33 aus INCAP 1991, 2
Einfacher Drückschalter

Mit dieser 2-Schalter-Methode kann der Schüler selbst das Tempo der Abfrage bestimmen. Voraussetzung dafür ist jedoch, daß er zwei Schalter sicher bedienen kann.

Kann ein Schüler nur eine einzige Bewegung ausführen, erfolgt das Scanning im automatischen Modus. Das bedeutet, daß beispielsweise bei dem oben erwähnten Schreibprogramm die Spalten automatisch in einem einstellbaren Zeittakt abgefragt werden und der Schüler dann seinen Schalter betätigt, wenn die gesuchte Spalte markiert ist. Daraufhin beginnt das Programm sofort in dieser ausgewählten Spalte die einzelnen Buchstaben abzufragen. Mit einem zweiten Impuls schließlich wird dem Programm der gesuchte Buchstabe mitgeteilt. Dieser wird in den Text geschrieben und die Abfrage beginnt von neuem.

Diese Methode stellt sicherlich eine der mühsamsten Methoden des Schreibens dar, bei der immer sehr sorgfältig der notwendige Arbeitsaufwand des Schülers mit dem erbrachten (subjektiven und objektiven) Erfolg in Relation gesetzt werden muß. Es stellt jedoch für schwer bewegungsbeeinträchtigte Schüler die einzige Möglichkeit dar, mit der minimalen Bewegung eines Körperteils einen Text zu schreiben und diesen ausdrucken zu lassen.

Abb. 34 aus INCAP 1991, 4
Wird der Kopf in eine Richtung geneigt, löst der im Stirnband befindli-
che Schalter den Kontakt aus.

Abb. 35 aus INCAP 1991, 6
Bei diesem Schalter muß in das
Rohr-ende hineingeblasen werden.

Hierbei ist es völlig unerheblich, mit welchem Körperteil der Schalter betätigt wird. So gibt es neben normalen Hand- oder Fußschaltern (vgl. Abb. 33) Schalter, die durch Nicken des Kopfes betätigt werden (vgl. Abb. 34) oder auch Blase-Schal-ter, die mit dem Mund betätigt werden (vgl. Abb. 35).
Die große Schwierigkeit bei schwer cerebralparetischen Schü-lern ist es oftmals herauszufinden, welche Bewegung mit welchem Körperteil am ehesten zur Ansteuerung des Computers genutzt werden kann. Dabei ist der Sonderpädagoge auf die interdisziplinäre Zusammenarbeit mit den Fachdiensten - speziell der Krankengymnastik und der Beschäftigungstherapie - angewiesen. Konnte in gemeinsamer Arbeit eine Eingabemög-lichkeit gefunden werden, muß der Schüler - speziell wenn es sich um jüngere Kinder handelt - behutsam an die Arbeit mit diesem Schalter herangeführt werden. Hierbei wird der Computer zunächst noch nicht eingesetzt.

4.1.3. Möglichkeiten der Hinführung zum Computer

Speziell bei der Hinführung jüngerer, motorisch schwer beeinträchtigter Schüler ist es wichtig, zunächst mit konkreten Materialien zu operieren, um dem Schüler so zu verdeutlichen, daß er mit diesem Schalter in seiner Umwelt etwas verändern und etwas bewegen kann.

Dazu bietet sich zunächst eine elektrische Eisenbahn an, die der Schüler mittels seines Schalters fahren und stoppen lassen kann. Hier muß - speziell bei kognitiv beeinträchtigten Schülern - die Ursache-Wirkungs-Beziehung deutlich werden. Der Schüler muß den direkten Zusammenhang zwischen dem Niederdrücken des Schalters und der Bewegung der Eisenbahn verstehen lernen und erkennen, daß er der Initiator des erzeugten Effektes (=Bewegung der Eisenbahn) ist.

Viele Schüler sind oftmals erstaunt darüber, daß nur eine kleine Bewegung nötig ist, um einen Eisenbahnzug in Bewegung zu setzen. HUBER et.al. schlagen vor, einem Schüler an dieser Stelle die vielfältigen Schalter in unserer Umwelt erkunden und ausprobieren zu lassen:

"Es lassen sich immer wieder Kinder beobachten, die von sich aus Schalter aufsuchen (Lichtschalter, Türöffner) und diese über sehr lange Zeit mit großem Vergnügen betätigen. Es erscheint daher wichtig, diesen Kindern die Gelegenheit zu geben, ihre 'Lust am Drücken' auszuleben. Keineswegs darf dadurch aber ein stereotypes Verhalten gefördert werden. Kinder sollten in dieser Phase auf möglichst viele Schalter ihrer Lebensumwelt aufmerksam gemacht werden. Sie sollen diese Schalter betätigen und dazu angeleitet werden, den jeweils hervorgerufenen Effekt zu beachten. Dabei sollte auch versucht werden, den Kindern die Bedeutung des Effektes zu vermitteln und sie erleben zu lassen, welche Funktion der Effekt für sie hat" (HUBER et.al. 1990, 64).

Wurde der Schüler mit dem für ihn ausgewählten Schalter
vertraut gemacht, können in die Eisenbahnanlage Bahnhöfe oder
Tunnel aufgestellt werden (vgl. GABUS, o.J., 2). Der Schüler
bekommt nun die Aufgabe, an einem bestimmten Bahnhof anzuhal-
ten. Dies bedeutet, daß der Schalter zu einem bestimmten
Zeitpunkt gedrückt und auch wieder losgelassen werden muß.
Der Schüler muß nun genau beobachten, wann sich der Zug am
Bahnhof befindet. Es wird nun also versucht, dem Schüler
räumliche und zeitliche Beziehungen zu vermitteln.

GABUS schlägt vor, die Eisenbahnanlage nun zur Beantwortung
konkreter Fragen einzusetzen. Dies könnte in der Art geschehen, daß anstelle von Bahnhöfen verschiedene Tiere aufgestellt
werden, und der Schüler nun den Zug beispielsweise zu dem Tier
fahren läßt, das schwimmen kann (vgl. a.a.O. 3). War der
motorisch schwer beeinträchtigte Schüler bisher nur in der
Lage, auf gestellte Fragen mit "Ja" oder "Nein" zu antworten,
so muß er nun zur Beantwortung einer gestellten Frage aus
mehreren dargebotenen Möglichkeiten auswählen.

Im Anschluß an diese Übung empfielt GABUS nun, den Zug durch
eine Kette von Lichtpunkten zu ersetzen, die vom Schüler
mittels des Schalters jeweils abwechseln nacheinander zum
Leuchten gebracht werden können (vgl. a.a.O. 3). Die Aufgabenstellung kann hier nun heißen: "Drücke so oft auf den
Schalter, bis die Lampe neben dem Tier aufleuchtet, das
schwimmen kann!" In dem von GABUS entwickelten Stufenkonzept
ist dieser Schritt sehr wichtig, da bei der Arbeit am Computer
nicht mehr mit Grafiken und Bildern, sondern gleich mit
Buchstaben gearbeitet wird. Entsprechende Geräte und Programme
vorausgesetzt, kann diese Zwischenstufe aber auch auf dem
Bildschirm realisiert werden: Die zuvor konkreten Tierfiguren
erscheinen als Computer-Grafiken und der Schüler kann mittels
seines Schalters ein Objekt anwählen und somit die Fragen
beantworten.

Der weitere Weg hängt von den kognitiven Möglichkeiten des jeweiligen Schülers ab. Intellektuell beeinträchtigte Schüler können mittels Bildern und Grafiken ihre Bedürfnisse mitteilen. Schüler, bei denen mehr die motorische Beeinträchtigung im Mittelpunkt steht, können nach der Arbeit mit Bildern mittels eines Leselernprogrammes zu einem computergesteuerten Schreibprogramm hingeführt werden.

4.1.4. Geeignete Programme

Die hier vorgestellten Programme und Geräte zählen zur Gruppe der Schreibprogramme und dienen somit in erster Linie zur Kompensation einer eingeschränkten Handmotorik. Da alle Programme auch die Möglichkeit der Sprachausgabe bieten, können sie auch als Kommunikationsprogramm eingesetzt werden.

Das Programm **TEDI** ist ein speziell für körperbehinderte Schüler konzipiertes Schreibprogramm, daß mit einer Tastatur, mit einem Joystick, mit zwei oder auch nur mit einem Schalter bedient werden kann. Wird nicht mit der Computertastatur gearbeitet, erscheint auf dem Monitor eine Bildschirm-Tastatur, in der die entsprechenden Zeichen ausgewählt werden müssen. Diese Tastatur ist frei definierbar, so daß Schüler, die sich erst am Anfang des Schreibprozesses befinden, nicht mit allen, zum Teil noch unbekannten Buchstaben arbeiten müssen. So wird vermieden, daß der Schüler mit zuviel Zeichen verwirrt wird. Er hat immer nur die Buchstaben in seiner Bildschirm-Tastatur, die er auch sicher beherrscht.

Das Programm TEDI verfügt außerdem über ein Lexikon, daß sich nach ein, zwei oder drei geschriebenen Buchstaben mit einem Wortvorschlag meldet. Hierbei erscheint am unteren Bildschirmrand in alphabetischer Reihenfolge das erste Wort, das mit den eingetippten Buchstaben anfängt. Möchte der Schüler beispielsweise das Wort "trinken" schreiben, so kann nach

Eingabe der Buchstaben "t" und "r" das Wort "trauern" erscheinen (vgl. Abb. 36). Gibt der Schüler nun als dritten Buchstaben das "i" ein, erscheint als Vorschlag das Wort "trinken" (vgl. Abb. 37). Der Schüler kann dann dieses Wort in den Text übernehmen. Speziell für diejenigen Schülern, die aus einer Bildschirm-Tastatur mit einem oder auch mit zwei Schaltern die Buchstaben "zusammensuchen" müssen, kann diese Methode eine große Arbeitserleichterung sein, da beispielsweise für das Wort "trinken" nicht sieben Eingaben (=sieben Buchstaben) gemacht werden müssen, sondern das Wort schon nach vier Eingaben (1.:"t", 2.:"r", 3.:"i", 4.:Übernehme Lexikon-Vorschlag) auf dem Monitor erscheinen kann.

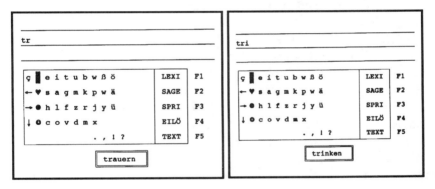

Abb. 36   **Abb. 37**

Voraussetzung dieser Methode ist allerdings eine gesicherte Rechtschreibung. Schreibt der Schüler das Wort "trinken" am Anfang irrtümlicherweise mit "d", so erscheint nach den Buchstaben "dr" als Vorschlag zwar das Wort "draht", aber niemals das Wort "trinken" (vgl. Abb. 38).

Der mit dem Programm TEDI geschriebene Text kann über synthetische oder über natürliche Sprachausgabekarten ausgesprochen werden (vgl. 3.1.5.), so daß je nach Indikation die Programme schwerpunktsmäßig zur freien Kommunikation (=synthetische Sprachausgabe) oder zur Aussprache eines zwar

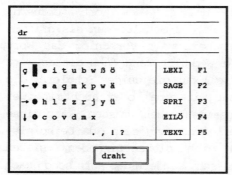

Abb. 38

begrenzten, aber dafür deutlich artikulierten Wortschatzes (=natürliche Sprachausgabe) eingesetzt werden können.

Ausgesprochen werden kann jeweils ein geschriebenes Wort, ein geschriebener Satz oder der ganze Text.

Das Programm **SPRICH MIT** ist ebenfalls ein speziell für körperbehinderte Schüler konzipiertes Schreibprogramm, das gleichfalls mit Tastatur, mit Joystick, mit zwei oder einem Schalter bedient werden kann.

Im Gegensatz zu dem Programm TEDI verfügt das Programm SPRICH MIT über eine Rechtschreibkorrektur. Diese Rechtschreibkorrektur überprüft ein geschriebenes Wort an Hand einer definierbaren Wortdatei auf seine Richtigkeit hin. Ist das Wort in dieser Wortdatei enthalten, gibt das Programm keine Meldung. Ist das vom Schüler geschriebene Wort jedoch nicht in dieser Wortdatei enthalten, erscheint auf dem Bildschirm eine Auswahl von Wörtern, die diesem (falsch) geschriebenem Wort am ähnlichsten sind. Der Schüler muß nun entscheiden, ob das von ihm gemeinte Wort in dieser Auswahlliste enthalten ist. Findet er das gemeinte Wort, kann er dieses anwählen und automatisch in den Text übernehmen.

Solche Rechtschreibkorrekuren sind heute in jedem kommerziellen Schreibprogramm enthalten. Bei solchen Programmen verfügt das Lexikon meist über 100.000 bis 200.000 Wörter. Folglich darf bei dem geschriebenen Wort nur maximal ein Buchstabe falsch sein, damit das gemeinte Wort als Korrekturvorschlag vom Programm angeboten wird. Bei dem Programm SPRICH MIT kann das Lexikon jedoch individuell zusammengestellt werden.

Befinden sich in dem Lexikon beispielsweise nur 100 Wörter, so wird bei der Eingabe von **nutr** als Korrekturvorschlag das Wort **Mutter** angeboten (vgl. Abb. 39), sofern sich das Wort "Mutter" im Lexikon befindet. Auch Buchstabenverdrehungen können zum Teil richtig gestellt werden. Bei der Eingabe von **udn** erscheinen mehrere Wörter als Korrekturvorschlag (vgl. Abb. 40). Das Wort, für das vom Programm die größte Wahrscheinlichkeit errechnet wurde, befindet sich dabei an erster Stelle.

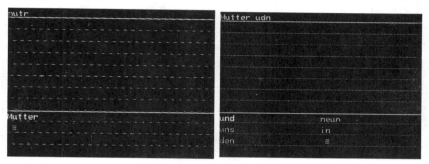

Abb. 39   **Abb. 40**

An den Schulen für Körperbehinderte begegnet man immer wieder Schülern, die neben der motorischen Beeinträchtigung auch große Defizite im kognitiven Bereich aufweisen. So gibt es Schüler, die auch nach beendeter Schullaufbahn in der Rechtschreibung unsicher sind, oder deren Texte teilweise nicht einmal dem Sinngehalt nach entziffert werden können.

In Abb. 41 ist das Ergebnis eines lang geübten und dann diktierten Textes zu sehen. Der Schüler, der diesen Text geschrieben hat, ist im 7. Schulbesuchsjahr und es ist nicht anzunehmen, daß er in den verbleibenden 2 Jahren zu einer gesicherten Rechtschreibung hingeführt werden kann. Dieser Schüler ist sich seiner Rechtschreibschwäche sehr wohl bewußt und es ist für ihn immer wieder sehr belastend, wenn er auch intensiv geübte Texte mit einer solch hohen Fehlerzahl wiedergibt. Dieser Schüler bekam den gleichen Text nun am Computer diktiert, wobei er mit dem Programm SPRICH MIT arbeitete. Der Text selbst war vorher als Bezugstext für das Lexikon eingegeben worden. Jedes geschriebene Wort wurde so mit dem Originaltext verglichen. Das Ergebnis dieser Arbeit ist in Abb. 42 zu sehen. Neben dem geringen Gebrauchswert des Textes von Abb. 41 liegt das größere Problem in der psychischen Belastung aufgrund der hohen Fehlerzahl und der damit verbundenen sinkenden Motivation der Schüler. Der Schüler empfindet die automatische Rechtschreibkorrektur als große Hilfe und identifiziert sich mit seinem Produkt: nicht der Computer hat den Text geschrieben, sondern er selbst.

```
Piram Qualitet
Meine Füße tun so we, sagte Corina      gester
abed.
Fau Kox nikte.
Ich weiß die egen Shcuhe quläen dich schon lage.
Wier müssen dir nue kaufen.
Ich mot ein par reote Stifel.
```

```
Prima Qualität
Meine Füße tun so weh, sagte Corinna
gestern Abend.
Frau Kox nickte. Ich weiß die engen
Schuhe quälen dich schon lange.
Wir müssen dir neue kaufen.
Ich möchte ein Paar rote Stiefel.
```

Abb. 41   **Abb. 42**

Dennoch gibt es Schüler, die sich trotz elektronischer Hilfsmittel nicht schriftlich mitteilen können. Auch der Schüler Hubert[14] sollte den vorher besprochenen Text zu einer Bildergeschichte aufschreiben. Das Ergebnis von Abb. 43 zeigt, daß zum einen seine Handschrift sehr schwer zu lesen ist und daß zum anderen die Wörter, bei denen sich die Schrift entziffern läßt, keinen Sinn ergeben. Die Wörter "Tina" und "Toni" sind richtig geschrieben, die Wörter "Räubr" bzw. "Rauber" lassen sich als "Räuber" interpretieren, das meiste aber ist nicht zu verstehen.

---

14 Alle in der Arbeit verwendeten Namen wurden zur Wahrung der Anonymität geändert.

Bei solchen schweren Rechtschreibstörungen hat natürlich auch dieses Programm seine Grenzen. Es kann nicht "erahnen", was ein Schüler meint und was er ausdrücken will, sondern nur ein eingegebenes Wort an Hand einer Wortliste auf Grundlage eines einprogrammierten Algorithmus vergleichen. Den Text von Abb. 44, der identisch ist mit dem Text von Abb. 42, sollte Hubert mit eingeschalteter Rechtschreibkorrektur schreiben. Da Hubert dem Programm jedoch nicht das erforderliche Minimum an richtigen Buchstabenverbindungen liefern konnte, war auch das Programm nicht in der Lage, auf das richtige Wort zu schließen. Hubert konnte darüber hinaus nicht erkennen, ob sich das gemeinte Wort in der Wortauswahl befindet oder nicht. So sind zwar alle Wörter des Textes richtig geschrieben, aber es sind eben die falschen Wörter. Der Text ergibt keinen Sinn. Diesen "Un-Sinn" kann man Hubert mit Hilfe der Sprachausgabe zwar deutlich vor Augen führen und er erkennt dann auch, daß es sich bei seinem Text um eine unzusammenhängende Anzahl von Wörtern handelt, im vorliegenden Fall stand er dem Resultat jedoch hilflos und traurig gegenüber. Für ihn bietet dieses Programm dann trotz Rechtschreibkorrektur und Sprachausgabe keine Lösungs- und Handlungsansätze. Für Hubert stellen elektronische Hilfsmittel auf der Basis prothetischer Schreibprogramme keine Hilfe dar. Aufgrund seiner Behinderung ist er jedoch auf ein Kommunikationsmittel angewiesen. Ein für ihn geeignetes Programm müßte jedoch an Stelle von Schriftzeichen Bilder oder Symbole zur Wahl stellen.

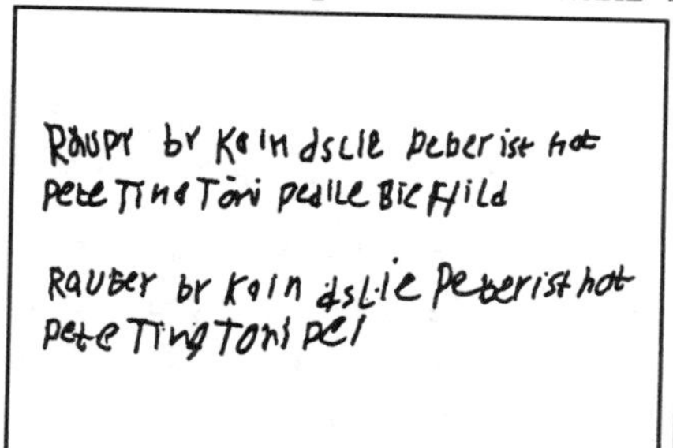

Abb. 43

Prima Qualität
Meine Füße engen weiß! heiße Corinna
Frau Kox halten.
Die weiß ich haben Schuhe Wiese quälen
Wie sieben dir neun Kaufen. sagt
grün Paar rot Schuhe.

Abb. 44

Abb. 45 aus DIB 1990, 13

Bei dem Produkt **KASSANDRA** handelt es sich nicht um ein Computerprogramm sondern um ein eigenständiges Gerät. Dieses Gerät besteht aus einem Bildschirm, an dem der zur Eingabe notwendige Schalter sowie ein Drucker und auch eine Sprachausgabe angeschlossen werden können (vgl. Abb. 45). Eine Eingabe mit Hilfe einer Tastatur ist nicht möglich. Auf dem Bildschirm ist eine Bildschirm-Tastatur eingeblendet, aus der - ähnlich wie bei den oben beschriebenen Programmen - mittels eines Schalters die einzelnen Buchstaben ausgesucht werden. Das Gerät verfügt über keine Rechtschreibkorrektur und auch über kein Lexikon. Der Vorteil dieser Anlage liegt in der geringen räumlichen Abmessung. Das Gerät ist daher für mobile Einsätze sehr gut geeignet.

4.1.5. Probleme mehrfachbehinderter Schüler

Die hier dargestellten Möglichkeiten technische Hilfsmittel als prothetische Hilfen einzusetzen, haben heute ein Maß erreicht, das vor zehn Jahren nur schwer vorstellbar gewesen war. So kann heute mittels eines einzigen Schalters ein Text geschrieben, vom Computer auf seine Rechtschreibung hin überprüft, mittels eines Druckers zu Papier gebracht und ausgesprochen werden.

Diese Möglichkeiten markieren zwar einen großen technischen Fortschritt und stellen eine große Erleichterung dar, doch lassen sich bei weitem nicht alle Probleme damit lösen. Da sind zunächst einmal diejenigen Schüler, die aufgrund der motorischen Beeinträchtigung nicht in der Lage sind, selbst einen einzigen Schalter sicher zu bedienen. Oder diejenigen

Schüler, die trotz Rechtschreibkorrektur ihre Wünsche und
Vorstellungen nicht in Worte fassen können. Das Ergebnis ihrer
Bemühungen, sich auszudrücken, sind nicht-verstehbare Wörter
und fragmentarische Sätze.
Ein Grund für diese (wachsenden) Probleme ist die sich
wandelnde Struktur der Schulen für Körperbehinderte. SCHÖN-
BERGER verweist auf den zunehmenden Anteil der mehrfachbehinderten Schüler, durch den die Schulen für Körperbehinderte
nicht mehr auskommen mit der "Anwendung oder der bloßen
methodisch technologischen Adaptierung der Normalschul-Didak-
tik" (SCHÖNBERGER 1983, 52).

In den letzten Jahren konnte an vielen Schulen für Körperbehinderte beobachtet werden, daß die Zahl derjenigen Schüler,
die in ihrer Intelligenz nicht beeinträchtigt sind, abgenommen
hat. Sofern eine wirklich rein motorische Beeinträchtigung
vorliegt, können diese Schüler heute oftmals die Regelschulen
besuchen. KOBI sieht deshalb Anlaß dafür, sich vom tradierten
Bild des "naturhaft normal-intelligenten Körperbehinderten,
der, mit einem Rollstuhl versehen, integrativ in die Regelschule geliftet werden kann" (KOBI 1990, 14) zu lösen.

Zugenommen hat dagegen die Zahl der Schwerstbehinderten, denen
durch intensivierte medizinische Bemühungen vermehrt "zum
Leben verholfen werden kann" (KOBI 1986, 81).

Die Intelligenzentwicklung körperbehinderter Schüler war
Gegenstand vielfältiger Untersuchungen (vgl. KRETSCHMER o.J.,
71 ff). KRETSCHMER diagnostiziert bei Schülern mit cerebralen
Schädigungen einen unterdurchschnittlichen Intelligenzquoti-
enten (vgl. a.a.O. 75 ff). JETTER faßt die Ergebnisse von
Untersuchungen über dieses Thema wie folgt zusammen: "Die
IQ-Verteilungen sind in den unteren Bereich verschoben und
linksseitig asymmetrisch. Annähernd ein Viertel der cerebralparetischen Kinder werden als durchschnittlich bis überdurch-
schnittlich beurteilt (IQ > 90), ein weiteres Viertel als

retardiert (backward) (IQ: 90>IQ>70)" (JETTER 1975, 136).
JETTER verweist weiter auf die von SCHÖNBERGER 1971 durchgeführte Längsschnittuntersuchung bei Schülern, die nach ihrem
Krankheitsbild zur Dysmelie-Gruppe[15] gezählt werden. Obwohl
bei dieser Gruppe eine kognitive Schädigung zunächst ausgeschlossen werden kann, "zeigte sich jedoch, daß die Dysmelie-
Gruppe in allen Verfahren bedeutsam schlechter abschnitt als
eine sorgfältig parallelisierte Kontrollgruppe" (JETTER 1975,
138). An selber Stelle wird auf einen bedeutsamen Zusammenhang
zwischen schwacher kognitiver Leistung und einem länger als
einen Monat währenden Krankenhausaufenthalt während des ersten
Lebensjahres hingewiesen (a.a.O. 138).

Auch JETTER kommt bei seinen Untersuchungen zu dem Ergebnis,
daß bei cerebralparetischen Kindern "solche Bereiche der
Wahrnehmung und des räumlichen Denkens beeinträchtigt (sind),
die nicht mehr durch die hirnorganische Schädigung, wohl aber
durch die motorische Defizienz erklärt werden können" (a.a.O.
141) und daß auch bei nicht-hirngeschädigten körperbehinderten
Kindern scheinbar hirnorganisch bedingte Wahrnehmungsstörungen nachzuweisen sind (vgl. a.a.O. 141).

Diese Untersuchungen sprechen dafür, daß auch bei einer
scheinbar rein motorischen Schädigungen eine kognitive Beeinträchtigung nicht ausgeschlossen werden kann. Für die Schulpraxis bedeutet dies, daß eine cerebrale Schädigung eben nicht
ohne weiteres als ausschließlich motorische Beeinträchtigung
verstanden werden kann, die mit einer elektronischen Hilfe
kompensierbar wäre.

---

15 "Dysmelie (...): Störung der Extremitätenentwicklung. (...)
    Exogene Noxen (Sauerstoffmangel, Pharmaka u.a.) können je nach
    dem Zeitpunkt und der Zeitdauer des Einwirkens verschiedenar-
    tige Störungen hervorrufen" (PSCHYREMBEL 1977, 273)

Die Arbeit am Computer bedeutet eine extreme Beanspruchung der Visualität und beinhaltet eine Reduktion der gegenständlichen Abbildungen auf zweidimensionale Flächen. Wahrnehmungsstörungen können hier fatale Folgen haben, vielleicht treten sie bei der Arbeit am Computer auch erstmalig in Erscheinung. Die Arbeit am Computer setzt des weiteren Handlungskonzepte voraus. Aber gerade diese Handlungskonzepte müssen behinderte Kinder von Geburt an unter ihren eingeschränkten Bedingungen erst einmal aufbauen (vgl. KOBI 1990, 12). Wie kann ein schwer körperbehinderter Mensch, dessen Handlungsmöglichkeiten sich vielleicht auf die Bedienung eines Schalter reduzieren, und der somit nur mit technischen oder elektrischen Apparaturen hantieren kann, Handlungskonzepte zur "Bewältigung der Welt" erwerben?

KOBI sieht unter anderem in den Mehrfachbehinderungen und den existentiellen Grenzen, die diese setzen mit einen Grund dafür, daß der "entscheidende Durchbruch" (a.a.O. 7) der elektronischen Hilfsmittel im heilpädagogischen Bereich bislang noch nicht erfolgte.

4.1.6 Die Notwendigkeit des Computereinsatzes bei vorhandener Schreibfähigkeit

Die Notwendigkeit des Computers als prothetisches Schreibmittel bei Schülern, die aufgrund motorischer Bewegungsstörungen nicht, oder nur unzureichend mit der Hand schreiben können, ist allgemein anerkannt und wird nicht bezweifelt.

Anders verhält es sich bei den Schülern, die mit einem Stift sehr wohl lesbare Zeichen auf Papier bringen können und die darüber hinaus rechtschriftlich so sicher sind, daß ihre Texte auch ohne automatische Rechtschreibkorrektur lesbar sind.

Das Arbeiten am Computer bringt in solchen Fällen einen deutlichen Zeitgewinn. So können körperbehinderte Schüler zwar oft mit einem Stift lesbar (vgl. Abb. 46) oder sogar relativ schön (vgl. Abb. 47) schreiben, benötigen dafür jedoch sehr viel Zeit. Vielfach ist zu beobachten, wie jeder einzelne Buchstabe mühsam auf das Papier gemalt wird. Von einem schnellen und flüssigen Schreiben sind diese Schüler sehr weit entfernt. Der Schüler Klaus sollte einen Text aus dem Lesebuch abschreiben. Mit dem Bleistift konnte er in 20 Minuten 16 Wörter abschreiben. Danach war er körperlich so sehr erschöpft, daß die Aufgabe abgebrochen werden mußte (vgl. Abb. 47). Am Computer dagegen konnte er in 20 Minuten 35 Wörter zu Papier bringen. Auch danach war er erschöpft, aber doch sehr zufrieden, daß er den Text fertig abschreiben konnte (vgl. Abb.48). Trotz des Computereinsatzes sollte nicht völlig auf Schreibübungen verzichtet werden. Zum einen, weil die vorhandene Schreibfähigkeit für spontane Notwendigkeiten erhalten bleiben sollte. Zum anderen kann vielleicht bei entsprechender Übung das Schreibtempo auch noch erhöht werden. Auf der anderen Seite sollte man dem Schüler immer wieder Gelegenheit geben, mit dem Computer einen Text in kurzer Zeit aufzuschreiben. Ein Beharren auf handschriftlichen Übungen kann zu einem Motivationsverlust beim Schreiben und folglich auch bei der schriftlichen Kommunikation führen.

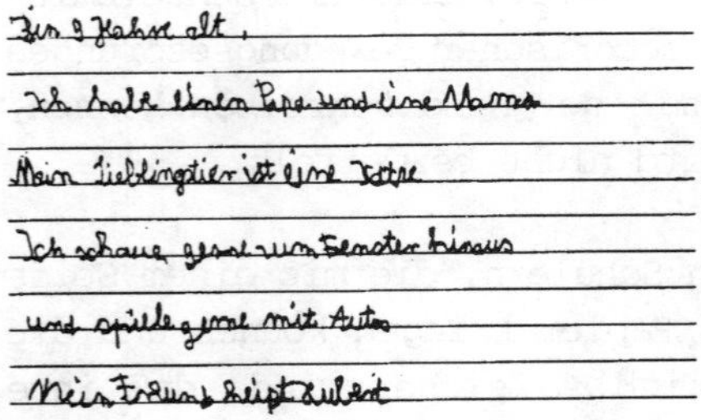

Abb. 46

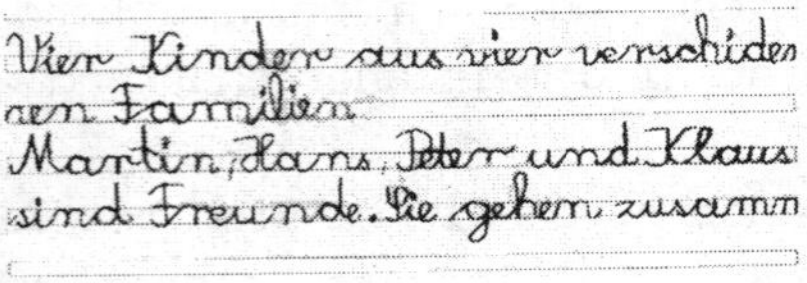

Abb. 47

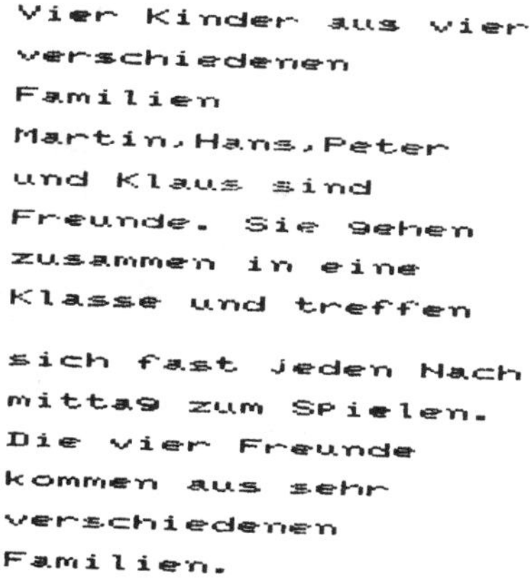

Vier Kinder aus vier verschiedenen Familien Martin, Hans, Peter und Klaus sind Freunde. Sie gehen zusammen in eine Klasse und treffen sich fast jeden Nachmittag zum Spielen. Die vier Freunde kommen aus sehr verschiedenen Familien.

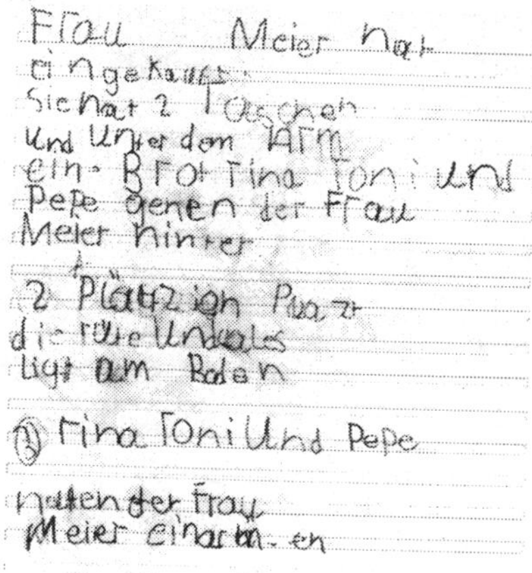

Frau Meier hat eingekauft. Sie hat 2 Taschen. Und unter dem Arm ein Brot. Tina, Toni und Pepe gehen der Frau Meier hinter.

2 Plätze an Platz die neue Umzugs ligt am Baden

1) Tina Toni und Pepe halten der Frau Meier einkaufen.

Abb. 48

Abb. 49

Viele Schüler mit einer weniger gut lesbaren Handschrift haben Schwierigkeiten, sich in ihrem selbstgeschriebenen Text zurechtzufinden. Die Schülerin Susi etwa konnte - auch innerhalb einer akzeptablen Zeit - mit dem Stift einen Text zu Papier bringen (vgl. Abb. 49). Als sie anschließend aufgefordert wurde, den Text zu lesen, rezitierte sie diesen lediglich aus ihrem Gedächtnis. Es war ihr nicht möglich in ihrem Text den Anfang zu finden, die Satzstruktur wahrzunehmen, beim Lesen Linien einzuhalten und die einzelnen Wörter zu entziffern. An ein Arbeiten im Text (etwa dem Heraussuchen von Namenwörtern) war nicht zu denken. Da die von Susi erzeugten Buchstabenkombinationen nur sehr wenig Ähnlichkeit mit der durch das Lesen im Lesebuch gewonnen Wortgestalt haben, bereitet es ihr große Probleme ihre Wörter und Buchstaben zu entziffern. Hat sie hingegen einen Buchstaben erkannt, so ist vielleicht der vorhergehende oder der Anfang des Wortes schon wieder vergessen.[16] Ein weiteres großes Problem ist die

---

16 Auf das Problem der phonologischen Segmentierung wird in

Korrektur falscher Buchstaben. Das "Wegradieren" gelingt häufig nur unzureichend und beim "Durchstreichen" entstehen weitere Wortgebilde auf dem Papier, die die Übersichtlichkeit im Text weiter einschränken. Am Computer hingegen erscheinen die Wörter in der gewohnten Wortgestalt, so daß ein geschriebener Text am Bildschirm wesentlich besser und schneller erlesen werden kann. Auch das Korrigieren falscher Buchstaben bereitet hier keine Probleme.

Es zeigt sich hier der Zusammenhang von Schreiben lernen und Lesen: sichere Rechtschreibung erfordert ein flüssiges Erlesen des geschriebenen Textes.

Der zunächst gewonnene Eindruck, daß bei Schülern wie Susi die eigene Handschrift zum Erlernen des Lesens und Schreibens ausreicht, täuscht. Das Schreiben bleibt ein mühsames Produzieren von Schriftzeichen. Die eigentlichen Ziele des Schreibunterrichts - in einem Text zu arbeiten, sich schriftlich mitzuteilen - werden nicht erreicht.

4.1.7. Zusammenfassung

Der Computer als prothetisches Hilfsmittel läßt sich oftmals leichter theoretisch denken als praktisch umzusetzen. Theoretisch eröffnen sich durch den Einsatz elektronischer Systeme speziell für schwer körperbehinderte Menschen enorm viele Möglichkeiten und Chancen. In der Praxis stehen der Arbeit mit solchen Hilfsmitteln aber vielerlei Schwierigkeiten entgegen. So soll eine optimal angepaßte Prothese nicht stören und möglichst viele, der durch die Schädigung verloren gegangenen motorischen Funktionen wiederherstellen. Läßt sich

---

Abschnitt 4.3.3. detailliert eingegangen.

die aufgrund einer Beinamputation verlorene Mobilität mit einer entsprechenden Beinprothese vielleicht in einem akzeptablen Rahmen wiederherstellen, so ist der Computer ein großes, wuchtiges, technisches und darüber hinaus auch noch kompliziertes Gerät, das sich nur schwer dem täglichen Lebenszusammenhang eingliedern läßt.

Neben diesen technischen Problemen haben auch die Anwender oft Schwierigkeiten mit den von nicht-behinderten professionellen Helfern konzipierten Programmen und Geräten. Was für einen Entwickler, Programmierer oder Pädagogen einleuchtend, verständlich und leicht ist, bereitet den behinderten Menschen aufgrund verschiedenartiger Beeinträchtigungen, sekundärer zusätzlicher Störungen oder beschnittener und begrenzter, für Außenstehende auch ansatzweise nicht nachzuvollziehender Lebensbiographien erhebliche Schwierigkeiten. Hier müssen sich beide Seiten in geduldigem Verstehen üben, um Störungen zu beseitigen und somit eine elektronische Hilfen zu einer wirklichen Hilfe zu machen.

4.2. Der Computer als Übungsgerät

Wird der Computer als prothetisches Hilfsmittel in der Schule eingesetzt, so soll dem betreffenden Schüler die Gelegenheit gegeben werden, dem normalen Unterrichtsverlauf zu folgen. Der Computer kommt dabei nur punktuell zum Einsatz, wenn dies die Behinderung des Schülers erfordert. Der Pädagoge muß sich - bei optimaler Passung der prothetischen Hilfe - bei der pädagogisch-didaktischen Planung des Unterrichts nicht am Computer orientieren, er muß zwar berücksichtigen, daß ein Schüler am Computer arbeitet, er braucht dafür aber keine speziellen Maßnahmen einzuplanen.

Wird der Computer als Übungsgerät benutzt, so wird er Bestandteil der Unterrichtssequenz und muß in die didaktisch-methodische Planung integriert werden.

Über die Möglichkeiten des Computers als Übungsgerät an Schulen für Lernbehinderte liegen vielfältige Erfahrungsberichte vor (vgl. BAUMANN-GELDERN-EGMONT 1990, 265 ff; MELZER 1987, 233 ff; WALTER 1984, 107; HAMEYER o.J., 27).

Aus dem Bereich der Körperbehindertenpädagogik liegen erste Erfahrungen bei HUBER et. al. (vgl. 1990, 108 ff) vor. FREY (vgl. 1989, 650) verweist auf Studien, die belegen, daß mit Hilfe des Computers als Übungsgerät schulisch weniger talentierte Schüler wesentlich besser gefördert werden können als Normalbegabte. Er stellt damit speziell für diejenigen Schüler eine besondere Hilfe dar, die im normalen, lehrergesteuerten Unterricht nicht genügend aktiviert werden können.

4.2.1. Didaktisch-methodische Überlegungen zur Zielgruppe

Bei der Arbeit mit körperbehinderten Schülern kann der Computer als Übungsgerät auf zweierlei Art und Weise eingesetzt werden.

(1) Er kann einmal das Medium sein, mit dem ein bewegungsbeeinträchtigter Schüler die Sachverhalte übt, die die anderen Schüler in der Klasse ohne Computer üben. Der Computer hat damit wieder für einen speziellen Schüler prothetischen Charakter. Der Unterschied zu den unter Abschnitt 4.1. beschriebenen Anwendungsgebieten besteht darin, daß der Lehrer wissen muß, was mit Hilfe des Computers geübt werden kann. Er wählt dann seine Unterrichtsinhalte entsprechend aus. Der Computer muß also in die didaktische Unterrichtskonzeption mit einbezogen werden.

Der Schüler soll mit Hilfe des Computers einen bestimmten Sachverhalt üben (beispielsweise aus einzelnen Buchstaben ein

Wort zusammensetzen), der gleichzeitig von den anderen
Schülern der Klasse mit anderen Mitteln geübt wird (z.B. das
Wort aus Buchstabenkarten oder aus Holzbuchstaben zusammen-
setzen). Der Schüler ist mit seinem Computer in die allgemeine
Aufgabenstellung mit einbezogen, die "handelnde" Ausführung
geschieht jedoch mit einem Schalter oder einem Joystick.

Ohne elektronisches Hilfsmittel ist ein motorisch beeinträch-
tigter Schüler auf einen Helfer (Lehrer, Erzieher, Kinder-
pfleger etc.) angewiesen, der für ihn stellvertretend die
Handlungen ausführt. Dies geschieht meist in der Art, daß der
Helfer den Schüler nach der richtigen Lösung abfragt und der
Schüler innerhalb seiner Kommunikationsmöglichkeiten mit "Ja"
oder "Nein" (bzw. mit den entsprechenden Gesten oder mimischen
Bewegungen) antwortet. Dieses Zusammenspiel von Helfer und
Schüler ist äußerst diffizil und störungsanfällig. Macht der
Schüler z.B. viele Fehler, geht die Arbeit nur zäh und langsam
voran, ist es für den Helfer kaum möglich, seinen Ärger und
seine Unlust auf allen verbalen und nonverbalen Kommunikati-
onsebenen zu unterdrücken. Da aber oftmals gerade solche
Schüler höchst sensibel auf diese Informationen reagieren,
kann die Angst vor der falschen Antwort als höchst belastendes
Element hinzutreten. Ein weiteres Phänomen läßt sich beim
Abfragen häufig beobachten: Zunächst deutet der Helfer auf
ein falsches Objekt, dann auf ein weiteres falsches Objekt
und beim dritten Mal auf das richtige Objekt. Die Schüler
lernen sehr schnell, daß sie zweimal mit "Nein" und dann mit
"Ja" antworten müssen. HUBER et al. verweisen darauf, daß die
Schüler in solchen Abfrage-Situationen oftmals nicht auf die
eigentliche Aufgabenstellung, sonder mehr auf das Mienenspiel
des Helfers reagieren (HUBER et al. 1990, 112).

Mit Hilfe eines Computers kann nun der bewegungsbeeinträchtigte Schüler angstfrei arbeiten, da der Computer auch nach
dem zehnten Fehler die gleiche Reaktion wie nach dem ersten
zeigt. Andererseits hat der Schüler hier die Chance sein
eigenes Arbeitstempo zu finden. So weiß er bei einer Aufgabe

vielleicht gleich die richtige Antwort und kann das entsprechend Objekt sofort anwählen, ohne erst darauf warten zu müssen, daß der Helfer auf das entsprechende Objekt deutet.

(2) Der Computer kann aber auch als Übungsgerät für alle Schüler dienen, die jeweils in Kleingruppen, alleine oder im ganzen Klassenverband einen bestimmten Sachverhalt an diesem Gerät üben. Auch bei dieser Einsatzform muß der Lehrer die technischen Möglichkeiten des Computers im pädagogisch-didaktischen Konzept berücksichtigen.

Bei dieser zweiten Einsatzform dient der Computer der inneren Differenzierung. SCHÖN sieht primär zwei Zielstellungen, die sich mit dem Computer besser verwirklichen lassen (vgl. 1985, 34):

> - Mit dem Computer ist individuelle Förderung gemäß des individuellen sachstrukturellen Entwicklungsstandes möglich.
> - Durch das Arbeiten in Kleingruppen wird das Gefühl für Gemeinschaften gepflegt und gefördert und damit die Ich-Bezogenheit auf eine Wir-Bezogenheit umgelenkt (vgl. hierzu Abschnitt 4.2.4.).

Da ein gutes Programm vielfältige Anpassungsmöglichkeiten besitzt (bzw. besitzen sollte), kann es in der Aufgabenauswahl, in dem Schwierigkeitsgrad oder auch in der ablaufenden Geschwindigkeit an die Leistungsfähigkeit jedes einzelnen Schülers optimal angepaßt werden.
Gerade in den Klassenkonstellationen, in denen ein einzelner Schüler in spezieller Weise auf den Computer als elektronisches Hilfsmittel angewiesen ist, ist es sehr wichtig, diesen durch diese Sonderrolle in keine neue Isolation zu treiben.
Am Computer zu arbeiten dürfte von den meisten Schülern als erstrebenswert angesehen werden. HUBER et al. weisen darauf hin, daß die Bevorzugung des Schülers, der auf dieses Medium als ständige Hilfe angewiesen ist, schnell in Mißgunst unter den Mitschülern umschlagen kann (vgl. 1990, 107). Um hier

Abhilfe zu schaffen, sollte die Bedeutung des Computers als individuelles Hilfsmittel immer wieder als Thema im Unterricht aufgegriffen werden. Es sollten aber auch die anderen Klassenkameraden immer wieder die Gelegenheit haben, am Computer zu üben, um sich so in die Sicht- und Arbeitsweise des bewegungsbeeinträchtigten Schülers hineinzuversetzen. Mit einem entsprechend leistungsfähigen Übungsprogramm läßt sich aber auch eine für alle Schüler sinnvolle Übungsstunde konzipieren.

Der Computer als Übungsgerät verlangt einen hohen Einsatz vom Lehrer, da er - bei sinnvoller Differenzierung - für jeden Schüler, bzw. für jede Schülergruppe im Anspruchsniveau und im Schwierigkeitsgrad verschiedene Aufgaben aussuchen und eingeben muß. Der Computer muß hier den Lernerfordernissen jedes einzelnen Schülers der Klasse angepaßt werden. Wird der Computer dagegen als prothetisches Hilfsmittel benutzt, muß diese Anpassung nur bei dem einen oder den wenigen Schülern, die es in dieser Form benutzen, hergestellt werden.

4.2.2. Der Stellenwert des Computers innerhalb des Unterrichts

Gerade der Unterricht an der Schule für Körperbehinderte fühlt sich dem Postulat verpflichtet, die Phänomene der Lebenswelt gemeinsam mit dem Schüler wahrzunehmen und zu erkunden. Dabei gilt der Leitsatz, daß diese Phänomene "primär sinnlich-leiblich und erst sekundär 'medial' wahrgenommen werden (wollen)" (BÄUML-ROßNAGL 1990 b, 482 f). Das bedeutet, daß der Pädagoge zunächst für Vergangenheit, Gegenwart und Zukunft des Kindes bedeutsame Umweltausschnitte als konkrete Erfahrungen in den Unterricht einbringt (vgl. BÄUML-ROßNAGL 1985 a, 147). Die Unterrichtsgestaltung vollzieht sich unter ganz besonderer Berücksichtigung des konkreten Handelns, Anschauens und

erfahrungsbezogenen Tuns des Kindes (vgl. a.a.O. 147). In der
Auseinandersetzung mit solchen Themen dürfen Gefühle, Erleb-
nisse und sinnlichen Erfahrungen der Kinder gleichberechtigt
neben kognitiven Vorstellungen und Überlegungen treten. Dies
gilt ist umso wichtiger, je jünger die Schüler sind.

Gerade lernbehinderte Schüler sind jedoch bei der sich daran
anschließenden Phase der Lernstoffaufarbeitung in besonderem
Maße auf mediale Unterstützung angewiesen: "Medienunterstütze
Förderung kognitiver und kreativer Prozesse ist ein Hauptziel
der pragmatischen, offenen, pluralistischen und aktivisti-
schen Lernbehindertendidaktik" (BAIER 1980, 152).

Der Computer als Übungsgerät hat die Funktion eines "Werkzeu-
ges" (vgl. NESTLE et al. 1987, 197), der zur Reflektion, zur
Vertiefung oder auch zur Bearbeitung dieser erfahrenen
Phänomene dienen kann. Dies bedeutet, daß der Pädagoge bei
der Aufarbeitung der Themen trennen muß, zwischen den
Lernzielen, die auch mit anderen Mitteln - unter Umständen
auch mit geringerem Aufwand - oder mit anderen Mitteln sogar
besser zu erreichen sind, und den Lernzielen, die sich mit
dem Computer besser als mit anderen Hilfsmitteln verwirklichen
lassen. "Die Haltung 'Computer um jeden Preis' ist ebenso
schädlich wie die totale Ablehnung" (WALTER 1984, 50).

Die von NESTLE et al. vorgeschlagene tägliche "Höchstzeit"
von 30 Minuten (vgl. 1987, 197) mag einen Grenzwert markieren,
letzlich hängt es jedoch von der "Sache" und von den
individuellen Faktoren der Schüler (vgl. 4.1.5.) ab, inwieweit
und wie lange diese am und mit dem Computer üben können. Es
obliegt wiederum dem Pädagogen, durch sorgfältige Auswahl von
Inhalten und Methoden zwischen dem Computer als Hilfsmittel
und dem pädagogischen Anspruch auf personale Zuwendung keinen
Widerspruch aufkommen zu lassen (vgl. WALTER 1984, 50).

4.2.3. Motivationale Aspekte

Der Computer hat auf Kinder und Jugendliche eine große Anziehungskraft und einen hohen Aufforderungscharakter (vgl. HUBER et. al 1990, 108). Seien es Spiele oder Lernprogramme, selten können die Kinder von sich aus die Aktivitäten am Computer beenden, zu sehr sind sie von dem Geschehen auf dem Bildschirm gefesselt, so daß das Loskommen meist der Intervention von außen bedarf. Hierfür scheinen mehrere Ursachen verantwortlich zu sein.

JÖRG versucht dieses Phänomen zunächst physikalisch zu erklären. Sie verweist auf den dem Menschen angeborenen Orientierungsreflex, durch den eine Person gezwungen ist, sich einem plötzlich ändernden visuellen Geschehen oder auch akustischen Veränderungen zuzuwenden (vgl. 1987, 85 f). Dieser Reflex ermöglicht beispielsweise beim Autofahren, daß plötzlich auftauchende Gegebenheiten wahrgenommen und erkannt werden. Die auf Computermonitoren und Fernsehgeräten dargestellten Bewegungen, Szenenwechsel oder auch Schwenk- und Zoombewegungen lösen ständig diesen Orientierungsreflex aus, so daß auch diejenigen Personen, die sich zwar in einem entsprechenden Raum befinden, aber eigentlich gar nicht in den Fernseher oder den Monitor schauen wollen, immer wieder gezwungen werden, dorthin zu schauen. So ist es fast nicht möglich bei laufendem Fernsehgerät etwas zu lesen, ohne dauernd in den Fernseher zu schauen. Selbst bei abgestellter Lautstärke hat dieser Reflex durch die optischen Impulse noch seine Wirkung. Ähnliches läßt sich auch im Klassenverband beobachten. Arbeitet ein Schüler am Computer, so lenkt dieses Gerät immer wieder die Aufmerksamkeit der gesamten Klasse auf sich. Speziell dann, wenn (längst bekannte) akustische Signale ertönen.

Ältere Monitore arbeiten größtenteils mit einer sehr langsamen Bildwiederholungsfrequenz, so daß bei diesen Monitoren selbst stehende Bilder auf das Auge als Dauerimpuls wirken.

Neben solchen rein äußeren Faktoren liegt ein weiterer Grund
für die Motivation an der Computerarbeit in der Struktur von
Lernprogrammen selbst. Ein Schüler, der mit einem Lernprogramm
arbeitet, ist als aktiv Handelnder in das Lerngeschehen
einbezogen und erlebt sich als selbstverantwortlicher Initiator von Veränderungen (vgl. MANDL & HRON 1989, 659). Besonders
bei Computerspielen kann dieses Gefühl der Omnipotenz sich
bis zum Gefühl des "völligen Absorbiertwerdens und Aufgehens
im Handlungsverlauf steigern" (a.a.O. 659) und somit sowohl
positiven wie auch negativen Charakter bekommen. Ein weiterer
Grund für die motivierende Wirkung von Lernprogrammen ist die
Variabilität der Darstellung von Informationen (Bild, Grafik,
Text, Ton) und deren abwechselnde und gemischte Präsentation.

Speziell für schwache Schüler stellt der Computer den
"Partner" da, bei dem auch Fehler gemacht werden dürfen. Die
Schüler sind meist sehr interessiert das Ergebnis ihrer Arbeit
in sofortiger Rückmeldung zu erfahren. Deshalb kann von guten
Programmen eine Palette von Möglichkeiten erwartet werden,
bei erfolgreicher Lösung Rückmeldung zu geben. So gibt es
Programme, die bei einem Fehler des Schülers aus einer Reihe
von Möglichkeiten (z. B. den Sätzen "Achtung, da machst Du
einen Fehler!", "Das war falsch!" oder "Diese Aufgabe hast Du
nicht richtig gelöst!") per Zufall eine Rückmeldung auswählen,
doch nie wird sich eine negative Rückmeldung bei steigender
Fehlerzahl intensivieren, wie dies bei personaler Beziehung
zwischen Lehrer und Schüler oft der Fall ist. Der Schüler muß
nie fürchten, "vom Lernprogramm wegen stereotyper Wiederho-
lungen derselben Fragen der Obstinatheit oder hoffnungslosen
Unbelehrbarkeit bezichtigt zu werden oder ihm durch Fehler-
manipulation Irritationen zuzufügen, die im Falle menschlicher
Personen mittels 'korrektiver Rituale' (Entschuldigungen,
Erklärungen u.a.) bereinigt werden müssen" (GESER 1989, 235).

Der Schüler will zwar seine Fehler wissen, aber nicht durch
einen zunehmend ungeduldig werdenden Lehrer. BAIER verweist
auf die Folgen, die dieses Problem speziell für lernbehinderte
Schüler haben kann:

> "Lernbehinderte haben in ihrer Schullaufbahn gelernt:
> Wer in der Schule nichts tut, macht nichts falsch.
> Sie haben gelernt, daß es persönlich weniger ehren-
> rührig ist, und den Sozialstatus in der peer group
> weniger gefährdet, bloß 'faul' geschimpft zu werden
> anstatt 'dumm'. Faul zu sein wird jedem Menschen
> zumindest zeitweise augenzwinkernd zugestanden. Im
> landläufigen Sinne 'dumm', verschönt ausgedruckt
> 'schwach begabt' zu sein, rüttelt (...) am Fundament
> menschlicher Existenz, für die erklärtermaßen Gei-
> stigkeit Voraussetzung ist" (BAIER 1980, 150).

Am Medium Computer haben diese Schüler die Möglichkeit, in
"entpersonalisierten Lernphasen" (WALTER 1989, 7) ohne Risiko
aktiv zu handeln. "Die konsequent 'unbestechliche' Art der
Rückmeldung (feedback) hat eine Verstärkerfunktion, die gerade
von schwierigen Schülern in der Regel akzeptiert wird" (a.a.O.
7).

Der Computer wirkt aus vielerlei Gründen für Schüler hochmo-
tivierend. Diese Motivation gilt es auszunutzen um somit
Schülern - speziell schwachen Schülern - neue Lernerfahrungen
zukommen zu lassen. Mitunter können durch dieses Medium
überhaupt erst "inselhafte Begabungen" (BAIER 1980, 152)
geortet werden, die im 'normalen', doch vorwiegend von
verbalem Frontunterricht bestimmten Unterricht unter Umständen nicht zu Tage treten.

4.2.4. Die Bedeutung der Computerbenutzung für das soziale Gefüge einer Klasse

Wird der Computer als Übungsgerät für alle Schüler eingesetzt,
so hat es sich in der Schulpraxis eingebürgert immer mehrere
Schüler an ein Gerät zu setzen. Die Schüler sollen dann in

abwechselnder Reihenfolge die Aufgaben bearbeiten und können sich bei auftauchenden Schwierigkeiten gleich in der Klein- gruppe selbst beraten.

Die Tatsache, daß meist mehrere Schüler an einem Computer arbeiten ist für FRANKE jedoch nicht das Ergebnis einer pädagogischen Intention, sondern das Resultat von Sachzwängen: "Kann man beispielweise tatsächlich von 'sozialem Lernen' sprechen, wenn man - meist aus Geld- und Platzgründen, nicht aus pädagogischem Impetus heraus - immer zwei Schüler paarweise vor einer Tastatur und einem Bildschirm zusammen- sitzen läßt?" (FRANKE 1989, 386). FRANKE kritisiert damit auch, daß nicht im vorhinein die Wirkung des Computers auf das Sozialverhalten der Schüler untersucht worden ist, sondern zunächst einmal die Geräte Einzug in die Klassen gefunden haben und erst im nachhinein die sozialen Konsequenzen untersucht werden.

HANSEN versuchte die Auswirkung des Computers auf die Interaktionsformen der Schüler zu untersuchen. Seine These ist, daß Veränderungen der Interaktionsformen beim Schüler die Identitätsbildung beeinflussen (vgl. HANSEN 1989, 216). Bei der an 200 kanadischen Grundschülern durchgeführten Untersuchung konnte beobachtet werden, daß der Umgang mit dem Computer vielen Schülern hilft, Selbstvertrauen und Selbst- bewußtsein zu entwickeln und sich damit positiv auf die Identitätsbildung auswirkt (vgl. a.a.O. 220). Es wurde aber auch festgestellt, daß die intensive Beschäftigung mit dem Computer unter den Versuchsbedingungen zwei verschiedene Charaktere geprägt hat. Da waren zum einen jene Computerex- perten, die sozial sehr anerkannt waren, da sie bei (Compu- ter-)Problemen befragt werden konnten oder auch weil sie den Zugang zu Computerspielen eröffneten. Zum anderen konnte aber auch der Typ des introvertierten Computerexperten beobachtet werden, der sich schwer tut Freundschaften aufzubauen (vgl. a.a.O. 218). Eine endgültige Bewertung der durch den Computer bewirkten Veränderungen war dem Autor nicht möglich, da diese erst durch langfristige Studien abgesichert werden können (vgl. a.a.O. 221).

Zu eindeutigeren Ergebnissen kommt GREENFIELD. Sie betont den kommunikativen Aspekt bei der Arbeit von Kleingruppen am Computer:

"Während die Kinder mit dem Computer arbeiteten, zeigte sich bei ihnen sowohl im sprachlichen Bereich als auch auf der nichtsprachlichen Kommunikationsebene eine stärkere Kooperation als bei den anderen Aktivitäten. Die überraschende Tatsache, daß das Arbeiten am Computer eine gesellige, kooperative Atmosphäre schafft, zumindest in der beobachteten Schulsituation, ist etwas, was mir bei meinen Recherchen für dieses Buch immer wieder begegnet ist. Es hat den Anschein, daß die verbreiteten Ängste über den entmenschlichenden und mechanisierenden Einfluß des Computer zumindest teilweise unbegründet sind, und daß die Auswirkungen des Computers auf die Schule ganz allgemein vollkommen entgegengesetzter Art sind" (GREENFIELD 1987, 144).

Auch FREY ist der Ansicht, daß durch den Computer die Kommunikation unter den Schülern deutlich gefördert wird (vgl. FREY, K. 1989, 649). Diese Kommunikation bezieht sich auf unterrichtsbezogene Themen, und bewirkt daduch bei diesen Schülern deutlich höhere Schulleistungen (vgl. a.a.O. 649). Diese Wirkung ist jedoch nur sekundär - durch den hohen Anforderungscharakter und die sich daraus ableitenden motivationalen Effekte - dem Einsatz des Computers zuzuschreiben: "Wenn Schüler zu zweit oder zu dritt einen Lernstoff oder eine Problemlösung durchsprechen, sind Behaltensleistungen und Transfer in strukturell ähnlichen Gebieten besser als ohne Kommunikation" (a.a.O. 649).

Für HUBER soll die Kommunikation der Schüler untereinander nicht nur durch organisatorisch bedingte Gruppenarbeit bewirkt werden; vielmehr sollten die Computerprogramme selbst die aktive Kooperation mit anderen Mitschülern fordern und bedingen (vgl. HUBER, G. 1986, 373 f). Durch die sachbezogene Interaktion in der Kleingruppe lernen die Schüler, eigene Gedanken anderen mitzuteilen, was zu einer Umstrukturierung der kognitiven Repräsentationen führen kann, da diese von der simultanen Vorstellung in eine sukzessive übergeführt werden müssen (vgl. a.a.O. 375). Der Schüler muß daß, was er als einheitliche Idee oder als Lösung 'im Kopf hat', in verständlicher Art und Weise und sachlogisch richtiger Reihenfolge seinen Mitschülern plausibel machen. Andererseits lernen die Mitschüler in dieser Situation die Gedanken des Anderen mit ihren eigenen Vorstellungen und Ideen zu vergleichen, zu differenzieren oder auch zu verknüpfen, was jeweils zur Umstrukturierung des subjektiven kognitiven Systems führen kann (vgl. a.a.O. 375).

Die hier dargelegten Positionen belegen, daß das gemeinsame Erarbeiten eines Lernstoffes in Kleingruppe durchweg positive Auswirkungen auf das Lernverhalten hat. Die Gruppenarbeit am Computer bietet, sogleich vielerorts aus Mangel an Geräten notwendig, eine ganze Reihe von Möglichkeiten, pädagogische Ziele zu verfolgen und muß insofern nicht nur als reine "Sparmaßnahme", sondern vielmehr als gewünschte Intention betrachtet werden.

Aber auch in den Situationen, in denen keine Interaktion unter den Schülern stattfindet, kann sich die Gruppenarbeit vor dem Computer als sehr effektiv erweisen, da in einer solchen Situation jeweils alle Aufgaben von allen Schülern bearbeitet werden. Auch diejenigen Schüler, die momentan nicht aktiv am Computer arbeiten, vollziehen die Aufgaben ihrer Klassenkameraden 'innerlich' nach. Einmal, um aufzupassen, ob der betreffende Klassenkamerad die Aufgabe auch richtig löst, zum anderen aber, um dann bei einem Fehler einen entsprechenden Lösungsvorschlag einbringen zu können. Dieser Effekt des gedanklichen Mitarbeitens läßt sich in der normalen mündlichen Unterrichtsarbeit nicht beobachten, scheint jedoch ein durchaus positives Resultat des computergestützten Unterrichts zu sein.

4.2.5. Geeignete Programme

Ein typischer Vertreter von Übungsprogrammen ist das Programm LACUNA, das jedoch an Schulen für Körperbehinderte nur begrenzt einsetzbar ist, da es nur über eine Tastatur (Groß-, Klein- oder Normaltastatur), nicht aber mit Joystick oder Schaltern zu bedienen ist. Auch die Schrift auf dem Bildschirm wird bei diesem Programm nicht vergrößert dargestellt, wodurch sich der Kreis der Adressaten weiter einschränkt.

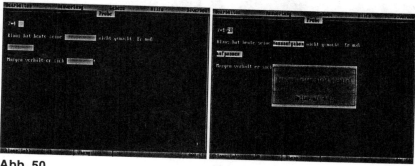

Abb. 50
Die hellen Balken stellen die Lücken dar, in die der Text einge-geben werden muß.

Abb. 51
Das eingesetzte Wort "aufpassen" ist nicht richtig.

Bei dem Programm kann vom Lehrer im vorhinein ein beliebiger Text erstellt werden, bei dem dann bestimmte Wörter oder auch nur Buchstaben markiert werden, die bei der Schülerbearbeitung nicht auf dem Bildschirm erscheinen. Der Schüler muß in diesen Lückentext die richtigen Wörter einsetzen. Hierbei ist es auch möglich, Rechenaufgaben einzugeben. in die Lücke muß dann das Ergebnis eingetragen werden (vgl. Abb. 50).

Nach einer Eingabe erfolgt sofort die Bewertung (vgl. Abb. 51), bei einem nochmaligen Fehler teilt das Programm die Lösung mit (vgl. Abb. 52). Abschließend erhält der Schüler eine Übersicht über die Anzahl der bearbeiteten Seiten und die Zahl der richtig bearbeiteten Lücken. In der unteren rechten Bildschirmecke kann die benötigte Zeit abgelesen werden (vgl. Abb. 53).

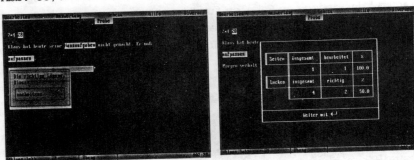

Abb. 52   **Abb. 53**

Ein weiteres für körperbehinderte Schüler geeignetes Übungs-programm ist das Programm **LIES MIT**, auf das in Abschnitt 4.3. besonders eingegangen werden soll.

4.2.6. Zusammenfassung

Wird der Computer in einer Klasse als Übungsgerät verwendet, muß dies bereits bei der Unterrichtsplanung berücksichtigt werden. Wird der Computer hierbei nur von einzelnen Schülern benutzt, sollten diese bei der Arbeit mit dem Computer die gleichen Übungsmöglichkeiten haben, wie die übrigen Schüler. Soll die gesamte Klasse am Computer üben, muß genauestens analysiert werden, ob der zu übende Sachverhalt bei vertret-barem Aufwand am Computer auch tatsächlich besser gelernt werden kann. Große Bedeutung auf die Lernerfolge haben hierbei die Bildung von Kleingruppen. Die in diesen Gruppen stattfindenden Interaktionen haben eindeutig positive Wirkung auf das Lernverhalten. Durch die stark motivierende Wirkung des Computers sollte - speziell bei jüngeren Schülern - darauf geachtet werden, daß vernünftige und vertretbare Arbeitszeiten nicht überschritten werden.

Generell muß sich der Computer den methodisch-didaktischen Zielsetzungen unterordnen. Auf keinen Fall sollte sich der Unterricht - wegen fehlender oder begrenzter Programme - am Computer orientieren.

Der Computer kann ein Medium sein, mit dem sich gut und effektiv arbeiten läßt. Aber er ist nur ein Medium und er ist nur eines - sicher ein besonderes - unter vielen.

4.3. Softwareentwicklung am Beispiel der Programmserie LIES MIT

Im folgenden soll an der Programmserie LIES MIT gezeigt werden, wie durch sorgfältige konzeptionelle Planung und professionelle Umsetzung ein leistungsfähiges Programm entwickelt wurde, mit dem körperbehinderte - aber auch nicht-behinderte Kinder das Lesen und das Schreiben üben und erlernen können.

4.3.1. Rahmenbedingungen des Projekts

Im Rahmen des Modellversuchs ELEKOK entstanden von 1986 bis 1988 Programme zum computergestützten Leselernen. Die 18 so entstandenen Programme wurden zu der Programmserie LIES MIT zusammengefaßt. Von Mitgliedern des Arbeitskreises ELEKOK wurde die Konzeption entworfen, die dann meist von Studenten für den Commodore C 64 umgesetzt wurde. Diese "Selbstinitia-

tive" der Arbeitskreismitglieder war notwendig, da es -
speziell für die Gruppe der schwer körperbehinderten Schüler
- zu Beginn des Versuchs keine geeigneten Programme gab (vgl.
HUBER et al. 1990, 27).

Bei dieser ersten Version des Programmepakets LIES MIT konnten
erstmals Bilder mit Text verbunden werden. Allerdings waren
sowohl die Anzahl als auch die Auswahl an Bildern, mit denen
das Programm arbeiten konnte, beschränkt. Eine Einbindung
eigener Bilder und Grafiken war nicht möglich.

1989 wurde begonnen, die Programmserie für IBM-kompatible
Computer neu zu konzipieren. Der Grundgedanke war zunächst
die 18 Einzelprogramme der alten Serie zu einem Programm mit
verschiedenen Untermenüs zusammenzufassen, da bei der alten
Version die zu treffenden Einstellungen von Programm zu
Programm differierten, und somit immer wieder eine neue
Einarbeitung, zumindest eine Neu-Orientierung des Lehrers
notwendig machten.

Die weiteren Forderungen waren, daß

(1) alle Teile des Programmes vom Schüler ohne Tastatur, d.h.
mit nur einem, bzw. zwei Eingabeschaltern oder mit Joystick
bedienbar sind,

(2) farbige Bilder und Wörter in vielfältiger Weise miteinander verbunden werden können und die Lernwörter auch
akustisch über Sprachausgabe ausgegeben werden können,

(3) das Programm den Pädagogen nicht durch unveränderbare
Vorgaben und Festlegungen in Form von einprogrammierten
Bildern in der Auswahl der Unterrichtsinhalte einengt, sondern
die Möglichkeit bestehen muß, eigene Bilder und Sprachfiles
einzufügen und

(4) der Bildschirmaufbau auch Schülern mit optischen Wahrnehmungsstörungen gerecht werden muß.

Damit würde das Programm auch den von WALTER aufgestellten
Kriterien für sonderpädagogische Lernsoftware entsprechen:
"Eine dem sonderpädagogischen Anspruch gerecht werdende Lösung
muß jedoch aus einer Kombination von Text, Bild und Ton
bestehen" (WALTER 1988 b, 851). Auch BAUMANN-GELDERN-EGMONT
betont die Notwendigkeit einer Sprachausgabe bei Lernprogrammen (vgl. 1990, 156 f). Dagegen spricht sich GÜNTHER gegen
eine Einbindung von Sprache in Lernprogrammen aus: "Der
lautsprachfreie Dialog mit dem Computer eröffnet gerade für
solche Kinder potentielle Lernchancen, deren lautspachliche
Fähigkeiten aus unterschiedlicher Ätiologie beeinträchtigt
sind, wie etwa bei hör- und sprachbehinderten, aber auch bei
lern- und geistigbehinderten Kindern" (GÜNTHER 1987, 217).
WALTER hält dem richtig entgegen, daß es "geradezu grotesk"
(WALTER 1990 b, 62) sei, Kindern mit besonderen Lese-Recht-
schreibschwierigkeiten akustische Komponenten vorzuenthal-
ten. Hier muß auch kritisch nachgefragt werden, ob es nicht
vielmehr die begrenzten technischen Möglichkeiten sind, die
eine Sprachausgabe verhindern.[17]

WALTER betont auch die Notwendigkeit der Grafikimportierung:
"Sprache bezieht sich immer auf Inhalte (Semantik). Schrift-
sprachliche Förderung bei Kindern mit Erfahrungsrückständen
auch auf dem Gebiet des Wortschatzes und des Sprachverständ-
nisses ohne die konkrete bildliche Darstellung auch in Form
von Szenen verfehlt ihr Ziel" (WALTER 1990 b, 62). Während
WALTER für den Einsatz von computerintegrierten Bildplattenspielern und computergesteuerten Videorekordern plädiert
(vgl. a.a.O. 61), sollte beim Programm LIES MIT die Bildein-

---

17 So spricht sich GÜNTHER für das Betriebssystem von APPLE aus
   (vgl. GÜNTHER 1987, 221 f), bei dem eine Sprachausgabe mit
   deutschem Phonemgenerator nicht möglich ist.

bindung ohne teure Zusatzgeräte funktionieren. Bei Bildplattenspielern taucht das Problem auf, daß sich auf dem Datenträger zwar sehr viel Bilder befinden (ca. 54.000 Einzelbilder), aber keine selbstausgewählten Bilder auf eine solche Bildplatte kopiert werden können. Insofern ist der Pädagoge bei der thematischen Auswahl wieder auf Vorgaben angewiesen.

Bei der Entwicklung des Programms LIES MIT wurde weiter geplant, die Programmierung nicht durch Lehrer oder Studenten, sondern durch eine Software-Firma vornehmen zulassen. Die finanziellen Mittel hierfür wurden vom Staatsinstitut für Schulpädagogik und Bildungsforschung (ISB) bereitgestellt, so daß das Programm an alle deutschen Schulen zum Selbstkostenpreis (Einschicken von entsprechenden Leer-Disketten) verteilt werden kann.

4.3.2. Beschreibung der Zielgruppe

Das Programm ist zunächst einmal für jene Schüler konzipiert, die aufgrund einer schweren Körperbehinderung nicht mit einem Stift oder einer Schreibmaschine arbeiten können, und die auch die zum Erlernen des Lesens notwendigen motorischen Fähigkeiten (z.B. einer Bildkarte die entsprechende Wortkarte zuordnen, aus Holz-Buchstaben ein Wort zusammensetzen, auf einem Arbeitsblatt bestimmte Buchstaben durchstreichen oder ankreuzen, aus Silben ein Wort zusammensetzen etc.) nicht erbringen können. Auf Knopfdruck lassen sich diese Schüler alle für sie nicht vollziehbaren Handlungen vom Computer abnehmen. Damit erhalten sie die Gelegenheit, die einzelnen Lernschritte selbsttätig zu vollziehen, eine wesentliche Bedingung für effektives Lernen.

Eine weitere Zielgruppe sind gehörlose Schüler, denen der Zusammenhang zwischen Wort und Bild vermittelt werden soll.

Auf diese Weise kann in einer Art Begriffsschulung der Wortschatz dieser Schüler erweitert werden. Hörgeschädigte Schüler profitieren auch von der Sprachausgabe. Sie können mit Hilfe dieses Programmes lernen, einen akustischen Klang mit einem bestimmten Wort oder einem entsprechenden Bild zu verbinden.

Auch in den sonderpädagogischen Diagnose- und Förderklassen ist ein Einsatz des Programmes denkbar. Neben den Zuordnungs- übungen mit Bildern, Wörtern und gesprochenen Wörtern dürften sich hier vor allem die Analyse- und Syntheseübungen im Rahmen von Individualisierungsmaßnahmen eignen. Bei dieser Schüler- gruppe ist durch die motivierende Wirkung des Mediums Computer auch eine Steigerung der Konzentrationsfähigkeit zu erwarten.

Das Programm läßt sich schließlich auch bei nicht-behinderten Schülern einsetzen. Von Vorteil ist dabei, daß keinerlei Vorerfahrungen im Umgang mit Computer und Tastatur erforder- lich sind. Die Schüler können das Programm mit einem handelsüblichem Joystick oder direkt über die vier Cursor- sowie die Eingabe-Taste steuern.

4.3.3. Theorien zum Leselernprozeß

Die ersten Theorien zur Worterkennung entstanden Ende des 19.Jahrhunderts.[18] Seitdem gibt es eine Fülle von Untersu- chungen und theoretischen Konzeptionen zu diesem Thema, wobei - auch heute noch - verschiedene Theorien gleichzeitig existieren.

---

18 Erdman,B., Dodge, R.: Psychologische Untersuchungen über das Lesen auf experimenteller Grundlage. Halle 1898.

Leseforschung konzentriert sich um die drei Begriffe 'Semantik', 'Orthographie' und 'Phonologie' sowie deren Beziehungen
zueinander. Es lassen sich hauptsächlich vier verschiedene
Antworten auf die Frage erkennen, welcher Weg beim Lesen von
der Wahrnehmung der Schriftzeichen zum Verständnis des Sinns
führt, wie also der Erkenntnisweg von der Orthographie zur
Semantik verläuft und welche Rolle dabei die Phonologie
spielt (vgl. PRINZ & STOFFER 1989, 5).

(1) Es kann zunächst angenommen werden, daß beim Worterkennen
der Weg "von der Orthographie zunächst zur Phonologie führt
und daß die Semantik auf der Grundlage der Phonologie
konstruiert wird" (a.a.O. 5). Dieser Zugangsweg wird gewöhnlich als "indirekt" bezeichnet (vgl. a.a.O. 5). Weiter wird
bei dieser Theorie angenommen, daß sich die Erschließung
phonologischer und semantischer Strukturen auf der Ebene von
Wortsegmenten abspielt. Der Leser orientiert sich nach diesem
Modell beim Worterkennen zunächst an phonologischen Wortsegmenten wie Phonemen oder Silben. Da phonologische Segmente in
der Regel keine eigenständigen semantischen Einheiten darstellen, konstruiert der Leser aus diesen phonologischen
Wortsegmenten zunächst das phonologische, dann das semantische
Ganzwort.

(2) Der "direkte" Zugangsweg basiert auf der Theorie, daß der
Weg von der Orthographie direkt zur Semantik führt und die
Phonetik erst im Nachhinein aktiviert wird. Aber auch hier
wird angenommen, daß sich die Erschließung auf der Ebene von
Wortsegmenten abspielt. Diese Wortsegmente können jedoch keine
Silben oder Phoneme sein; vielmehr müssen diese Wortsegmente
einen (zumindest begrenzten) semantischen Gehalt haben (also
z.B. Morpheme) (vgl. a.a.O. 7). Beim Worterkennen wird auf
Grundlage der morphologischen Segmente zunächst das semantische und erst im Nachhinein das phonologische Ganzwort
konstruiert.

(3) In einem dritten Modell wird beim Worterkennen wieder der indirekte Zugriff zur Semantik vermittelt durch die Phonologie angenommen. Allerdings vollzieht sich die Erschließung hier auf der Ebene ganzer Wörter. Es wird angenommen, daß es direkte Verbindungen zwischen ortographischen Wortformen und korrespondierenden phonologischen Wortformen gibt und daß über die zunächst aktivierten phonologischen Wortformen, bzw. ihrer kognitiven Repräsentanten die semantische Struktur erschlossen wird (vgl. a.a.O. 6).

(4) Das vierte Modell schließlich geht wieder von dem direkten Zugangsweg der Orthographie zur Semantik bei nachträglicher Aktivierung der Phonologie aus. Auch hier vollzieht sich die Erschließung auf der Ebene von Wörtern. Beim Worterkennen wird also von der orthographischen Wortform, direkt auf die semantische Struktur geschlossen, wobei phonologische Strukturen nicht unbedingt aktiviert werden müssen. Der geübte Leser kann den Sinn eines Wortes auch ohne (innerliche) Versprachlichung erschließen (vgl. a.a.O. 7).

Lesen wird nun als Verknüpfung verschiedener Modelle verstanden. Die klassische "Zwei-Prozeß-Theorie" (a.a.O. 8) geht davon aus, daß bekannte Wörter nach dem 4. Modell (direkte semantische Erschließung auf Grundlage des Ganzwortes) und unbekannte Wörter nach dem 1. Modell (zunächst phonologische Erschließung von Wortsegmenten und phonologische Erschließung des Ganzwortes, dann semantische Erschließung des Ganzwortes) erlesen werden.

Neuere Theorien gehen davon aus, daß die direkte und die indirekte semantische Erschließung eines Wortes auch gleichzeitig erfolgen kann, daß also auf der Grundlage der Orthographie gleichzeitig semantische und phonetische Codes aktiviert werden, die untereinander wiederum in einer sich gegenseitig aktivierenden Beziehung stehen (vgl. a.a.O. 10).

PRINZ & STOFFER gehen letzlich von einem Zusammenwirken im Sinne aller vier Modelle aus, wobei diese nicht simultan sondern in einer hierarchischen Reihenfolge nacheinander aktiviert werden.
Zunächst wird das Ganzwort semantisch und phonologisch zu Erfassen versucht. Gelingt dies nicht, wird auf einer niedrigeren Ebene (Silben und Morpheme) die phonologische und semantische Erschließung versucht. Mißlingt auch dies, wird auf der niedrigsten Ebene (Phoneme) eine phonologische Erschließung probiert. Eine semantische Interpretation auf der Ebene der Phoneme ist nicht mehr möglich. "Die Generierung dieser hierarchischen Objektrepräsentationen kann man sich z.B. so vorstellen, daß im Prozeß des Worterkennens die zunächst nur orthographisch bestimmte Wortrepräsentation durch Zuordnung der entsprechenden phonologischen bzw. semantischen Interpretationen zu den jeweiligen Einheiten ergänzt und angereichert wird" (a.a.O. 11).

Bezogen auf das Lesenlernen bedeutet dies, daß flüssiges und sinnentnehmendes Lesen nur dann gelingt, wenn Schriftwörter in einzelne Teile zerlegt, einzelne Buchstaben, Buchstabengruppen oder Morpheme isoliert erkannt und Wörter untereinander visuell verglichen werden können. Ebenso müssen Lautwörter in Silben oder Phoneme gegliedert werden können.

Während die Bedeutung der visuellen Gliederungsfähigkeit für das Lesen und Lesenlernen in der deutschsprachigen Legasthenie-Diskussion seit jeher stark betont worden ist, wird die Bedeutung der phonologischen Gliederungsfähigkeit erst in letzter Zeit erkannt (vgl. a.a.O. 15).

Übertragen auf computergestützte Lernprogramme bedeutet dies - wie WALTER resümiert - daß es gerade wegen der in der deutschen Sprache oft fehlenden oder schwierigen Phonem-Graphem-Korrespondenz notwendig sei, bei Computerprogrammen die graphemische Abbildung mit ihrer phonemischen Realisierung zu

koppeln (vgl. WALTER 1988 b, 850). Diese phonemische Realisierung mit Hilfe elektronischer Systeme läßt sich momentan
nur bei Ganzwörtern zufriedenstellend realisieren. Erste
Versuche mittels synthetischer Sprachausgabe Wörter phonologisch aufzugliedern und zu synthetisieren werden mit dem
Programm **TEDI** (Version 3.0) versucht. Die Technik der
Sprachsynthese läßt jedoch gegenwärtig noch keine saubere und
klar artikulierte Aussprache der einzelnen Silben und Phoneme
zu.

Die hier dargelegten Modelle des Lesens, nach dem die
Worterkennung sowohl auf der Ebene ganzer Wörter als auch auf
der Ebene von Wortsegmenten stattfindet, konkretisiert sich
im Unterricht unter dem Titel "methodenintegriertes Verfahren", ein Terminus, der von WOHLGEHAGEN als unzureichend
betrachtet wird, da Lesen nicht nur aus analytischem und/oder
synthetischem Erfassen von Wörtern bestehe, sondern die
verschiedensten Denkfunktionen, wie Identifizieren, Diskri-
minieren, Generalisieren, Assoziieren und Antizipieren in
verflochtenem Zusammenwirken mit beteiligt seien (vgl. WOHL-
GEHAGEN 1978, 143).

WALTER vermutet, daß beim Erlernen neuer Wörter innerhalb
eines ganzen Textes die semantisch-syntaktischen Bezüge des
Wortmaterials im Vordergrund stehen, während sich die Schüler
beim Einzelworttraining eher an den phonologisch-orthographi-
schen Strukturen des Wortes orientieren (vgl. WALTER 1988 a,
61). Zwar räumt auch WALTER weder dem einen noch dem anderen
Verfahren Priorität bei der Einführung neuer Wörter ein, er
verweist jedoch auf Erkenntnisse, die darauf hindeuten, daß
schwache Leser spezifische Schwierigkeiten gerade im ortho-
graphisch-phonologischen Bereich haben (vgl. a.a.O. 62).
Deshalb stellt für diese Schüler das Erlernen von Ganzwörtern
- sei es über den direkten Zugang zur Semantik im Sinne eines
"Erkennen" des Wortes oder über den indirekten Weg mittels
einer Phonemisierung - eine besondere Hilfe dar. Das trüge

auch der Auffassung ARMBRUSTERs Rechnung, nach der bei einem "Ganzwort" zum Zeitpunkt seines ersten Auftretens noch nicht alle enthaltenen Buchstaben bekannt sein müssen (ARMBRUSTER 1978, 92).

Der Weg über Ganzwörtern kann jedoch nur ein Anfang sein. Für das Erlesen unbekannter Texte ist die Fähigkeit des semantischen Erschließens mittels Wortsegmentierung von entscheidender Bedeutung. WALTER beschreibt die Lesestrategie schwacher Leser als Versuch, die Wörter aufgrund ihres Umrisses zu dekodieren. Mißlingt dies, wird versucht das Wort Buchstabe für Buchstabe zu entziffern (vgl. 1988 a, 107 f). Beide Verfahren müssen scheitern: ersteres artet meist in Raterei aus, bei letzterem werden die Wörter zwar wieder und wieder richtig buchstabiert, daß Zusammenziehen von Einzellauten zu Silben oder Morphemen gelingt jedoch meist nicht, da selbst bei noch so schnellem hintereinander sprechen der einzelnen Buchstaben der Glottisschlag, das 'Knacken' der Stimme beim harten Vokaleinsatz, dazwischentritt und somit eine Verschmelzung der Buchstaben verhindert wird (vgl. a.a.O. 109). Dieses auch als "physiologischer Glottisschlag" bezeichnete Phänomen tritt immer beim Übergang von zwei getrennten Vokalen oder auch Konsonanten auf (vgl. WULFF 1983, 79). Auch bei noch so schnellem Aussprechen der Buchstaben "t" und "u" wird kein verschmelzendes "tu", es bleibt immer ein "t-u".

WALTER plädiert nun dafür, die phonologische Gliederungsfähigkeit nicht nur an Hand von Silben, sondern - speziell bei schwachen Schülern - auch an Hand von Morphemen zu üben (vgl. a.a.O. 145). Folgende drei Nachteile weist er der Silbe zu:

- "Die Sprechsilbe ist von der Wortbedeutung her willkürlich und zerstört oft die sinntragende Einheit (=Morpheme)" (1988 a, 145). So werden bei der phonologischen Aufgliederung der Wörter "rufen" und "Halter" die Silben "ru/fen" und "Hal/ter".

Bei der Aufgliederung in Morpheme hingegen bleibt die sinntragende Einheit zusammen ("ruf/en" und "Halt/er").

- Durch das silbenweise Erlesen wird die Vokallänge verfälscht. So wird das Wortes "kommen" silbenweise als "kom/men" gelesen. Durch das zweimalige Aussprechen des Buchstabens "m" wird dem Wort eine falsche Länge zugeteilt. Bei der morphemischen Aufteilung in "komm/en" ergibt sich dieser Fehler nicht (vgl. a.a.O. 145).

- "Buchstabengruppen, die nur ein Phonem abbilden, werden oft zerrissen" (a.a.O. 145). So wird aus dem Phonem "ng" bei Zerlegung des Wortes in Silben "sin/gen". Auch hier wird der Phonem sprachlich verdoppelt.

Diese Nachteile wirken sich beim Lesen unter Umständen noch nicht so stark aus. Beim Schreiben jedoch sind sie speziell für rechtschreib-schwache Schülern immer wieder ein Grund zu häufigen Fehlern, da sich diese Schüler beim Schreiben oft auf phono-akustische Informationsquellen stützen.

In diesem Abschnitt sollte verdeutlicht werden, daß sich ein Schüler beim Lesen eines Textes sehr verschiedener Strategien gleichzeitig bedient. Ein guter Leser wird die meisten Wörter in ihrer Ganzheit erfassen und die phonologische und semantische Struktur des Wortes sofort abrufen können. Schwierige oder auch unbekannte Wörter werden in Silben und/oder Morpheme segmentiert. Durch die phonologische und/oder morphologische Integration schließlich kann dann auf den semantischen Gehalt geschlossen werden. Schwächere Schüler orientieren sich ebenfalls zunächst am Ganzwort, versuchen dieses aber oftmals aufgrund der Wortform zu entziffern. Gelingt dies nicht, wird das Wort buchstabiert, wobei dann meistens nicht von den einzelnen Buchstaben - weder phonologisch noch semantisch - auf das gesamte Wort geschlossen werden kann.

Ein Leselehrgang für schwache Schüler muß deshalb neben dem
Erfassen von Ganzwörtern auch auf die verschiedenen Möglich-
keiten der Segmentierung eingehen. Gegenüber der reinen
Silbenanalyse und -synthese sollten auch morphologische
Strukturen besonders berücksichtigt werden.

4.3.4. Aufbau der Programmstruktur

Das Programm LIES MIT ist ein computergestütztes Lese- und
Schreiblernprogramm, das sich an der vom STAATSINSTITUT FÜR
SCHULPÄDAGOGIK UND BILDUNGSFORSCHUNG (=ISB) herausgegebenen
**Handreichung zum Erstlesen in sonderpädagogischen Diagnose und
Förderklassen** orientiert. Aus dieser Handreichung wurden jene
Ziele[19] und Elemente herausgearbeitet, die sich für eine
Bearbeitung am Computer zu eignen schienen.

Das Programm besteht aus sechs verschiedenen Aufgabentypen,
und zwei vorbereitende Übungen für das Lesen (vgl. Abb. 54).

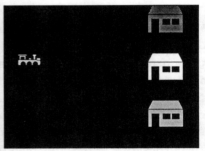

Abb. 54   **Abb. 55**

---

19 Grundlage für die in der Handreichung formulierten Lernziele
    ist der "Lehrplan für die Grundschule".

Als Vorstufe zum Leselernprozeß sind in dem Programm zwei
Übungen vorgesehen, die auf spielerische Art an den Umgang
mit dem Joystick oder einem anderen Eingabeelement heranfüh-
ren. Bei der Übung "2-dimensionale Bewegungen" soll zudem die
Orientierung in der Bildschirmebene geübt werden. Dazu soll
der Schüler ein farbiges Objekt (Lokomotive, Ball, Auto,
Mädchen oder Buchstaben) mittels eines Joysticks in ein
gleichfarbiges Zielobjekt (Bahnhof, Torwand, Garage, Haus oder
gleicher Buchstabe) hineinsteuern (vgl. Abb. 55).

Mit der zweiten Vorübung "Leserichtung üben" sollen die für
das Lesen notwendigen Augenbewegungen geübt werden. Zu diesem
Zweck fährt auf Tastendruck ein Auto in der ersten Zeile von
links nach rechts und hinterläßt beim Fahren eine Rauchspur.
Bei wiederholter Impulsgebung fährt ein zweites und danach
ein drittes Auto wieder von links nach rechts (vgl. Abb. 56).

Diese Vorübung ist vor allem für Schüler mit optischen
Wahrnehmungsstörungen sehr wichtig, da es diesen schwer fällt,
sich beim Lesen und Schreiben auf einer bestimmten Zeile
zurechtzufinden.[20]

Nach diesen Vorübungen beginnt der eigentliche Leselehrgang
mit der Übung "Zuordnungen: Bild-Wort-Sprache", bei der
Bilder, Wörter und Lautsprache miteinander verbunden werden
können. Bei diesem Programmteil muß der Schüler je zwei
Elemente einander zuordnen. Es erscheinen z.B. zunächst drei
Bilder auf dem Bildschirm. Eines der zu den Bildern gehörenden
Begriffen wird ausgesprochen und der Schüler muß nun entscheiden, welches der Bilder zu dem gehörten Wort paßt. Als nächstes
erscheinen mit den drei Bildern die dazugehörigen Wörter in
ihrer schriftlichen Form. Der Schüler muß nun einem Bild das

---

20 Vgl. "Lernziel 1.4: Arbeitsrichtungen einhalten" STAATSINSTI-
    TUT FÜR SCHULPÄDAGOGIK UND BILDUNGSFORSCHUNG 1986, 49.

entsprechende ausgeschriebene Wort zuordnen (vgl. Abb. 57).
Als letztes muß dann einem gehörten Wort das entsprechende
Schriftbild zugeordnet werden ohne Unterstützung durch eine
bildliche Darstellung.

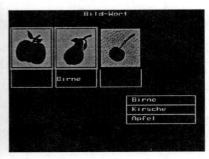

Abb. 56   **Abb. 57**

Mit diesen drei Schritten können Ganzwörter mit Hilfe von
Bildern und Sprache einprägsam vermittelt werden. In das
Programm können beliebige Bilder integriert werden, so daß
der Lehrer nicht an irgendwelche Vorgaben gebunden ist. Auch
die benötigten gesprochenen Wörter können über ein Mikrophon
eingegeben und somit in das Programm eingebunden werden.[21]

Nach der Begegnung mit Ganzwörtern soll der Schüler "Laute
und Lautzeichen sowie häufig vorkommende Lautzeichengruppen
beherrschen (lernen)" (STAATSINSTITUT FÜR SCHULPÄDAGOGIK UND
BILDUNGSFORSCHUNG 1986, 83). Dies kann am Computer durch
akustische oder optische Analyse geübt werden. Bei der
akustischen Analyse erscheint bei der Übung "Buchstabe in
Wörter" auf dem Bildschirm zunächst ein Phonem (z.B. "au").
Anschließend wird ein Wort ausgesprochen und der Schüler muß

---

21   Vgl. "Lernziel 2.1: Eine begrenzte Anzahl gut strukturierter
     Ganzwörter beherrschen" a.a.O. 73. Auch die Handreichungen
     schlagen vor, zunächst Ganzwörter zu verwenden, die bildlich
     verdeutlicht werden können und diese dann mit dem Wortbild zu
     verbinden (vgl. a.a.O. 73f).

per Tastendruck entscheiden, ob sich das Phonem in dem betreffenden Wort befindet (vgl. "Sprechmotorisches Ausgliedern von Einzellauten" a.a. O. 90). Zur Bild-Wort-Unterstützung können bei dieser Übung auch die entsprechenden Bilder eingeblendet werden (vgl. Abb. 58). Es kann aber auch nur das entsprechende Bild eingeblendet werden, so daß die Versprachlichung des Begriffs durch den Schüler erfolgen muß. Die optische Analyse läßt sich mit der Übung "Analyse und Synthese" realisieren. Hierbei muß der Schüler einzelne Buchstaben aus mehreren heraussuchen (vgl. Abb. 59).

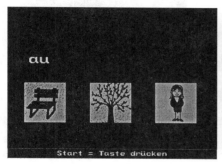 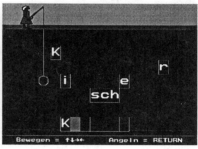

Abb. 58   **Abb. 59**

Auch das nächste Lernziel "Einsicht, daß sich durch Austauschen, Hinzufügen oder Weglassen von Lautzeichen die Bedeutung eines Wortes ändern kann" (a.a.O. 95) läßt sich mit dem Programm LIES MIT aufgreifen. Bei der Übung "Bedeutungsänderung" erscheint zunächst ein Wort (z.B. "Haus") auf dem Bildschirm. Ein bestimmbarer Buchstabe verschwindet aus dem Wort und wird durch einen Ersatzbuchstaben ergänzt. Der Schüler muß nun entscheiden, ob es sich bei dem so neu entstandenen Wort um ein sinnvolles oder ein sinnloses Wort handelt. Der Computer betrachtet ein Wort dann als sinnvoll, wenn es entweder als Bild oder als gesprochenes Wort gespeichert ist. Nach der vom Schüler getroffenen Entscheidung erfolgt die Bewertung der Eingabe. Dabei werden dem Schüler sinnvolle Wörter durch Einblendung des Bildes (vgl. Abb. 60),

bzw. durch Aussprechen des Wortes verdeutlicht. "Der Stellenwert eines Lautes/Buchstabens als kleinste bedeutungtragende
Einheit wird in seiner sinnverändernden Konsequenz an Mini-
malwortpaaren (Oma, Opa) erfahren" (a.a.O. 95). Auch hierbei
können wieder eigene Bilder oder selbst aufgenommene Wörter
in das Programm integriert werden.

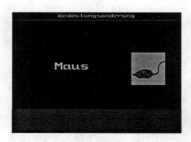 

Abb. 60   **Abb.61**

Für das Lernziel "Neue Wörter mit Hilfe von Lautzeichen und
Lautzeichengruppen lesen" werden in der Handreichung folgende
Methoden zur Realisierung vorgeschlagen: "Bei der Synthese
geht es nicht nur um das Zusammenlesen von Lautzeichen.
Vielmehr sollte möglichst bald die Arbeit mit Lautzeichen-
gruppen einsetzen. Das möglichst flüssige Verschleifen der
Lautzeichen kann durch die folgenden Veranschaulichungshilfen
verdeutlicht werden: Setzkarten, Leseuhr, Buchstabenrutsche,
Zaubermühle oder Zauberfisch" (a.a.O. 99). Bei der Übung
"Analyse und Synthese" des Programms LIES MIT kann ein Wort
in einzelne Buchstaben aufgeteilt werden. Diese werden dann
auf einer Lokomotive und ihren Anhängern an den linken Bildrand
gefahren. Der Schüler kann - wenn er den Buchstaben, bzw. die
Buchstabengruppe erlesen hat - per Tastendruck die Fahrt des
Anhängers (Buchstabe) auslösen (vgl. Abb. 61). Mit dieser
Übung können sowohl die anfangs als Ganzwörter präsentierten
Begriffe synthetisiert werden, als auch neue Wörter aufbauend
und lautierend gelesen werden. Um - speziell auch für das
Rechtschreiben - einzelne Wörter vertieft üben zu können,

bietet sich das Ergänzungsprogramm aus dem Teil "Analyse und Synthese" an. Hierbei verschwindet bei einem Wort zunächst ein Buchstabe. Es gleiten dann verschiedene Buchstaben über den Monitor. Der Schüler muß entscheiden, ob der momentan eingeblendete Buchstabe an die Stelle des Platzhalters des vorbegebenen Wortes gehört (vgl. Abb. 62).[22]

Abb. 62   **Abb. 63**

Auch das Zusammensetzen von Wörtern aus Silben gehört zu diesem Lernziel. Im Programm wird dies durch die Übung "Silben (Synthese)" realisiert. Hierbei muß der Schüler ein Wort aus Silben neu zusammensetzen (vgl. Abb. 63). Als Erweiterung der Aufgabe kann dabei das Ausgangswort ausgeblendet werden, so daß das Wort aus dem Gedächtnis zusammengesetzt werden muß.

Beim letzten Lernziel "Wörter, Sätze und einfache Texte lesen" wird weder im Lehrplan der Grundschule, noch in der oben genannten Handreichung explizit auf die Funktion von Morphemen beim flüssigen Lesen hingewiesen. Aufgrund neuer Erkenntnisse der Leseforschung, die die Bedeutung von Morphemen speziell bei phonologischen Segmentierung hervorheben (vgl. 4.3.3.), wurde eine eigene Übung zum Erlesen von Morphemen konzipiert.

---

22 Vgl. "Lautierendes Ab- und Aufschreiben von Wörtern" STAAT-SINSTITUT FÜR SCHULPÄDAGOGIK UND BILDUNGSFORSCHUNG 1988, 74.

Hier kann zunächst aus einem Text oder aus einer Wortliste
ein Morphem farbig markiert werden. Die Wörter erscheinen dann
untereinander nach dem Morphem ausgerichtet und das Programm
mißt die zum Lesen benötigte Zeit (vgl. Abb. 64). Zur Kontrolle
für den Schüler werden anschließend die gespeicherten Wörter
dieser Liste ausgesprochen. Es kann aber auch der ganze Text
auf dem Bildschirm erscheinen, wobei das entsprechende Morphem
farbig markiert ist (vgl. Abb. 65).

 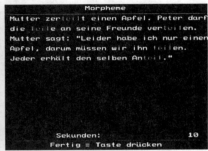

Abb. 64   **Abb. 65**

Da die vom Lehrer zu treffenden Einstellungen, die den
Programmablauf regeln bei den einzelnen Übungen teilweise
recht komplex sind, wurde in das Programm ein Aufzeichnungs-
verfahren implementiert bei dem der Pädagoge im Vorhinein die
einzelnen Übungen mit den gewünschten Bildern und Wörtern
eingeben und als Schülerdatei abspeichern kann. In der
Unterrichtsstunde werden dann nach dem Laden dieser Schülerdatei die einzelnen Übungen automatisch aufgerufen. So ist es
bei entsprechender Vorbereitung möglich, für mehrere Schüler
oder für mehrere Leistungsgruppen Differenzierungsübungen
anzubieten. Da zu den meisten Schüleraufgaben auch Protokoll-
bögen ausgedruckt werden können, auf dem die vom Programm
vorgegebene Aufgabenstellung sowie die vom Schüler getroffene
Lösung dokumentiert ist, kann sich der Lehrer auch im
Nachhinein über die Leistungen der Schüler informieren.

4.3.5. Erste Erfahrungen in der praktischen Erprobung

Bei den ersten praktischen Erfahrungen an Schulen für Körperbehinderte zeichen sich vor allem zwei wichtige Einsatzgebiete ab.

(1) Zum einen können durch das Programm erstmals diejenigen Schüler aktiv am Lerngeschehen teilnehmen, deren Aktivitäten aufgrund ihrer motorischen Beeinträchtigung bisher aus Zuschauen und Abgefragt werden bestanden. Damit kann die von KOBI geforderte Selbständigkeit, bei der das Kind zu einem Handlungszentrum wird und sich als Urheber von Handlungen erlebt (vgl. KOBI 1990, 18) realisiert werden (vgl. Abb. 66 und 67).

Abb. 66
Hier wird der Schalter mit dem Handrücken betätigt.

Abb. 67
Mit diesem Schalter kann das komplette Programm gesteuert werden.

Das Programm vermittelt solchen Schüler neue Erfahrungen: Ist das Arbeiten mit einer Bezugsperson (Lehrer, Kinderpfleger etc.) meist zeitlich begrenzt, weil sich diese Personen auch den restlichen Schülern der Klasse widmen müssen, so fällt diese Begrenzung bei der Arbeit am Computer weg. Hier ist es die Konzentrationsfähigkeit des Schülers die den Rahmen vorgibt. Den erhöhten Anforderungen an die Konzentrationsfähigkeit der Schüler trägt das Programm verschiedentlich

Rechnung. Als Beispiel sei hier nur die Übung "Analyse und Synthese" genannt: Hier ist die Gleitgeschwindigkeit der Buchstaben (vgl. Abb. 62) von dem Bearbeitungsergebnis abhängig. Je mehr richtige Buchstaben eingesetzt werden, desto schneller gleiten die Buchstaben hinein. Macht der Schüler jedoch einen Fehler, verringert sich die Gleitgeschwindigkeit wieder. WALTER verweist darauf, daß durch solche Techniken stets ein mittlerer Schwierigkeitsgrad erhalten bleibt, der motivationspsychologisch für den optimalen Anreiz notwendig ist (vgl. WALTER 1988 a, 214)

Oftmals neu für solche Schüler ist aber auch die Erfahrung des "Fehler-machens". Beim Arbeiten mit einer Bezugsperson wird diese bei einer falschen Antwort meist die Frage wiederholen, bis der Schüler die richtige Antwort nennt, oder aber die richtige Lösung wird von der Betreuungsperson vorgegeben. Bei dem Programm LIES MIT kann einmal die Aufgabe wiederholt werden, ohne Einblendung der falschen Schülerantwort. Zur Ermittlung des Leistungsstandes in Prüfungssituationen kann aber auch das falsche Ergebnis auf dem Bildschirm oder auf dem Drucker ausgegeben werden. Diese oftmals erste Erfahrung des "sichtbaren Fehlers" kann für solche Schüler sehr belastend wirken. Es ist eine schwierige pädagogische Entscheidung, ob es generell sinnvoll ist, einem in seiner Motorik und damit in allen Lebensbereichen eingeschränktem Schüler auch noch kognitive Unzulänglichkeiten darzulegen. Andererseits kann natürlich auch der Standpunkt vertreten werden, daß diese Schüler in ihren Lernerfahrungen - und dazu gehört unweigerlich auch das Fehler-machen - so weit es geht den anderen Schülern gleichgestellt sein sollen. Ein Kompromiß könnte hier lauten, diesen Schüler die Lernerfahrungen zuteilkommen zu lassen, die Wirkung jedoch genau zu beobachten und notfalls intervenierend einschreiten. Der Schüler lernt somit, für sein Handeln Verantwortung zu übernehmen.

Zusammenfassend läßt sich feststellen, daß das Programm LIES MIT motorisch schwer beeinträchtigten Schülern oft zum erstenmal selbständiges Arbeiten ermöglicht. Dies darf aber nicht bedeuten, daß der Schüler sich selbst überlassen wird. Zwar hat der Schüler bei dem Programm LIES MIT nach jeder Aufgabe die Möglichkeit das Programm zu beenden, trotzdem gilt es immer zu bedenken, daß immer wieder Schüler in bedrohlichen oder als bedrohlich erlebten Situationen gerade das nicht schaffen. Es ist die Aufgabe des Lehrers diese Schüler auch beim selbständigen Arbeiten im Auge zu behalten.

.(2) Eine weitere Einsatzmöglichkeit ist die Arbeit in Kleingruppen. Hierbei können bis zu drei Schüler vor einem Gerät Platz nehmen und in abwechselnder Reihenfolge die Aufgaben bearbeiten (vgl. Abb. 68 und 69). Wichtig ist hierbei, daß der Leistungsstand dieser Gruppe relativ homogen ist, damit zum einen ein Schüler auch die Aufgaben der Mitschüler innerlich nachvollziehen kann und zum anderen ein Gefühl der Gleichwertigkeit unter den Schülern entsteht. Diese wäre gestört wenn die Schüler merken, daß bei schweren Aufgaben immer der "Schüler X" zuständig ist. Hat ein Schüler bei einer

Abb. 68

Abb. 69
Auch hier wird das Programm
ohne Tastatur bedient. Die Eingabe erfolgt über 5 Schalter.

Aufgabe Schwierigkeiten, darf die Gruppe über die Aufgabe diskutieren und gemeinsam eine Lösung formulieren.

Besonders motivierend wirkt die Einbindung aktueller Bilder aus der Lebenswelt der Schüler. Dadurch wird allen Schülern das Gefühl vermittelt, daß die Aufgaben ganz speziell für sie konzipiert wurden und es sich nicht um übertragene Übungen aus dem Schulbuch handelt, die oftmals wenig Bezug zu ihrer persönlichen Lebensbiographie haben. Gerade bei schwer körperbehinderten Schülern, die vielfach größere Probleme beim Lernen haben als ihre Klassenkameraden, gilt es behutsam die Lerninhalte auszuwählen. Diese müssen sich an der momentanen Lebensrealität und an den zukünftigen Möglichkeiten der Daseinsgestaltung dieser Schüler orientieren.

4.3.6. Kritische Würdigung

Zum Lieferumfang des Programmpaketes gehören 147 Bilder, die im Rahmen eines Werkvertrages eigens für das Programm gezeichnet worden sind. Dabei handelt es sich um konkrete Substantive aus dem Bereich des Erstlesens. Es ist zwar möglich, eigene Bilder in das Programm zu integrieren, doch setzt dies eine entsprechende technische Ausstattung, sowie das dazugehörige Wissen voraus. In der täglichen Unterrichtspraxis werden daher nur wenig Pädagogen von dieser Möglichkeit Gebrauch machen. Mit den vorhandenen 147 Bildern hingegen lassen sich nur wenig Sachgebiete thematisch abdecken. Daraus ergibt sich die Forderung nach Bildbibliotheken, aus denen dann das für die Stunde notwendige Bildmaterial herausgenommen werden kann.

Die Darstellung der Bilder erfolgt momentan mit 8 Farben. Für die beim Programmpaket enthalten einfachen Zeichnungen, ist diese Anzahl auch völlig ausreichend. Sollen jedoch auch Fotographien oder gar Videobilder in das Programm integriert

werden, erweist sich diese Farbenanzahl als zu gering. Damit
Fotographien in der verkleinerten Darstellungsform des Programmes (vgl. Abb. 58) auch von Schülern mit optischen
Wahrnehmungsstörungen klar erkannt werden können, muß die Zahl
der dargestellten Farben auf 256 erhöht werden. Damit müßten
sich Bildbibliotheken nicht auf angefertigte Zeichnungen
beschränken, vielmehr könnte auch auf Fotographien oder
Videoaufzeichnungen zurückgegriffen werden.[23] Damit wäre es
dann auch möglich nicht nur leicht zeichenbare konkrete
Substantive sondern auch Tätigkeiten (z.B. essen, schlafen,
spielen) als Bilder in das Programm zu integrieren.

Die Zusammenstellung der Fotographien und die Erstellung der
Videoaufzeichnungen sowie die Umwandlung in Computergrafiken
nach den verschiedenen Sachgebieten sollte durch eine zentrale
Stelle erfolgen und von dort an Interessierte weitergegeben
werden. Damit könnten dann technisch weniger versierte
Pädagogen oder Institutionen mit einfacher technischer Aus-
stattung alle Möglichkeiten des Programmes nutzen und das
Medium Computer zur sinnvollen Differenzierungen einsetzen.

4.4. Zusammenfassung

Wird der Computer in der Schule für Körperbehinderte als
Lernmedium eingesetzt, so kann dies zum einen unter dem Aspekt
der prothetischen Hilfe geschehen, der Computer kann aber auch
als Übungsgerät eingesetzt werden. Die prothetische Hilfe
beschränkt sich meist auf einzelne Schüler, an deren Bewegungsfähigkeit das Gerät mittels Adaptionen individuell
angepaßt werden muß. Für diese Anpassung ist die interdiszi-

---

23 Speziell Videoaufzeichnungen von Gegenständen und Sachen haben
    den Vorteil, daß keine urheberrechtlichen Ansprüche geklärt
    werden müssen, wie dies oftmals bei Bildern und Fotographien
    (speziell wenn diese aus Büchern übernommen werden) der Fall
    ist.

plinäre Zusammenarbeit der verschiedenen Fachkräfte notwendig.

Der Einsatz als Übungsgerät hingegen muß nicht auf einzelne Schüler beschränkt sein. Als besonders förderlich hat sich in der Praxis die Arbeit in Kleingruppen herausgestellt. Die dabei entstehenden "Fachgespräche" können sich sehr hilfreich auf das Lernen auswirken. Freilich soll der Computer dabei nicht zum Mittelpunkt der Klasse werden. Er kann ein gutes und brauchbares Medium werden, mit dem sich bestimmte Sachverhalte sehr gut verwirklichen und üben lassen. Daneben gibt es viele Bereiche die besser und einfacher ohne Computer bearbeitet werden können.

Letzlich sollte in diesem Abschnitt nochmals gezeigt werden, daß ein Computer stets nur so gut wie das verwendete Programm ist. Die Softwareentwicklung darf nicht länger außerschulischen Institutionen und Einzelinitiativen überlassen bleiben. Vielmehr müssen Pädagogen initiativ werden und auf der Grundlage der jeweiligen wissenschaftlichen Forschungen Programmkonzeptionen entwerfen und diese mit fachlicher Unterstützung in Lernprogramme umsetzen. Nur so lassen sich die hohen Erwartungen und die Euphorie der ersten Stunde auf Dauer in brauchbare und verläßliche Ergebnisse umwandeln.

Auch HÖCK betont, daß die oftmals von passionierten Lehrern in ihrer Freizeit erstellten "Küchen-Lernprogramme" (HÖCK 1987, 600) für die sonderpädagogische Arbeit wenig zukunftsträchtig sind. "Nur wenn sich didaktisch versierte Lehrergruppen und Profis der Informationstechnologie (z.B. Informatiker, Programmierer) zusammen an das Erstellen von Lern-Software machen, sind gute Ergebnisse zu erwarten. Dazu ist es unbedingt erforderlich, daß staatliche Stellen dafür Mittel zur Verfügung stellen" (a.a.O. 600).

5. Der Computer als Kommunikationsmittel

Wurden im letzten Kapitel die Möglichkeiten des Computers als Lernmittel dargestellt, so sollen jetzt seine Einsatzmöglichkeiten als Kommunikationsmittel beschrieben werden.

SPECK versteht unter Kommunikation den "wechselseitigen Prozeß des In-Beziehung tretens (...), bei dem es über den Austausch von Informationen über Zeichen um Verständigung über Bedeutung, Erwartung, Intentionen, Normen etc. geht" (SPECK 1984, 75).

Elektronische Hilfsmittel, die sich als Kommunikationsmittel bewähren sollen, müssen sich an dieser Definition messen lassen. Es muß sich zeigen, inwieweit sie nicht nur den Austausch von Zeichen ermöglichen, sondern inwieweit sie auch zur Übermittlung von Bedeutungen beitragen. Dies bedeutet, daß ein sprachbeeinträchtigter Mensch mit diesen Hilfen nicht nur Botschaften an einen Hörer schickt, sondern von diesem Hörer wiederum eine Antwort oder eine Interpretation seiner Botschaft erhält, auf die er dann wieder reagieren kann. Elektronische Kommunikationshilfen müssen wechselseitige Interaktionen ermöglichen.

Die Auswahl, Erprobung und Anpassung von Kommunikationsmöglichkeiten und -mitteln sind zwar ein fester Inhalt der Schule für Körperbehinderte, ihr Einsatz - und damit auch ihre Bedeutung - zielen aber weit über den Rahmen der Institution "Schule" hinaus. Sie sollen dem betroffenem Menschen lebenslang als Hilfe zur Verfügung stehen.

Im folgenden sollen zunächst die verschiedenen Kommunikationsmöglichkeiten bei nicht-vorhandener Sprache dargestellt und im Anschluß daran die Möglichkeiten eines Computereinsatzes bei motorisch schwer beeinträchtigten Menschen erörtert werden.

5.1. Kommunikationsmöglichkeiten bei nicht-vorhandener Sprache

Die Kommunikation ist ein wesentliches Element bei der Entwicklung des Menschen. Dies gilt in besonderem Maße für die mündliche Kommunikation, die einem nicht-behinderten Menschen ständig zur Verfügung steht und derer er sich jederzeit spontan bedienen kann.

Bei vielen körperbehinderten Menschen ist auch die Entwicklung der Sprache gestört. Diese Störungen können verursacht werden durch das Auftreten von Bewegungsstörungen (z.B. Dysarthrie bei Kindern mit cerebralen Bewegungsstörungen), von Hirnschädigungen (z.B. aphasische Störungen bei Kindern mit Spastizität nach schweren Schädel-Hirn-Trauma), von schwerem Hospitalismus verursacht durch jahrelange Klinik- und Heimaufenthalte oder auch von Störungen in der sozial-kommunikativen Entwicklung (z.B. Stottern) (vgl. HAUPT 1983, 290).

Hier gibt es zum einen Menschen, die aufgrund einer verzögerten oder auch gestörten Sprachentwicklung in ihrer verbalen Sprache zwar eingeschränkt sind, aber auch von Außenstehenden verstanden werden können.

Zum anderen gibt es aber Menschen, deren Sprache so weit gestört ist, daß diese entweder gar nicht verständlich ist, bzw. nur einem sehr kleinen Kreis von Bezugspersonen unter Verwendung spezieller Techniken erschließbar ist, oder aber deren produzierte Laute nicht als Sprache interpretierbar sind. Erschwerend kann noch eine kognitive Beeinträchtigung hinzutreten, so daß bei eingeschränktem Sprechvermögen weiter zwischen den sprechmotorischen und den kognitiven Ursachen der Schädigung differenziert werden muß.

Kommunikationshilfen werden primär bei den Schülern eingesetzt, die über keine, bzw. über eine nicht verständliche
Sprache verfügen. Darüber hinaus muß der Schüler die Funktion
und die Bedeutung der Hilfsmittel verstehen.

5.1.1. Kommunikation als geschlossenes "Insider-System"

Es ist für Pädagogen immer wieder verwunderlich festzustellen,
wie Schüler ohne sprachliche Ausdrucksmöglichkeiten außerhalb
der sonderpädagogischen Institutionen - vornehmlich im Elternhaus - sich sehr wohl mitteilen können und auch verstanden
werden. GABUS bezeichnet diese Ausdrucksmöglichkeiten als
"originäre Sprache" (1989, 188), die sich der Gestik, der
Mimik und der Laute bedient. Eine solch beispielsweise
zwischen Mutter und Kind stattfindende kommunikative Interaktion ist von Regeln, Übereinkünften und Riten geprägt. Die
Mutter weiß lautliche und/oder motorische Regungen ihres
Kindes zu deuten und reagiert mit entsprechendem Nachfragen.
So wird zunächst versucht, das Thema einzukreisen um sich dann
nach und nach der eigentlichen Aussage des Kindes zu nähern.

Die originäre Sprache hat den großen Vorteil, daß sie ohne
Hilfsmittel auskommt und somit praktisch überall angewendet
werden kann. Dadurch können Botschaften relativ schnell
übermittelt werden und das Kind ist in der Lage spontane
Äußerungen kund zu tun. GABUS (vgl. a.a.O. 188) verweist auf
zwei weitere Vorteile: Originäre Sprache ist vom Gefühl
bestimmt. Die emotionale Gestimmtheit fließt direkt in die
Mitteilung mit ein. Nicht nur Lautsprache kann durch ein Gefühl
bestimmt werden, auch die Gestik und die Mimik eines
körperbehinderten Kindes spiegeln Gefühle und Stimmungen
wieder. Oftmals sind zum Ausdrücken einer Emotion auch gar
keine Worte notwendig. Zum zweiten werden durch die originäre
Sprache Erfahrungen in zwischenmenschlicher Kommunikation
gesammelt. Das Kind lernt ein Mitteilungsbedürfnis wahrzuneh-

men, lernt auf eine Person zuzugehen und diese anzusprechen und erfährt Reaktionen auf das von ihm Gesagte. Diese Erfahrungen sind die Voraussetzung für das Arbeiten mit Kommunikationshilfen.

Die originäre Sprache weist aber auch viele Nachteile auf. Hier ist zunächst der beschränkte Adressatenkreis zu nennen. Es dauert oftmals lange, bis eine fremde Person in diese Kommunikationstechnik eingeweiht ist und auf die Aktionen des Kindes entsprechend reagieren kann. Oft realisieren fremde Person überhaupt nicht, daß sich dieses Kind äußern möchte. Doch selbst denjenigen, die in die Regeln der Kommunikation eingeweiht sind, erschließt sich der Sinngehalt nicht sofort. Ein Nachfragen, verbunden mit Mißverstehen und Verbessern ist fast immer vonnöten. Die Mitteilungen des Kindes müssen interpretiert werden, was immer die Gefahr der Fehlinterpretation beinhaltet. Auch hat die originäre Sprache nur ein begrenztes Vokabular. Oftmals ist das sogar die Voraussetzung für ihr funktionieren. Die Mutter weiß meistens, was ihr Kind sagen will. Kommt das Kind aufgeregt aus der Schule nach Hause, so kann der Stundenplan einen Hinweis auf die Ursache der Erregung geben. Je beschnittener die Kommunikationsmöglichkeiten sind, desto größer ist die Begrenzung des Vokabulars. Ereignisse, die völlig außerhalb der täglichen Erfahrungen liegen können vielfach selbst den Eltern nicht mitgeteilt werden. GABUS verweist auf den notwendigen visuellen Kontakt der Kommunikationspartner (vgl. a.a.O. 189) und der sich daraus ergebenden Abhängigkeit. So kann der motorisch und sprachlich beeinträchtige Partner oftmals nicht die Initiative zur Kommunikation ergreifen. Vielmehr ist er auf Ansprache und Zuwendung von Außen angewiesen. Somit ist ein Kommunizieren unter Bedingungen, die keinen visuellen Kontakt zulassen (z.B. beim Telefonieren) nicht möglich.

Bei einem Kind mit originärer Sprache steht der Pädagoge nun vor der schwierigen Entscheidung, ob bei diesem Kind Kommu-

nikationshilfen eingesetzt werden sollen. Das Einüben neuer
Techniken bedeutet für das Kind zunächst unweigerlich eine
weitere Beschränkung seiner Kommunikationsmöglichkeiten. Neue
Techniken müssen zunächst erläutert, aufgebaut und eingeübt
werden. Ein neuer Wortschatz (auf Schrift-, Symbol- oder
Bildebene) muß zunächst erarbeitet werden. Darüber hinaus
können zunächst keine verläßlichen Aussagen über den Erfolg
oder über den Grad der zu erreichenden Fertigkeiten sowie über
den praktischen Gebrauchswert der neuen Kommunikationsmethode
getroffen werden. Andererseits ist zum Einüben neuer Methoden
die Mithilfe des Elternhauses notwendig. Gerade Eltern ist
aber zum Teil nicht einsichtig, ihre gewohnten Kommunikationsmuster zugunsten neuer Verfahren aufzugeben, haben sie doch
mit den gewohnten Mustern (endlich!) einen Weg gefunden, ihr
Kind zu verstehen. Die neuen Kommunikationstechniken können
jedoch das Vokabular erweitern und den Adressatenkreis für
Mitteilungen erhöhen und beinhalten somit künftige Möglichkeiten und Chancen.

Im gemeinsamen Gespräch aller beteiligten Bezugspersonen
müssen - unabhängig von der angestrebten Kommunikationsmethode - Vor- und Nachteile, der benötigte Aufwand und die
möglichen Erfolge sorgsam abgewägt werden.

5.1.2. Kommunikation mittels Pictogrammen

Eine der einfachsten Kommunikationsmethoden ist die Verständigung durch Bilder. Dabei werden dem sprachbeeinträchtigten
Menschen Bilder vorgelegt, die Wünsche, Bedürfnisse und
Aufforderungen symbolisieren. Die Auswahl kann durch eine
motorische Bewegung geschehen oder - bei motorisch beeinträchtigten Menschen - wieder durch Abfrage erfolgen.

Wichtig hierbei ist, daß die betreffende Person den Inhalt
der Bilder erkennt und diesen in Beziehung zu einem Wunsch

oder einem Kommunikationsbedürfnis setzen kann. Im einfachsten Fall handelt es sich bei diesen Bildern um Fotographien von Gegenständen, da in diesem Fall vom Schüler nur minimale Abstraktionsleistungen gefordert sind.

Das Erkennen von Pictogrammen, worunter einfache schematische Zeichnungen zu verstehen sind, erfordert höhere Abstraktionsfähigkeiten. Pictogramme sollen - beispielsweise in öffentlichen Gebäuden - schnell und genau informieren (vgl. Abb. 70), sie sind international gültig und sprachenunabhängig. Pictogramme sollen für sich selbst sprechen. Da zu ihrem Verstehen keine Lesefertigkeit vorausgesetzt wird, fanden Pictogramme Einzug in die Sonderpädagogik und kommen dort bei sprachlich und kognitiv beeinträchtigten Schülern zur Anwendung.

In der sonderpädagogischen Praxis werden meist die von LÖB entworfenen Pictogrammen verwendet. Hierbei handelt es sich um eine Sammlung von 60 Bildern aus den Bereichen Nahrungsmittel, Körperhygiene, Spiel, Gefühl und Gesundheitsfürsorge (vgl. LÖB 1985, 24). Außerdem werden einige Eigenschaftswörter dargestellt. Wichtig ist - speziell bei kognitiv beeinträchtigten Schülern, daß nur die Symbole zur Verwendung kommen, die dem Schüler wirklich bekannt sind. Aus diesem Grund erhält jeder Schüler, der mit diesen Symbolen arbeitet eine eigene Mappe, in die die erlernten und bekannten Symbole eingeklebt werden. Bei körperbehinderten Schülern können diese auch auf einer Holzlatte auf dem Tisch befestigt werden, damit der Schüler die Symbole stets im Blickfeld hat und somit jederzeit kommunizieren kann.

Abb. 70
In öffentlichen Gebäuden gebräuchliche Pictogramme.

Abb. 71
Durch die Auswahl dieser vier LÖB-Symbole soll der Satz "Ich
will spielen und Musik hören" ausgedrückt werden.

Aus diesen Symbolen wählt dann der Schüler durch Hinzeigen
oder durch Hinschauen das gemeinte Symbol aus. Durch das
aneinanderreihen mehrerer Symbole kann auch ein Satz formuliert werden (vgl. Abb. 71). Der Kommunikationspartner spricht
den vom Schüler gezeigten Satz aus. Dabei orientiert er sich
an den über den Bildern stehenden Wörtern. Durch dieses
Aussprechen vergewissert sich der Kommunikationspartner, daß
er die richtigen Symbole wahrgenommen hat und daß er - bei
Sätzen mit mehreren Bildern - den Sinnkontext verstanden hat.

LÖB gibt für jedes Symbol Hinweise, wie und mit welchen Medien
der jeweilige Begriff eingeführt werden soll.

In der Schulpraxis werden diese Symbole vorwiegend bei
nicht-sprechenden und kognitiv beeinträchtigten Schülern
eingesetzt. Der Vorteil dieser Kommunikationsmethode liegt in
der Eindeutigkeit der Symbole und darin, daß sie nicht an
einen bestimmten Ort gebunden sind. Dadurch kann bei jeder
Gelegenheit ein Bedürfnis übermittelt werden.

Komplizierte und komplexe Sachzusammenhänge hingegen lassen
sich mit diesen Symbolen nur schwer übermitteln. Hierfür wird
eine Kommunikationsmethode benötigt, mit der sich auch
abstrakte Begriffe ausdrücken lassen.

5.1.3. Die BLISS-Kommunikationsmethode

Die BLISS-Kommunikationsmethode wurde von C.K.BLISS Ende der vierziger Jahre entworfen. Sein Anliegen war es damals eine non-verbale und damit international verständliche Sprache auf der Grundlage schriftlicher Zeichen und Symbole zu entwickeln. 1971 wurden in Kanada die BLISS-Symbole erstmals zur Kommunikation bei nicht-sprechenden Kindern eingesetzt (vgl. FREY, H. 1989, 175).

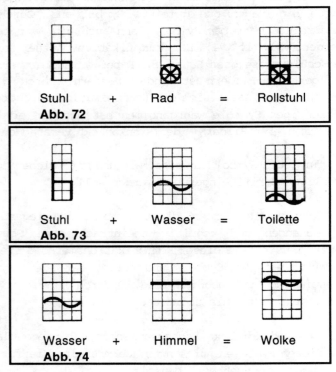

Stuhl   +   Rad   =   Rollstuhl
Abb. 72

Stuhl   +   Wasser   =   Toilette
Abb. 73

Wasser   +   Himmel   =   Wolke
Abb. 74

Auch bei der BLISS-Kommunikationsmethode wird mittels Bildkarten kommuniziert. Das Bilden von Sätzen geschieht durch auswählen (zeigen, bzw. abfragen) der entsprechenden Bilder. Bei der BLISS-Kommunikationsmethode gibt es ca. 25 verschiedene Grundelemente (z.B. "Rad", "Stuhl") aus denen mittels logischer Verknüpfungen neue Wörter gebildet werden (z.B. "Rad" + "Stuhl" = "Rollstuhl") (vgl. Abb. 72 -74). Mittlerweile gibt es ca. 1400 standardisierte Symbole (vgl. ADAM 1990, 163), mit denen wesentlich differenziertere Sätze und Aussagen formuliert werden können, als dies mit den 60 LÖB-Symbolen möglich ist. FREY verweist auf die Möglichkeit, daß durch eigenes Zusammenknüpfen von Bildern auch solche Begriffe ausgedrückt werden können, für die es bislang noch kein Symbol gibt (vgl. FREY 1989, 178). Da somit für beinah jedes gesprochene Wort ein Symbol zur Verfügung steht, kann BLISS als bildliches Gegenstück zur Lautsprache verstanden werden. Die BLISS-Symbole besitzen auch eigene "grammatikalische Regeln": das Zeichen ∧ kennzeichnet Verben, das Zeichenˇ kennzeichnet Adjektive (vgl. Abb. 75).

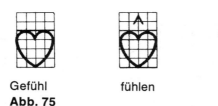

Gefühl   fühlen   glücklich
Abb. 75

Das BLISSYMBOLICS COMMUNICATION INSTITUTE kreiert auch heute noch neue Bliss-Symbole, damit auch für neue Wörter und Begriffe ein Bliss-Symbol zur Verfügung steht.

Auch bei den Bliss-Symbolen steht über dem entsprechenden Symbol das jeweilige Wort gedruckt, so daß auch ein Nicht-Bliss-Erfahrener mit jemandem kommunizieren kann, der sich durch die Bliss-Symbole ausdrückt. Auch hier soll der sprechende Kommunikationspartner den verstandenen Satz versprachlichen, um somit die Richtigkeit der Aussage zu überprüfen.

Die primäre Zielgruppe der Bliss-Methode sind sprachbehinderte Schüler, die (noch) nicht die Fähigkeit des Lesens und Schreibens erworben haben. Aber auch für motorisch beeinträchtigte Schüler, die mittlerweile Schreiben und Lesen gelernt haben, eignet sich der Einsatz der Bliss-Symbole, da durch Zeigen auf die Symbole wesentlich schneller ein Satz gebildet werden kann, als dies durch Schreiben möglich wäre. Diese Schüler orientieren sich zum Teil an Symbolen, zum Teil lesen sie aber auch die über den Symbolen befindlichen Wörter.

Mit den Bliss-Symbolen lassen sich zwar auch komplexe Sachverhalte ausdrücken, doch erfordert dies auf der anderen Seite auch ein größeres Maß an Abstraktion. So besteht das Wort "kommunizieren" (vgl. Abb. 76) beispielsweise aus den Symbolen "sich austauschen" (das wiederum aus "geben" und "nehmen" zusammengesetzt ist) und "Bedeutung" (das aus "Geist" und "Name" zusammengesetzt ist).

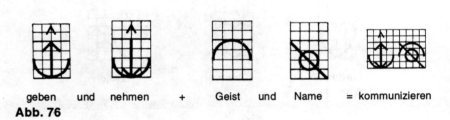

geben und nehmen + Geist und Name = kommunizieren

Abb. 76

Die Verwendung des reichhaltigen Vokabulars der Bliss-Symbole setzt somit ein hohes Maß an Abstraktion und ein gutes Gedächtnis voraus. Hier stellt sich oft die Frage, ob ein Schüler, der mit solch komplizierten Symbolen agiert nicht auch zum Lesen und Schreiben gebracht werden kann. Der Vorteil der Bliss-Methode ist ihre schnelle, direkte und flexible Einsatzfähigkeit. Es ist jedoch (für körperbehinderte Menschen) ausgeschlossen, mit Bliss-Symbolen einen Brief zu schreiben. Diejenigen, die nur mit Bliss-Symbolen umgehen,

können sich zwar mitteilen, doch bleiben ihnen geschriebene
Texte verschlossen. Auf der anderen Seite ist es immer wieder
sehr beeindruckend, Menschen zu erleben, die - teilweise aus
über 200 Symbolen - treffsicher und schnell kurze und klare
Sätze bilden können. Hier sind es immer die direkten und klaren
Aussagen, die verblüffen. Ein Wunsch wird nicht umschrieben
oder eingehüllt, er wird ausgedrückt. Und dazu reichen oft 3
Bild-Symbole.

Es gibt auch Bestrebungen, die Bliss-Symbole auf den Computer
zu übertragen. Bei diesen Programmen soll der Schüler aus
einer Anzahl von Symbolen die gemeinten auswählen, aus diesen
einen Satz bilden, der dann ausgesprochen und über einen
Drucker in Schriftsprache ausgedruckt werden kann. Von solchen
Programmen existieren bislang lediglich erste Prototypen. Die
Veröffentlichung getesteter Programme steht noch aus.

5.1.4. Das System HECTOR

Das System HECTOR, daß 1985 von der schweizer STIFTUNG
ELEKTRONISCHER HILFSMITTEL FÜR BEHINDERTE der Öffentlichkeit
vorgestellt wurde, war das erste elektronische Hilfsmittel,
daß mit synthetischer Sprachausgabe arbeitete.

Das System besteht heute aus einem kompakten Kasten, der
gleichzeitig die Tastatur darstellt.[23] In diesem Gerät ist
ein kleiner Drucker, ein kleiner Bildschirm sowie eine
synthetische Sprachausgabe integriert (vgl. Abb. 77). HECTOR
kann in drei verschiedenen Betriebsarten gestartet werden
(vgl. GABUS 1989, 200 f).

Die ersten Geräte waren noch so groß, daß sie hinter dem Rollstuhl
hergezogen werden mußten.

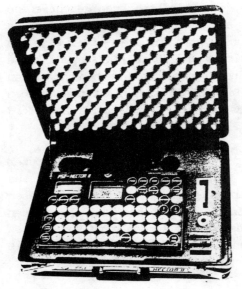

Abb. 77
Das System HECTOR
aus Schweizer Stiftung
Elektronische Hiilfsmittel
für Behinderte 1987, 10

(1) Einmal können die verschiedenen Tasten mit ganzen Sätzen belegt werden, so daß Standardsätze (wie "Guten Tag, wie geht es?", "Auf Wiedersehen!", "Ich heiße ...", "Ich bin (nicht) zufrieden.", "Ich will weiterfahren!", "Ich will aufhören") mit einem Tastendruck abrufbar sind. Auf die Tasten können auch die entsprechenden Bliss-Symbolen geklebt werden. In dieser Betriebsart ist zwar die Anzahl der Sätze und Wörter eingeschränkt (durch Tastenkombinationen bis zu 140 Sätze/Wörter), dafür können diese aber sehr schnell aufgerufen werden.

(2) In der zweiten Betriebsart können bis zu 900 Wörter ausgesprochen werden. Die Auswahl eines Wortes erfolgt hierbei nicht durch die Eingabe der entsprechenden Buchstaben, sondern durch die Eingabe eines dreistelligen, aus Farben und Zahlen bestehenden Kodes. Das Arbeiten in dieser Betriebsart setzt allerdings ein sehr gutes Gedächtnis voraus.

(3) In der dritten Betriebsart schließlich funktioniert HECTOR wie eine sprechende Schreibmaschine. Über die Tastatur

eingetippte Wörter und Sätze werden sofort ausgesprochen. Das Arbeiten in dieser Betriebsart setzt flüssiges und fehlerfreies Schreiben voraus.

Bedienbar ist HECTOR über verschiedene Spezialtastaturen, oder aber - durch Anschluß der Synoptischen Tafel - durch einen oder zwei Schalter im Abfragemodus. HECTOR besitzt außerdem noch einen Schreibspeicher, so daß ein Satz - oder auch ein ganzer Text - in vorhinein geschrieben werden kann, der dann auf Tastendruck zusammenhängend ausgesprochen wird (vgl. DAS BAND 1987, 40).

Mit diesem Gerät war es sprachbehinderten Menschen erstmals möglich direkt durch Lautsprache und nicht nur mittels Bilder zu kommunizieren, was weiter bedeutete, daß eine sprachbehinderte Person nun auch eine Kommunikation von sich aus beginnen konnte. Die Sprache des Gerätes hat jedoch nicht die Deutlichkeit und Verständlichkeit digitaler Sprachausgaben. Dadurch ist der Zuhörer oft geneigt, nicht nur auf die Sprachausgabe zu hören, sondern den Inhalt der Aussage auch auf dem Bildschirm abzulesen, wodurch der Hörer dann aber nicht vor dem sprachbehinderten Menschen, sondern seitlich neben oder hinter ihm steht. Dadurch droht die angestrebte gleichwertige Kommunikation des Gebens und Nehmens zu einem "Du-machst-etwas-und-ich-schau-zu" abzurutschen.

Da es sich bei HECTOR um ein geschlossenes System handelt, können keine anderen Programme auf dieser Systemeinheit laufen. Andererseits sind heute mit einem tragbaren Computer in Verbindung mit einem tragbaren Drucker und eingebauter Sprachausgabe gleiche oder sogar bessere Ergebnisse erzielbar. Darüber hinaus können auf solche einem Computer auch noch andere Programme bearbeitet werden, wodurch der Anwender auch zukünftige Entwicklungen nutzen kann.

5.1.5. Kommunikation mittels moderner Mikroelektronik

Als elektronische Kommunikationsmittel kommen zum einen die im Abschnitt 4.1.4 beschriebenen Programme in Frage, sofern diese über eine Sprachausgabe verfügen. Kommunikation findet hier immer auf der Ebene geschriebener Wörter und Sätze statt. Folglich erfordern diese Programme ein doch beachtliches Mindestmaß an kognitiven Fähigkeiten.

Es gibt jedoch eine große Gruppe von Menschen, die diese kognitiven Fähigkeiten nicht oder noch nicht besitzen. Eine Kommunikationsmöglichkeit für diesen Personenkreis stellt das Gerät **INTROTALKER** dar (vgl. Abb. 78). Dieses Gerät besitzt 32 große Tasten, die mit Pictogrammen, Bliss-Symbolen oder anderen Bildern, aber auch mit Wörtern beschriftet werden können. Zu jeder Taste kann mittels eines eingebauten Mikrophons ein Wort oder auch ein Satz aufgenommen werden. Wird eine Taste gedrückt, spricht das Gerät den entsprechenden Satz aus. Mit diesem kleinen und mobilen Gerät kann also jederzeit aus 32 Vorgaben ein Wunsch oder ein Bedürfnis in verständlicher Form artikuliert werden.

Abb. 78
Der INTROTALKER

Zu diesem Gerät gibt es auch eine Abdeckplatte, die bei
motorischen Störungen das Treffen der Tasten erleichtern soll.
Die Möglichkeit, es im Scanning-Verfahren mit einem oder zwei
Schaltern zu bedienen, besteht jedoch nicht. Bei dem Gerät
sind zwar die kognitiven Anforderungen geringer als bei
schriftorientierten Computerprogrammen, dagegen wird auf
motorischem Gebiet wieder höheres Können vorausgesetzt. Der
INTROTALKER stellt jedoch für viele sprach- und körperbehinderte Schüler eine große Hilfe dar. Er ist leicht bedienbar
und auch das Einspeichern der Sätze ist schnell und leicht
erlernbar.

Dies ist ein großer Vorteil im Vergleich zu einem Computer,
der konfiguriert, und auf dem ein Programm installiert werden
muß, an den Drucker und Sprachausgabe angeschlossen werden
müssen und der darüber hinaus eine komplizierte und anfällige
Technik besitzt. Der INTROTALKER besitzt im Gegensatz zum
Computer keine sich mechanisch bewegenden Teile, was sich
unter "rauhen Alltagsbedingungen" mitunter als Vorteil erweisen kann, da speziell bei einem Computer die zum Abspeichern
von Informationen notwendige Festplatte sehr empfindlich auf
Erschütterungen und Stöße reagiert.

Ein anderes Beispiel für ein mobiles Kommunikationsgerät ist
das **System "Gerhard"**. Dieses Gerät wurde als Sonderanfertigung
im Rahmen einer Diplomarbeit vom Institut für Nachrichten-
technik an der Universität der Bundeswehr in München gebaut.
Es ist eine spezielle Anfertigung für einen Schüler namens
Gerhard, der sich aufgrund seiner Körperbehinderung sprachlich
nicht mitteilen kann und auch auf einen Rollstuhl angewiesen
ist.

Bei diesem Gerät handelt es sich - ähnlich wie bei dem System
HECTOR - um einen Computer mit integriertem Drucker und
synthetischer Sprachausgabe. Bei diesem Gerät kann zum einen
über die Tastatur ein Wort oder ein Satz eingetippt werden,

der dann wahlweise über die Sprachausgabe oder über den Drucker ausgegeben werden kann. Zum anderen können aber auch eine begrenzte Anzahl von Wörtern oder Sätzen abgespeichert werden, die dann mit einem Tastendruck abgerufen und ausgesprochen werden. Da der Schüler Gerhard aufgrund seiner motorischen Störungen relativ große Tasten braucht, und diese auch einen recht großen Abstand zu einander haben müssen, ist das Gerät in seiner Dimensionierung recht groß und sperrig (vgl. Abb. 79), so daß bei der Montage am Rollstuhl dieser von seinem Benutzer kaum noch selbständig bewegt und gelenkt werden kann.

Abb. 79
aus HUBER et
al. 1990, 90

HUBER et al. beschreiben die Vorteile dieses Kommunikations-gerätes wie folgt: "Mit der künstlichen Sprache ist es Gerhard wesentlich leichter geworden, ein Gespräch zu initiieren und aus der passiven Rolle des nur Antwortenden herauszukommen. Häufig macht er mit 'Unsinnsätze' auf sich aufmerksam, d.h. er stellt durch Aufruf eines beliebigen Satzes eine Kommuni-kationssituation her, und beginnt dann das Gespräche" (1990, 94).

Es zeigt sich in der praktischen Erprobung aber auch, daß der Schüler oftmals Schwierigkeiten hat, aus einzelnen Wörtern einen Satz grammatikalisch und in der Satzstruktur richtig zusammenzusetzen. Woraus gefolgert werden kann, daß es sehr schwer ist, lediglich durch Hören ein Gefühl für den richtigen Satzbau zu erlangen.

Durch das Aufrufen eines gespeicherten Wortes oder Satzes kann in Kommunikationssituationen zwar schnell und spontan geantwortet werden, doch passen die (vorformulierten) Antworten oftmals nicht exakt in den jeweiligen Sinnzusammenhang. Die schnelle Ausgabe von Sätzen erfolgt zum Preis einer "semantischen Ungenauigkeit" (a.a.O. 105), so daß ein Nachfragen durch den Kommunikationspartner nötig ist. Möchte der Schüler differenzierte und genaue Antworten geben, muß er die entsprechenden Wörter eintippen, was wiederum mehr Zeit benötigt und somit den Fluß des Gespräches stört oder gar unterbricht.

In der Praxis gibt Gerhard seine Wörter und Sätze über die Sprachausgabe, zum Teil aber auch über den Drucker aus (vgl. 6.1.). Auch verwendete er parallel zu den elektronischen Hilfsmitteln nonverbaler Kommunikationsmuster, wie Gestik und Mimik, wodurch der Informationsaustausch über sehr viel verschiedene Kanäle erfolgt (a.a.O. 95).

5.1.6. Zusammenfassung

In der sonderpädagogischen Praxis stellt sich immer wieder die Frage, welche der verschiedenen Kommunikationsmethoden für einen körperbehinderten Schüler am besten geeignet ist. Zur Beantwortung dieser Frage müssen zunächst die gegebenen als auch die erwarteten motorischen und kognitiven Fähigkeiten abgeklärt werden. Es kann auch durchaus sinnvoll sein, zwei Systeme gleichzeitig zu benutzen, z.B. Pictogramme zur spontanen Kommunikation und Schreibprogramme für zukünftige Situationen, um differenzierte Inhalte adäquat ausdrücken zu können.

Auf die Verständigung mittels Sprache sollte in keinem Fall ganz verzichtet werden, da in allen schulischen wie außerschulischen Situationen der Schüler zunächst verbal angesprochen wird. Auch die Restsprache, selbst wenn der Schüler nur einfache Laute hervorbringen kann, sollte zur Kommunikation mit herangezogen werden. Schließlich sollen alle Sprechversuche des Schülers verstärkt werden (vgl. ADAM 1990, 165).

Die Frage nach dem geeigneten Kommunikationsmittel muß an Hand der folgenden Fragen ermittelt werden:

(1) Zunächst gilt es abzuklären, ob Kommunikation an Hand von gesprochener Sprache möglich ist oder nicht. Es muß weiter geklärt werden, in welchen Lebenssituationen auf gesprochene Sprache zurückgegriffen werden kann.

(2) Wenn das Sprechen nicht möglich ist, sollen dann Symbolsysteme wie Bilder, Pictogrammen und Bliss-Symbole verwendet werden, oder soll eine Verständigung auf der Grundlage der Schrift stattfinden?

(3) Welche (technischen) Hilfsmittel sind notwendig? Können diese Hilfsmittel bedient werden, oder bedarf es individueller Adaptionen?

(4) Sind die Hilfsmittel verfügbar? Können diese ggf. neu angeschafft werden? Sind Fachkräfte da, die sich mit der Bedienung dieser Hilfsmittel auskennen?

Im Anschluß an diese Fragen muß über Kommunikationsinhalte und Methoden der Erarbeitung nachgedacht werden. Gerade hier

ist es wichtig, sich von den Interessen und Bedürfnissen des
jeweiligen Schülers leiten zu lassen (vgl. ADAM a.a.O. 166).

Ein weiteres gilt zu bedenken: Nach SPECK werden innerhalb
eines Kommunikationsgeschehens zwischen zwei nicht-behinderten Menschen Mitteilungen nicht nur verbal, sondern auch vokal
und über den Gesichtsausdruck vermittelt (vgl. SPECK 1984,
82). Ein elektronisches Kommunikationsmittel vermag - bei
optimaler Passung - lediglich die verbalen Mitteilungen zu
übermitteln. Weiter erschwerend kommt hinzu, daß gerade
Menschen mit spastischen Bewegungsstörungen beim Sprechen,
beim Bilden von Lauten oder auch bei der Bedienung einer
Tastatur oder eines Schalters dem Hörer über den Gesichtsausdruck, aber auch über Gestik und Körperhaltungen Informationen
vermitteln, die der Hörer vielleicht falsch, oder oftmals auch
gar nicht interpretieren kann. So ist es vielleicht rational
möglich, diesen Informationskanal bei der Interaktion mit
einem bewegungsbeeinträchtigten Menschen zu ignorieren.
Trotzdem werden aber fortlaufend über diesen Kanal Informationen gesendet, die doch unbewußt die Einstellung zu dem
gesagten, ja mitunter sogar zu dem Menschen selbst beeinflussen und damit auch im negativen Sinn beeinträchtigen können.

HUBER et al. sehen das "ideale" Kommunikationsmittel in
Abhängigkeit vom situativen Kontext (vgl. 1990, 96 f):

In der Gruppe muß es den Schülern möglich sein, auf klare
Fragen schnell und spontan mit "Ja" oder "Nein" zu antworten.
Hier sollte deshalb primär die lautsprachliche oder die non-
verbale Kommunikation durch Gestik und Mimik gefördert werden.

Im Unterricht soll differenziertes und genaues Antworten geübt
werden. Dies sollte - bei sprachbeeinträchtigten Schülern -
vornehmlich durch digitalisierte oder synthetische Sprachausgaben erfolgen. Hierbei liegt der Schwerpunkt nicht in der
Schnelligkeit sondern in der Genauigkeit der Antworten.

Im Gespräch zwischen körperbehinderten Schülern und ihren
Eltern spielen meist nonverbale Kommunikationstechniken eine
große Rolle. Die Eltern werden ihr Kind meist abfragen, wobei
sie sich an dem strukturierten Tagesablauf des Kindes
orientieren. Das Kind wird zum einen häufig mit Ja-Nein-Ant-
worten reagieren oder zum anderen mit Bildern oder Symbolen
Sachverhalte zu vermitteln versuchen. "Der familiäre Ablö-
sungsprozeß behinderter Jugendlicher erhält mit den erweiterten Kommunikationsmöglichkeiten durch den Einsatz elektronischer Hilfen zusätzlich Antrieb und bricht die seit der
Kindheit verfestigte Bindung zwischen Eltern und Kind auf"
(a.a.O. 96). Auch hier würden sich die durch elektronische
Hilfen erweiterten Kommunikationsmöglichkeiten positiv auf
die Identitätsbildung auswirken.

5.2. Möglichkeiten des Computereinsatzes bei schwer körperbehinderten Menschen

Hier mag nun zunächst die Erwartung nach einer Beschreibung
stehen, was den "schwer körperbehinderten Menschen" charak-
terisiert, wodurch er sich vielleicht von anderen körperbehinderten Menschen unterscheidet und welche kognitiven Fähigkeiten vermutet werden dürfen.

FRÖHLICH bezeichnet jene Menschen als "Schwerstbehindert",
die in absehbarer Zeit nicht die vergleichbaren Leistungen
eines gesunden Säugling von 6 Monaten erreichen (vgl. FRÖHLICH
1983, 210). Somit enthält der Begriff der "Schwerstbehinde-
rung" hier auch das Faktum einer weitreichenden geistigen
Behinderung.

Auch für THALHAMMER zeichnet sich das schwer körperbehinderte
Kind durch schwerste motorische Defizienz und gravierenden

Einschränkungen der kognitiven Strukturen aus (vgl. THALHAMMER 1980, 547).

Für die hier beschriebenen Schülern, denen man in der sonderpädagogischen Praxis mit "Basaler Stimulation" (FRÖH-LICH 1977, 22), einer "Pädagogik gemeinsamer Daseinsgestaltung" (KOBI 1986, 81) oder mit der "Sicherung existenzieller Grundbedürfnisse" (FISCHER 1990, 25) zu begegnen versucht, mag der Computer als elektronisches Hilfsmittel - zu recht - außerhalb jeglicher Realisationsmöglichkeiten stehen.

Die im Abschnitt 4.1.1. dargelegten kognitiven Voraussetzungen können sich im Sinne einer Arbeitsgrundlage als notwendig erweisen. Wie im gleichen Abschnitt dargelegt wurde, hängen die kognitiven Voraussetzungen jedoch auch von den verwendeten Programmen ab. Insofern sind Aussage über ein Nicht-verstehen der Computertechnik immer auch auf ein bestimmtes Programm bezogen. So mag es durchaus Schüler geben, für die der Computer heute deshalb kein geeignetes Hilfsmittel ist, weil es (noch) keine adäquaten Programme gibt, oder weil noch keine geeigneten und verläßlichen Ansteuerungsmöglichkeit für diese Schüler gefunden worden sind. ADAM verweist auf die Möglichkeit, daß mitunter der Mensch als "schwerstbehindert" gilt, zu dem noch kein geeigneter Zugang gefunden wurde (ADAM 1990, 163).

So wird im folgenden zwar vorausgesetzt, daß die jeweiligen körperbehinderten Menschen die Funktionsweise und den Sinn der elektronischen Hilfen kognitiv verstehen, es wird aber immer auch die Möglichkeit in Betracht gezogen, daß ein vermutetes Nicht-verstehen durch die Betreuungspersonen in Wirklichkeit ein "Sich-nicht-ausdrücken-können" bzw. ein "Nicht-verstanden-werden" ist. "Es gibt wohl keine menschliche Wirklichkeit, die sich zur Gänze einer auch nur in Mindestanteilen denkbaren Erreichbarkeit, Beschreibbarkeit und Inter-

pretierbarkeit analog entzieht wie die conditio humana des
schwerstbehinderten Menschen" (THALHAMMER 1986, 125).

5.2.1. Die besondere Problematik schwer körperbehinderter Menschen

Für schwer körperbehinderte Menschen ist nach THALHAMMER das
"Warten" eine der wesentlichsten Formen der Daseinsgestaltung.

> "Es muß angenommen werden, daß der Status des Wartens
> das anthropologische Kriterium des schwerbehinderten
> Menschen schlechthin ist. Ein imaginiertes Millionen-
> heer wartender behinderter Menschen in Institutionen
> und in Familien wird übersehen oder vertröstet, stellt
> sich auf neue Wartephasen ein, fühlt sich ohnmächtig,
> ausgeliefert und wehrlos, doch solange der Trost noch
> formuliert wird, hört die Hoffnung nicht auf, daß sich
> auch Erwartungen erfüllen (können), in welcher Reduk-
> tion und vorgegebener Disqualifikation auch immer.
> Reicht die physisch-psychische Energie aus, konsti-
> tuiert sich eine Traumwirklichkeit aufgrund erlebter
> und erfahrener Situationen, die im Prozeß des Träumens
> verzweifelt festgehalten werden (müssen), doch in
> Sonderheit, daß die trostlose, untröstliche Zeit des
> Wartens überbrückbar wird" (THALHAMMER 1986, 126 f).

Die Zeiten des Warten-müssen sind zunächst abhängig von dem
Grad der motorischen Beeinträchtigung und unabhängig von dem
Grad der kognitiven Beeinträchtigung. Es ist der Fall der
kognitiven Unversehrtheit - vielleicht sogar einer Hochbega-
bung - denkbar, bei dem ein Mensch seine Umwelt zwar mit seinen
Sinnen wahrnehmen kann, er jedoch in keinster Weise auf seine
Umwelt Einfluß nehmen kann, er selbst lebenswichtige Bedürfnisse nicht kundtun kann, er darauf angewiesen ist, daß
lebenserhaltende Maßnahmen von Außen an ihm - manchmal
vielleicht auch mit ihm - durchgeführt werden, er ansonsten
warten muß daß etwas passiert, ob etwas passiert und manchmal
vielleicht der Glücksfall eintritt, daß sich jemand mit seiner
Person - und nicht nur mit seinem Körper - beschäftigt und

durch diese Beschäftigung ein (lang gehegter) Wunsch in
Erfüllung geht.

Gelingt es nun, diesen Menschen in eine Zeichen-, Symbol- oder
Bildersprache einzuweisen, ihm eine Adaption zu bauen, die er
verläßlich bedienen kann und ihn in die Funktionsweise einer
elektronischen Hilfe einzuarbeiten, so wäre dies ein möglicher
Weg aus der Isolation.

Die Möglichkeit, Kommunikationen selbständig zu initiieren,
ist für NUNNER-WINKLER die Voraussetzung dafür, daß ein Mensch
als Person und nicht als Objekt angesehen wird.

> "Mit der Fähigkeit zu kommunizieren wird das Kind zu
> einer Person und das bedeutet: es kann und muß als
> gleichberechtigter Interaktionspartner behandelt
> werden. Das ändert die Art und Weise, wie wir mit dem
> Kind umgehen und - in der Folge - sicherlich auch,
> wie das Kind sich selbst versteht und entwickelt"
> (NUNNER-WINKLER 1990, 7).

Jemanden als Objekt betrachten, heißt - im sonderpädagogischen
Kontext - in füttern, ihn versorgen, ihn heilen und trainieren.
Jemanden als Person betrachten heißt, in ihm ein "ebenbürdiges
Mitglied der menschlichen Gemeinschaft" (a.a.O. 9) zu sehen.

Objekten und Personen - so NUNNER-WINKLER weiter, begegnet
man mit unterschiedlichen Gefühlen:

> "Einem anderen (...) ausschließlich in objektiver
> Haltung begegnen, d.h. ihm gegenüber im Prinzip
> Emotionen wie Empörung oder Dankbarkeit nie empfinden
> können, heißt ihm den Personenstatus zu verweigern.
> In welchen Fällen tun wir dies? Wir tun dies bei sehr
> kleinen Kindern, bei geistig schwer behinderten
> Menschen, bei schuldunfähigen Verbrechern, auf deren
> Fehlverhalten wir mit Nachsicht und Geduld, mit Ärger
> und Ablehnung, nicht aber mit Empörung und Entrüstung,
> und auf deren Wohlverhalten wir mit Freude oder mit
> Überraschung, nicht aber mit Dankbarkeit reagieren"
> (a.a.O. 9).

Beinhaltet die gelungene Vermittlung einer elektronischen Hilfe in Form des Computers oder eines anderen Kommunikationsgerätes für einen schwer körperbehinderten Menschen die Chance nicht (mehr) als Objekt sondern (endlich) als Person angesehen zu werden, so bleibt doch die große Gruppe derjenigen Menschen zurück, die aufgrund ihrer schweren motorischen Beeinträchtigungen und/oder ihres "kognitiven Andersseins" (THALHAMMER, 1974, 39) jetzt nicht, und auch nicht in absehbarer Zeit von diesen Hilfen profitieren werden, und denen "angesichts der Unveränderlichkeit, der Verfügtheit, der Abhängigkeit, die nicht reduzierbar erscheint, der Wirklichkeit, die sich in geradezu absoluter Ohnmacht zeigt" (THALHAMMER 1986, 138), nichts anderes übrig bleibt als "Trauerarbeit" (a.a.O. 138) zu leisten.

5.2.2. Die Bereitschaft der professionellen Helfer

Die Bedeutung der Akzeptanz der professionellen Helfer wurde schon an anderer Stelle dargelegt (vgl. 3.3.3.). Bezog sich die Akzeptanz dort auf die Bereitschaft, sich in die Computertechnologie einzuarbeiten, Computer im Unterricht zu verwenden, bzw. an entsprechenden Fortbildungen und Schulungen teilzunehmen, so soll jetzt die Bereitschaft, sich mit den erweiterten Kommunikationsmöglichkeiten bewegungsbeeinträchtigter Menschen auseinanderzusetzen erörtert werden.

Die Erweiterung, bzw. die Ermöglichung von Kommunikation bei schwer körperbehinderten Menschen wird zwar allgemein als eine Grundmaxime sonderpädagogischer Arbeit verstanden, sie beinhaltet jedoch auch mögliche Konfliktsituationen und ist daher - für beide Seite - nicht unproblematisch.

Ein Mensch, der sich bislang nicht äußern konnte, hatte auch keine Möglichkeiten, seine Wünsche zu artikulieren und seine Forderungen einzuklagen. Bei einem schwer körperbehinderten

Mensch steht zunächst einmal die Pflege im Vordergrund, gilt
es doch, lebenserhaltende Maßnahmen (z.B. Füttern) durchzu-
führen. Es erfolgt natürlich auch eine persönliche Hinwendung
zum Menschen. Die Initiative dieser Zuwendung bleibt jedoch
ganz klar dem professionellen Helfer vorbehalten. Diese
Zuwendungen werden oftmals auf Grundlage mehr oder minder
reflektierter Prinzipien wie Gerechtigkeit ("Jeder der Schüler
... der Patienten ... der Heiminsassen ... soll die gleiche
Zuwendung erhalten!"), Ökonomie ("Zuerst wird gefüttert, dann
wird gewindelt und dann habe ich Zeit.") und persönlicher
Ressourcen ("Jetzt brauche ich auch mal meine Ruhe!")
verteilt. Erfährt der körperbehinderte Mensch sich durch die
Anwendung dieser Prinzipien in hohem Maße als Fremdbestimmt
und als Objekt von Handlungen, so ist es andererseits oftmals
gerade das Festhalten an diesen Prinzipien, durch das -
speziell im pflegerischen Bereich - das Funktionieren von
Institutionen überhaupt erst ermöglicht und aufrechterhalten
wird.

Das so entstandene Gleichgewicht zwischen den verfügbaren
Kräften und den ausgeführten Handlungen kann nun durch
Kommunikationshilfen empfindlich gestört werden, ist doch zu
befürchten, daß der Wunsch eines körperbehinderten Menschen
zu einem als unpassend empfunden Zeitpunkt geäußert wird.

Dem "Mehr" an Wünschen und Bedürfnissen, die (vielleicht)
durch elektronische Hilfen artikuliert werden, muß auch ein
"Mehr" an Möglichkeiten und damit auch eine vermehrte
persönliche Zuwendung gegenüberstehen, will man die Situation
vermeiden, daß ein endlich "sprechender" schwer körperbehinderter Mensch erfährt, daß er eigentlich nichts zu sagen hat.

REINARZ gibt folgendes Beispiel:

"Wenn wir nun z.B. mehrfach erlebt haben, daß wir nach
einer Unstimmigkeit mit Pflegepersonen nur noch
ungründlich oder ruppig auf der Toilette versorgt
werden, dann werden wir uns bald überlegen, ob wir

unsere Meinungen und kleinen Bedürfnisse weiterhin
jederzeit äußern, denn die Erfüllung unserer Grundbedürfnisse könnte bedroht sein. Wir werden auf Kosten
unserer Selbstbestimmung Differenzen vermeiden, und
auf lange Sicht werden wir gar nicht mehr spüren und
wissen, welches denn unsere wahren Wünsche und
Bedürfnisse sind" (REINARZ 1990, 24).

Aus Angst vor dem Entzug existenzieller Hilfe wird auf
Möglichkeiten der Selbstbestimmung verzichtet. Um wieviel
störungsanfälliger ist dieser Prozeß, wenn schon die Bereitstellung eines Kommunikationsmittels den persönlichen Einsatz
eines professionellen Helfers erfordert.

Für NUNNER-WINKLER beinhaltet die neu gewonnene Artikulation
eines behinderten Menschen auch beim Helfer die Chance einer
Veränderung. Durch das Äußern und Mitteilen von persönlichen
Bedürfnissen übertritt ein körperbehinderter Mensch plötzlich
die Grenzen zwischen den "im Prinzip Normalen" (1990, 14) und
den Anderen, die nicht wirklich als Person gesehen werden:
"Wenn ein Kind, das wir als geistig schwerbehindert einschät-
zen, plötzlich dank technischer Hilfsmittel autonom zu
kommunizieren lernt und so für uns zur Person wird, dann ist
dies eine Erfahrung, die uns zum Einhalten zwingt, die uns
zwingt, die Grenze, die wir bislang ganz selbstverständlich
gezogen haben, neu zu überdenken. Dann können wir gewahr
werden, daß wo wir die Grenze zwischen normal und abweichend
ziehen, nicht ein bloßes Faktum der Natur sondern auch ein
Ergebnis sozialer Definitionsprozesse ist" (a.a.O. 14 f).

Diese Veränderung der Sichtweise kann aber nur dann erfolgen,
wenn die Helfer bereit sind, sich auf den körperbehinderten
Menschen einzulassen und dafür auch genügend Zeit haben.
Während dies in sonderpädagogischen Einrichtungen noch ge-
währleistet zu sein scheint, stellt sich die Situation in
Pflegeinstitutionen oftmals anders dar, wird hier die Arbeit
durch materielle Rahmenbedingungen oftmals entscheidend beeinflußt.

5.2.3. Bedürfnisse als Grundlage von Kommunikation

Persönliche Bedürfnisse mitzuteilen setzt eine Gewahrwerden dieser Bedürfnisse voraus. Ein Mensch, der in allen Bereichen des täglichen Lebens auf Hilfe angewiesen ist und versorgt und gepflegt wird ist in der Gefahr, eigene körperliche Bedürfnisse nicht mehr wahrzunehmen. Durch regelmäßige Essenszeiten kann das Gefühl für Hunger verloren gehen, durch ausreichende Nachtruhe das Gefühl der Müdigkeit. Durch Windeln oder Katheder ist auch der Drang zur Toilette unbekannt.

Persönliche Wünsche können sich nur aus dem Zusammenspiel von geäußerter Intention und erfahrener Wirkung entwickeln. Konnten bislang keine Wünsche geäußert werden, konnte in die Welt nicht handelnd eingegriffen werden, verlieren sich Ideen und Bedürfnisse im Stadium des Wartens.

"Habe ich häufig die Erfahrung gemacht, daß ich nichts bewirken kann, so werde ich bei auftretenden Grenzen bald kapitulieren und mich entmutigt und enttäuscht von der ungerechten Welt zurückziehen, die für mich keinen Platz an der Sonne zu haben scheint. Habe ich jedoch früh und oft erfahren, daß man auf meine Bedürfnisse eingeht und sie respektiert, so werde ich mit dem Gefühl leben, die Kraft und den Einfluß zu haben, an Grenzen zu rütteln. Ich lebe mit der Zuversicht, Grenzen zu meinen Gunsten zu bewegen, und mit der Erfahrung, Ziele erreichen zu können" (REINARZ 1990, 27).

Jedem Schüler sollte deshalb so früh wie möglich Einflußnahme auf die Welt ermöglichet werden. Die einfachsten Bedürfnisse bei Kindern können hierbei die Wahl des Sitznachbarn oder des gesungenen Morgenliedes sein. Für diese Schüler ist es wichtig zu erleben, daß auf Antworten (in welcher Form diese auch immer gegeben werden) Reaktionen erfolgen, und daß sie diese Reaktion bewirkt habe. Aus anfänglich überschaubaren Situationen, in denen aus zwei oder drei Vorgaben ausgewählt wurde, muß stückweise der Weg zur Erschließung der Welt gegangen werden.

5.2.4. Die Möglichkeit des Scheiterns

Wenn bei einem Menschen eine elektronische Hilfe erprobt werden soll, ist immer auch ein Scheitern dieses Versuches einzuplanen. Es muß im Vorhinein bedacht werden, wie sich dieses Scheitern auf die betroffene Person auswirken kann. Dies gilt speziell dann, wenn das Hilfsmittel zur Kommunikation eingesetzt werden soll.

Die Ankündigung einer elektronischen Hilfe und das erste Ausprobieren bleiben für den betreffenden Menschen nicht ohne Wirkung. Sicherlich macht sich dieser Mensch Vorstellungen, Hoffnungen und Träume, was diese Hilfe für ihn bringen wird und wie sich sein Leben durch diese Hilfe verändern wird. Je größer diese Hoffnungen sind, umso schmerzhafter wird die Enttäuschung wenn ein initiierter Versuch bei unüberwindbaren Schwierigkeiten abgebrochen wird, der betreffende Mensch wieder in die Einsamkeit des "Nicht-kommunizieren-Könnens" entlassen wird.

Bei der Kommunikationshilfe HECTOR erfolgte eine Zuteilung erst nach einer vierzehntägigen Testphase. In dieser Testphase wurden intensiv die möglichen Fähigkeiten des Benutzers, das System HECTOR nutzbringend anzuwenden, abgeklärt (vgl. GABUS 1989, 203). Ein solches Intensiv-Seminar vermag natürlich große Versagensängste aufzubauen und auch nach solch einem Seminar ist die Enttäuschung sehr schmerzhaft, jedoch wird dadurch die Zeit der Erprobung und damit auch die Zeit der Ungewißheit begrenzt. Nach diesen vierzehn Tagen wird die Entscheidung gefällt, wie immer sie ausfallen mag.

Speziell an schulischen Einrichtungen ist oft zu beobachten, daß die Erprobung einer elektronischen Hilfe sich über Wochen und Monate hinzieht. Meist stehen hierfür dem Lehrer oder dem Therapeuten pro Schüler nur eine Stunde in der Woche zur Verfügung. Gerade die Erstellung der Adaptionen, bei der Vorrichtungen gebaut, ausprobiert und wieder verändert werden müssen, erweist sich oft als sehr zeitintensiv.

Auf der anderen Seite können vielleicht auftretende Schwierigkeiten in einer längeren Testphase auch besser umgangen und behoben werden, als dies in vierzehn Tagen der Fall ist.

Wird aufgrund unüberwindbarer Schwierigkeiten das Scheitern formuliert, darf der betreffende Mensch nicht zurück in die Gruppe und hinaus in seinen Alltag entlassen werden. Für diesen Menschen und auch mit ihm müssen Möglichkeiten des "anstatt" gesucht werden. Kann es aufgrund kognitiver Barrieren nicht der Computer sein, so kann es vielleicht eine einfache Umweltsteuerung sein, mit der dieser Mensch seine Welt verändert (vgl. Abb. 79). Es gilt diesen Menschen zu begleiten und zu versuchen die Trauer der Enttäuschung mitzutragen.

Abb. 79
Hier kann der Schüler durch Betätigen eines Schalters den Motor des Flugzeugs zum Drehen bringen.
Auch somit kann er Einfluß auf seine Um-Welt nehmen.

5.3. Zusammenfassung

In diesem Abschnitt sollten die Möglichkeiten des Computers als Kommunikationsmittel erörtert werden. Für diejenigen Menschen, deren verbale Kommunikation eingeschränkt oder gestört ist oder die über keine aktive Sprache verfügen, existieren schon seit geraumer Zeit Kommunikationshilfen in Form von Bildern oder Symbolen. Hier kann jedoch immer nur aus einer vorgegebenen Anzahl von Elementen ausgewählt werden. Bei neuen Begriffen und Symbolen ist der betreffende Mensch immer auf Personen angewiesen, die seine Materialien um die entsprechenden Begriffe ergänzen. Erst durch elektronische Hilfen können auf der Basis von Schriftsprache eigene Ideen und Gedanken ausgedrückt und ausgesprochen und somit auch neuer Sinn kreiert werden.

Die Auswahl der entsprechenden Hilfe muß sich auch an den jeweiligen kognitiven Fähigkeiten orientieren. Diese sind jedoch - speziell bei schwer körperbehinderten Menschen - oftmals nicht ohne weiteres zu erkennen. So gibt es Schüler, die überhaupt erst durch den Computer ihr Wissen zeigen können.

Eine neu gewonnene Artikulationsfähigkeit birgt aber auch neue Probleme. So können für den Helfer und die Bezugspersonen die nun formulierbaren Wünsche und Bedürfnisse einer sprachbeeinträchtigten Person als belastend wirken. Erfährt ein Mensch, daß seine geäußerten Wünsche als lästig empfunden werden und sich durch diese Wünsche das Verhältnis zu Betreuungspersonen nachteilig ändert, wird er den Gebrauch elektronischer Hilfen dosieren, verringern oder sogar völlig aufgeben.

Artikulieren kann sich nur derjenige, der "auch etwas zu sagen hat". So kann nach einer Zeit des "Nicht-kommunizieren-könnens" die Reaktion auf eine angepaßte elektronische Hilfe zunächst Sprachlosigkeit sein. Hier müssen mit dem betroffenem

Menschen Gesprächsthemen gefunden werden und er muß lernen
Wünsche wahrzunehmen und diese auszudrücken.

Bei jeder Indikation muß man sich aber auch der Möglichkeit
des Scheiterns und den sich daraus ergebenden Folgen bewußt
sein. Dies darf keine ängstliche Handlungsunfähigkeit erzeugen; vielmehr muß ein Scheitern mit Trost und mit der Suche
nach neuen Möglichkeiten begleitet werden.

6. Die Bedeutung elektronischer Hilfsmittel für körperbehinderte Menschen

In diesem Abschnitt soll die Bedeutung der elektronischen Hilfsmittel für körperbehinderte Menschen beschrieben werden.

Dies kann - und soll - zum einen durch betroffene Personen selbst geschehen, die ausdrücken, was der Computer oder andere elektronische Hilfen für sie bedeuten.

Aber nicht alle betroffenen Personen können sich äußern. Ein schwer körperbehinderter Schüler, dessen einzige willentliche Bewegung das Betätigen eines Schalters ist und dessen Kommunikationsmöglichkeiten deshalb auch zum großen Teil von diesem Schalter abhängen, kann sich vielleicht (noch) nicht zur Bedeutung des Computers äußern, weil er sich gerade erst am Anfang eines Schreib- und Leselernprozesses befindet oder weil ihm keine hinreichenden symbolsprachlichen Ausdrucksmöglichkeiten zur Verfügung stehen. Trotzdem dürfte der Computer gerade für diesen Schüler eine immense Bedeutung besitzen. Eine Möglichkeit ist hier die Beschreibung "von außen", bei der versucht wird, die subjektive Bedeutung objektiv wahrzunehmen und zu beschreiben.

6.1. Beschreibungen Betroffener

Eine sehr eindrucksvolle Aussage über die Bedeutung eines Kommunikationsmittels ist bei GABUS zu finden. Dort ist der Vortrag einer schwer körper- und sprachbehinderten Frau abgedruckt, den diese mit ihrem Kommunikationssystem HECTOR vorbereitet hatte, und den sie bei einer Tagung vor großem Publikum mit Hilfe einer synthetischen Sprachausgabe vortrug.

> "Zuerst müssen Sie sich einmal vorstellen, was es
> bedeutet, Ihnen nach 32 Jahren zum erstenmal im Leben

ein 'Gruezi' zurufen zu können. Das ist sehr viel im
Leben. Sagen zu können, auf welchem Gleis mein Zug
fährt, ein Taxi zu nehmen, zu telefonieren, die Leute
zu unterbrechen, mit den Kindern zu sprechen, zu
diskutieren. Mich klar auszudrücken, ohne die Gefühle
des Mitmenschen. Die Leute reagieren darauf oft
positiv, denn sie haben keine andere Wahl, mit mir zu
sprechen und interessieren sich darum sehr für meine
Maschine. Sie wissen aber nie recht, wer HECTOR ist,
und wie er funktioniert, und das ist dann ihr großes
Rätsel der Bewunderung. Oder als ein Freund von mir
wird HECTOR auch oft betrachtet. Ich finde das lustig.
Auch wenn die Leute mit mir plötzlich hochdeutsch
reden. Oder wenn ich im Zug auf einmal 'es macht
nichts' sage, weil jemand nicht einverstanden ist,
daß ich im Gepäckwagen fahre. Einen Hund zu begrüßen,
beim Spazieren mit meinem Begleiter zu plaudern, usw.

(...)

Die Spontanität ist eben stets wichtig bei allem. So
macht es auch nichts, wenn ich etwas Falsches drücke.
Manchmal vielleicht ist dies ebenso wichtig, um den
Leuten bewußt zu machen, daß ich niemals eine Maschine
bin, und daß es sehr schwierig ist, alle Befehle im
Kopf zu behalten" (GABUS 1989, 211 f).

Ein anderer Hinweis über die Bedeutung einer elektronischen
Kommunikationshilfe ist bei HUBER et al. zu finden. Man hatte
den Schüler, für den das dort beschriebene Kommunikationsgerät
"System Gerhard" gebaut wurde (siehe Abschnitt 5.1.5.), zu
seinem Gerät befragt. Da zum Zeitpunkt des Interviews
lediglich fest einprogrammierte Sätze über die Sprachausgabe
ausgesprochen werden konnten, nicht aber Wörter und Sätze,
die mit Hilfe der Tastatur eingetippt wurden, mußte sich
Gerhard immer entscheiden, ob er seine Antworten eintippt und
auf den Drucker ausgibt, oder ob er sich der einprogrammierten
Sätze bedient, die der Computer für ihn aussprechen konnte.

Die Antworten, die er über den **Sprachsynthesizer** ausgab, sind
im folgenden **kursiv** gedruckt, die Antworten, die er eintippte
und über den Drucker ausgab, sind unterstrichen.

"1. Wie findest Du Dein Gerät?

Ich Winde So Super

Wie findest Du die Sprachausgabe?

Tlll   Toll

2. Unterhältst Du Dich manchmal lieber ohne Gerät?

Das glaube ich nicht.

Stört Dich das Gerät manchmal?

Nein.

Nachfrage: Wie ist es beim Selbstfahren (mit dem Rollstuhl)?

Scheiße.

Nachfrage: .Warum?

Weil...

(Gerhard versucht sich durch Gestik mitzuteilen. Nach einigen Versuchen und Hilfestellungen:)

weil Ich Mit Hebel nicht Vorbei komme![24]

(...)

5. Wie reagieren die anderen auf das Gerät?

Die Leute windet so Toll

Wie hat Stefan (ein Gruppenmitglied, Gerhards Freund) reagiert?

(Gerhard lacht)

Der Stefan ist ganz uberreischt

Wie ist es zu Hause?

Ohne Computer

(Gerhard schaut nachdenklich drein.)

Nachfrage: Warum

Der Rechner bleibt hier

Nachfrage: Warum?

weil kein pleitz hat im meinen Zimmer

---

24 Gerhard meint, daß er bei installiertem Kommunikationsgerät nicht mehr den Hebel seines Elektro-Rollstuhls bedienen kann und er sich somit nicht mehr selbständig bewegen kann.

(Auf Nachfragen, die Gerhard mit den Mitteln der Gestik beantwortet, stellt sich heraus, daß er zu Hause keinen Rollstuhltisch hat.)
Gibt es einen Unterschied, wenn Du Dich mit Gerät oder ohne Gerät unterhältst?
Ja.
Welchen Unterschied?
(Gerhard überlegt)
<u>mit Computer ist alles klar</u>
<u>und ohne Computer ist es Scheiße!</u>
Reden die Leute anders mit Dir, wenn Du kein Gerät hast?
Ja.
Kannst Du es beschreiben?
<u>Die Leute fragen mich immer wieder</u>

6. Stört es Dich, wenn Du Dein Gerät immer vorführen mußt?
(Gerhard zögert zwischen Ja- und Nein-Taste und grinst.)
Das glaube ich nicht. Aber...
<u>ab r Ich bin so fröhlich</u>" (HUBER et al. 1990 100 ff).

An diesem Interview-Ausschnitt wird deutlich, daß sich Fragen oftmals in kurzen Sätzen, oder auch nur mit einem Wort beantworten lassen. Auch Rechtschreibfehler stören die Kommunikation nicht im geringsten, solange sich der Sinn des Gemeinten klar und deutlich erschließen läßt. Dies Beispiel zeigt aber, wie wichtig und notwendig es ist, oftmals mehrere Kommunikationsmethoden gleichzeitig zu benutzen. Klare und einfache Fragen beantwortet Gerhard schnell und spontan über die Sprachausgabe. Bei komplexeren oder bei nicht einprogrammierten Antworten, bedient er sich der Tastatur und des Druckers. Wo Sprachausgabe und Drucker einen Sachverhalt nicht zu erklären vermögen, bedient er sich der Gestik. Er ist dann allerdings auf alternative Fragen angewiesen, die er mit "Ja" oder "Nein" andeuten kann. Aus diesen drei Kommunikationsmöglichkeiten wählte Gerhard für jede Antwort die gerade passende aus.

Es wird hier sehr deutlich, daß elektronische Hilfen zwar eine große Hilfe sein können, daß sie aber nie ein Defizit vollkommen kompensieren können. Sie sind eben doch nur eine Hilfe. Die Benutzung dieser Hilfe muß erlernt und geübt werden, doch nie darf dies völlig zu Lasten der bereits geläufigen Kommunikationsmethoden gehen, selbst wenn diese als restringiert und abhängig empfunden werden.

Ein anderes Beispiel kommt von dem Schüler Werner. Werner ist motorisch wenig beeinträchtigt und kann sich auch gut sprachlich ausdrücken. Seine Schwierigkeiten liegen im Bereich der Handmotorik. Nach anfänglich großen orthographischen Problemen, ist Werner mit Hilfe der Rechtschreibkorrektur des Programmes SPRICH MIT im Laufe der Zeit zu einer gesicherten Rechtschreibung gekommen.

> ### Was der Computer für mich bedeutet
> Der Computer kann eine große Hilfe sein wenn man nicht gut schreiben kann oder wenn man seine eigene Schrift nicht gut lesen kann oft kann der einfachste Computer eine große Hilfe sein. Ich kann dann meine Schrift viel Besser Lesen, und Ich habe mit der Rechtschreibhilfe gelernt Wörter richtig zu schreiben. der Computer kann jemanden der nicht sprechen kann eine große Hilfe sein damit andere wissen was man will. Das ist viel.

Auch in diesem Text wird deutlich, wie der Schüler den Computer subjektiv als punktuelle Hilfe empfindet. Für ihn ist der Computer "nur" eine Schreibhilfe. Doch wer kann erahnen, wie belastend für ihn das Nicht-schreiben-können wirklich war?

6.2. Video-Transkription als Betrachtungsversuch von Außen

Im folgenden sollen Teile einer Videoaufzeichnung beschrieben werden, die im Deutschunterricht an einer bayerischen Schule für Körperbehinderte aufgezeichnet wurden. Spezielle Aufmerksamkeit wird hierbei dem Schüler Martin gewidmet, der sich aufgrund einer Körperbehinderung nicht lautsprachlich äußern und nur in einem Elektrorollstuhl selbständig bewegen kann.

Bei den ausgewählten Teilen der Videoaufzeichnung handelt es sich um solche Situationen, die als "typisch" für Martins Daseinsgestaltung gewertet werden können und in denen Martin aus der Rolle eines an Interaktionen der Gruppe passiv Beteiligten oder eines Zuhörenden versucht die Rolle des Aktiven, Kreativen und Mit-Gestaltenden einzunehmen.

Um dies zu verdeutlichen wird zunächst das in der Viedeoaufzeichnung Sichtbare beschrieben. Darüber hinaus soll versucht werden, die in einer bestimmten Situation zum Ausdruck gebrachten Gefühle und Emotionen zu beschreiben. Zwar können an solche Interpretationen nicht die selben Geltungsansprüche gestellt werden, wie bei einer streng empirischen Analyse. Gefühle und Emotionen haben aber entscheidenden Einfluß auf die Bewertung und Verarbeitung von Kommunikationsprozessen und wirken somit regulativ auf die Bereitschaft des Sich-einlassens auf ähnliche oder gar neue Situationen.

Beschreibung der Klassensituation
Bei diesem Beispiel handelt es sich um eine 4. Klasse, die nach dem Lehrplan der Sonderschule für Lernbehinderte unterrichtet wird. In der Klasse befinden sich 6 Jungen und 4 Mädchen. Bei der hier beschriebenen Stunde handelt es sich um eine Doppelstunde im Fach Deutsch. Die Schüler sollen in dieser

Stunde den richtigen Gebrauch von Adjektiven erlernen und üben.

Beschreibung des Schülers Martin

Martin ist ein spastisch stark gelähmter Schüler. Aufgrund seiner Körperbehinderung kann er nicht sprechen; wohl aber Laute von sich geben. Das Gehör ist nicht beeinträchtigt. Mit den Händen gelingen Martin keine differenzierten und willentlichen Bewegungen. Es ist ihm deshalb nicht möglich, einen Stift zu halten oder eine Tastatur zu bedienen. Mit seinem rechten Oberarm kann Martin jedoch einen adaptierten Schalter betätigen. Martin kann auch seinen Kopf in eine gewünschte Richtung bringen, und somit stets gut beobachten, was um ihn herum passiert. Um dem Schulalltag zu folgen, sitzt Martin in einem speziell für ihn angepaßten Rollstuhl. An diesem ist eine Kopfstütze angebracht, um ein Überstrecken des Kopfes nach hinten zu vermeiden. Unterhalb der Arme befinden sich zwei weitere Halterungsstützen, die auch einen Teil des Brustkorbs umschließen. Diese Halterungsstützen sollen verhindern, daß Martin nach vorne aus dem Rollstuhl kippt. Zwischen seinen Beinen befindet sich ein Keil, der für einen aufrechten Sitz sorgen soll. Zur Fixierung der Füße wurde ein Fußbrett mit den dazugehörigen Schnallen installiert. In der hier beschriebene Stunde waren die Füße jedoch nicht festgeschnallt. Da Martin die Füße nicht willentlich auf dem Fußbrett halten kann und aufgrund der Spasmen die Beine meistens durchgestreckt hat, "schweben" die Füße in dieser Stunde dauernd einen halben Meter vor dem Rollstuhl. Sie nehmen also eine Position ein, die ein nicht bewegungsbeeinträchtigter Mensch kaum über eine längere Zeitdauer durchhalten könnte. Wenn sich Martin angesprochen fühlt, oder wenn er besonders aufmerksam das Unterrichtsgeschehen beobachtet, bewegt er Arme und Beine heftig vor- und seitwärts. Unterstützt werden diese Erregungszustände durch vokale Laute.

1. Sequenz: Spontanes Einbringen in das Unterrichtsgeschehen

Die Klasse hat zu Beginn der Stunde ein Morgenlied gesungen. Als das Lied beendet ist, steht der Lehrer auf, um die Gitarre beiseite zu legen. Während dieser Zeit schaut Martin geradeaus in Richtung Tür. (Die Klasse hat sich zum Morgenkreis hufeisenförmig um die Tafel versammelt. Martin sitzt seitlich, so daß er nicht direkt zur Tafel, die sich links von ihm befindet, sondern direkt zur Tür schaut.)

Als der Lehrer die Gitarre beiseite geräumt hat, nimmt er sich von der Tafel ein Stück Kreide und stellt gleichzeitig die Frage: "Welches Datum haben wir denn heut'?". Während er diese Frage stellt, hat er Martin den Rücken zugekehrt. Als Martin diese Frage hört, richtet er blitzschnell seinen Oberkörper auf, spreizt Arme und Beine weit von sich, öffnet den Mund und schaut in Richtung Tafel. Diese Haltungsänderung registriert der Lehrer aber nicht, da er Martin nicht im Blickfeld hat. Als er sich nach dem Griff der Kreide wieder zur Klasse umdreht, sitzt Martin zwar immer noch angespannt in seinem Rollstuhl, doch bindet diese Haltung den Grad von Aufmerksamkeit nicht in dem Maße, wie es die Veränderung aus einer eher zuhörenden Ruheposition in diese aktive Erwartungshaltung bewirkt hätte. Eine andere Schülerin der Klasse, ruft spontan, als sie die gestellte Frage hört "Heut...", doch unterbricht sie sich dann plötzlich. Vermutlich fiel ihr in diesem Moment ein, daß sie die Antwort nicht einfach in die Klasse hineinrufen darf, sondern sich zunächst melden und dann warten muß, bis der Lehrer sie aufruft. Auch dieser Schülerin wendet der Lehrer zum Zeitpunkt der Frage den Rücken zu. Ihre Verhaltensänderung in Form des Hineinrufens registriert der Lehrer jedoch über die auditive Wahrnehmung. Als der Lehrer sich dann wieder der Klasse zuwendet, richtet er sich sofort gezielt an diese Schülerin, die sich mittlerweile auch meldet. In dem Moment, als der Lehrer den Namen der Schülerin aufruft, fallen Martins Arme und Beine in eine entspanntere Haltung zurück, der Mund wird fast geschlossen und der Oberkörper

fällt etwas in sich zusammen. Die aufgerufene Schülerin
antwortet dann: "Heute ist Freitag ... Freitag, der ... der
14. 7. ... äh ...äh ... hä? ... äh, wie? ...89." Die Schülerin
spricht dies recht langsam, so daß der Lehrer genügend Zeit
für die Mitschrift hat. Das Aussprechen der Jahreszahl
bereitet der Schülerin offensichtlich etwas Schwierigkeiten,
hier stutzt sie und muß überlegen. Während die Schülerin das
Datum diktiert, wandert Martins Blick zwischen der Tafel und
der Tür hin und her. Als die Schülerin bei der Jahreszahl
überlegen muß, ist in Martin eine geringe, erneute Anspannung
zu beobachten. In seinem Gesicht liegt ein leichtes Lächeln
und er wandert mit seinem Blick nun zwischen der Tafel und
der Schülerin hin und her. Als die Schülerin die Jahreszahl
genannt hat, setzt sich der Lehrer wieder auf seinen Stuhl.
Martin ist nun wieder völlig entspannt, er gähnt.

Die hier beschriebene Situation dauerte 45 Sekunden. 45
Sekunden, in denen sich doch sehr wesentliche Dinge ereignen,
die - so darf vermutet werden - bezeichnend für Martins Leben
sind. Es ist zu vermuten, daß Martin das Datum wußte und sein
Wissen gerne in den Unterricht eingebracht hätte. Da er sich
aber nicht sprachlich äußern konnte und der Lehrer ihn nicht
im Blickfeld hatte, konnte er sein Wissen nicht kundtun. Die
andere Schülerin konnte dies, hatte dann aber doch offensichtlich Schwierigkeiten bei der Beantwortung der Frage. Martins
leichte Anspannung in dieser Situation kann als Bereitschaft
zur Mithilfe gedeutet werden. Vielleicht hat er darauf
gewartet, daß der Lehrer ihn zur Nennung der korrekten
Jahreszahl aufruft.

Martin kann sich zwar aufgrund seiner motorischen Möglichkeiten spontan zu "Wort" melden, ist hierbei jedoch auf visuellen
Blickkontakt mit seinem Interaktionspartner angewiesen. In
allen anderen Fällen kann er kein Gespräch initiieren.

2. Sequenz: Möglichkeiten der mündlichen Mitarbeit

Die eigentliche Unterrichtsstunde beginnt mit dem Spiel "Ich seh' etwas, was Du nicht siehst". Durch dieses Spiel sollen die Schüler erkennen, daß ein Gegenstand durch Adjektive spezifiziert wird. Beim dritten Spieldurchgang darf sich die Schülerin Petra einen Gegenstand aussuchen. Sie beschreibt ihn mit den Farben rosa und weiß, wobei sie sehr auffällig in eine bestimmte Ecke des Klassenzimmers schaut. Als sie die beiden Farben genannt hat, melden sich sofort ihre rechten und linken Nachbarn. Kurz danach ist auch bei Martin eine Veränderung zu beobachten. Seine Arme hält er auf Brusthöhe gestreckt und sein Mund öffnet sich. Dem Lehrer ist diese Haltungsänderung aufgefallen und er spricht in Richtung Martin: "Hat der Martin auch eine Idee? Fragt einmal den Martin ab!" Martin schaut nun seitlich auf den Boden. Lediglich der Schüler links neben ihm versucht seinem Blick zufolgen. Erst nach der Aufforderung des Lehrer "Schaut, wo er hinschaut!" folgen auch die anderen Schüler Martins Blick. Der Schüler Klaus sagt nun: "Den Pulli von ... Tanja, den Jogging-Anzug von Tanja." Martin schaut nun zwar direkt auf die Schülerin Tanja, doch seinem Blick ist nicht zu entnehmen, ob dies der von ihm gemeinte Gegenstand war. So fragt Klaus nochmals nach: "Ist es der Pulli von Tanja?" Erst als der Lehrer die Frage wiederholt und zugleich eingrenzt "Ja? Das T-Shirt von der Tanja?", öffnet Martin ein wenig den Mund. Der Lehrer fragt nun die Schülerin Petra, die sich den Gegenstand ausgedacht hat: "Ist es das überhaupt?" Als diese mit dem Kopf nickt, bewegt Martin sichtlich erfreut Arme und Beine nach oben. Auch der Mund ist nun sehr weit geöffnet. Die Schülerin Petra bemerkt nun: "Ich habe gar nicht gewußt, da der Martin so schnell da drauf kommt." Der Lehrer fragt nun Martin: "Hast Du ein bißchen geraten?", und gleich darauf: "Hast Du das richtig gesehen?". Auf diese zwei (entgegengesetzten) Fragen, die so schnell hintereinander gefragt werden, daß Martin gar nicht eindeutig darauf antworten könnte, reagiert er immer noch mit freudig geöffnetem Mund. Eine anderen Schülerin

quittiert das Ergebnis mit der Bemerkung: "Das war ja auch
nicht schwer."

Auch in dieser kurzen Szene lassen sich einige grundlegende
Kommunikationsprobleme bei nichtsprechenden Menschen aufzeigen. Zunächst ist die Ratesituation als solche sehr komplex
und verschachtelt. Die Schülerin Petra denkt sich einen
Gegenstand aus, den die anderen erraten müssen. Da Martin
mitraten will, aber abgefragt werden muß, wird er nach dem
Gegenstand befragt, den er für den gesuchten hält. Es entsteht
also ein Ratespiel im Ratespiel. Martin ist jetzt derjenige,
der gefragt wird und der die Antworten erteilt. Da Martin den
Gegenstand sofort richtig erraten hat, ist das Ratespiel für
die Schülerin Petra sehr schnell beendet. Die Äußerung von
Petra "Ich habe gar nicht gewußt, daß der Martin so schnell
da drauf kommt!" kann auch als leichte Enttäuschung darüber
interpretiert werden, daß nicht sie, sondern Martin gefragt
worden ist. Die Schülerin Petra merkt in solchen Situationen,
daß Rücksichtnahme auf einen schwächeren Schüler mit Verzicht
verbunden ist. Ihre weitere Bereitschaft zu solchen Verzichts-
leistungen wird von der erlebten Bedeutung solcher Situationen
abhängen. Für Martin wird in solchen Momenten deutlich, daß
er auf einen "beschützenden Lehrer" angewiesen ist, um sein
Können und sein Wissen einzubringen. Schließlich bedurfte es
der Intervention des Lehrers, daß Martin an dem Ratespiel
überhaupt teilnehmen durfte.

Eine andere Situation, die als "typisch" bezeichnet werden
kann, ist das Stellen zweier entgegengesetzter Fragen. Es ist
zu vermuten, da Martin sehr schnell das T-Shirt an den Farben
weiß und rosa erkannt hat. Die Frage des Lehrers, ob er also
geraten hätte, müßte er folglich mit "Nein" beantworten.
Entsprechend die zweite Frage, ob er das richtig gesehen hat,
mit "Ja". Da jedoch beide Fragen quasi in einem Atemzug
gestellt worden, weiß Martin nun nicht auf welche Frage er
eigentlich antworten soll. Egal, wie er sich entscheidet,

seine Antwort kann immer falsch interpretiert werden. Das
Stellen solcher entgegengesetzter Fragen ist häufig bei
erwachsenen Bezugspersonen zu beobachten. Vielleicht hat der
Lehrer beim Stellen der ersten Frage gemerkt, daß diese Martins
Leistung abqualifiziert und folglich - sich verbessernd - die
zweite Frage schnell nachgeschoben. Oft ist aber auch zu
beobachten, daß Fragen, auf die nicht ohne weiteres mit "Ja"
oder "Nein" geantwortet werden kann, schnell gegen eindeuti-
gere Alternativfragen ausgetauscht werden. Meist wird dem
Schüler nicht zugetraut eine differenzierte Antwort zu geben,
oder aber es wird aus Zeitgründen auf eine solche verzichtet.

3. Sequenz: Möglichkeiten mit Hilfe des Computers
Nachdem die Schüler in mündlicher Gruppenarbeit Substantiven
die entsprechenden Adjektive zugeordnet haben, sollen sie nun
schriftlich in einem Lückentext zu vorgegebenen Adjektive die
dazugehörigen Substantive einsetzen. Als der Lehrer die neue
Aufgabenstellung erklärt und den Schülern die Arbeitsblätter
austeilt, ist in Martins Gesicht sofort eine freudige
Erwartung und Anspannung zu sehen. Er freut sich darauf, nun
am Computer (endlich) selbständig arbeiten zu können. Während
der Lehrer den einzelnen Schülern nochmals die Aufgabenstellung erklärt, wartet Martin, bis er an der Reihe ist, und
schaut in dieser Zeit immer wieder zwischen dem Lehrer und
seinem Computer hin und her. Nach drei Minuten bekommt auch
Martin sein Arbeitsblatt vorgelegt. Nun wird zunächst die
rechte Armstütze des Rollstuhls abmontiert, damit in Höhe des
Oberarms sein Spezialschalter montiert werden kann, den er
zur Bedienung des Programm benötigt, der Computer angeschaltet
und das Programm geladen. Der Lehrer befestigt das Arbeitsblatt vor Martin und erklärt ihm kurz, daß er die fehlenden
Wörter des Lückentextes auf den Bildschirm schreiben soll.
Martin arbeitet mit einer eingeblendeten Bildschirm-Tastatur.
Er wählt mittels des Scanning-Verfahrens einzelne Buchstaben
aus, und bildet so seine Wörter. Bis Martin sein erstes Wort
schreiben kann, vergehen nochmals 2 Minuten. Insgesamt mußte

Martin also 5 Minuten warten, bis der Lehrer bei ihm die entsprechenden Vorbereitungen zum Schreiben getroffen hatte. Martin arbeitete dann sofort sehr schnell und konzentriert. Nach zwei Minuten gibt er das erste Wort auf dem Drucker aus. Das Geräusch des Druckers ist Anlaß für den Lehrer zu Martin zu kommen und das Wort mit einem Stift in die entsprechende Lücke des Arbeitsblattes zu übertragen. Das erleichtert Martin den Überblick über Stand und Fortgang der einzelnen Lösungen. Er beginnt daraufhin sofort mit dem zweiten Wort. Wieder ist es das Geräusch des Druckers, daß dem Lehrer signalisiert, daß Martin auch die zweite Aufgabe beendet hat. Da der Lehrer jedoch gerade bei einem anderen Schüler ist, muß Martin fast 2 Minuten warten, bis sich der Lehrer wieder ihm zuwendet. Der Lehrer sieht das geschriebene Wort jedoch zunächst nicht und will Martin eine Hilfestellung geben: "Der gesuchte Begriff ist nicht nur klein, sondern klein und grau! Jetzt mußt Du mal überlegen." Martin schaut während dessen den Lehrer mit leicht entsetztem Blick an. Plötzlich sagt der Lehrer: "Ach, das hast Du ja da oben hingeschrieben. Schön!", worauf in Martins Gesichtsausdruck sofort die Entspannung zu beobachten ist, mit der er auf Erfolgsbestätigungen reagiert.

Für Martin ist das Arbeiten am Computer die einzige Möglichkeit, selbständig zu arbeiten. Insofern dürfte ihm der Einsatz des Computers sehr viel bedeuten. Dies spiegelt auch seine freudige Mimik zu Beginn der schriftlichen Arbeitsphase wieder. Und doch ist auch diese Arbeit immer wieder durch Momente des Wartens (vgl. THALHAMMER 1986, 126) bestimmt und geprägt. Martin muß Warten, bis er an der Reihe ist, bis die entsprechenden Vorbereitungen zum Schreiben getroffen worden sind, bis seine Arbeit begutachtet wird und bis er nach deren Beendigung wieder von seinem Computerarbeitsplatz weggefahren wird. Mit dem Computer kann Martin zwar den schriftlichen Arbeitsauftrag wie seine Mitschüler ausführen, sein Gerät ermöglicht ihm jedoch nicht die Teilnahme an spontaner Kommunikation. So ist der Lehrer zunächst der Meinung, daß

Martin das zweite Wort noch nicht geschrieben hat, und gibt ihm entsprechende Hilfen. Danach will er sich schon wieder abwenden und entdeckt quasi im letzten Moment, daß das gesuchte Wort schon am Bildschirm steht. Martin hat - auch mit dem Computer - nicht die Möglichkeit in solchen Situationen sofort lautstark zu protestieren. Er ist vielmehr vollkommen darauf angewiesen, daß er gerecht, objektiv, richtig und entsprechend seinen wirklichen Leistungen beurteilt wird. Dies wiederum bedeutet auch für den Lehrer eine große Verantwortung.

Zusammenfassend läßt sich feststellen, daß der Computer für Martin in einem Teilbereich (hier: Schreiben) relativ selbständiges Handeln ermöglicht. Dieser Sachverhalt wird von ihm selbst sehr hoch bewertet. So wurde er z.B. in einem Interview befragt, welche Ereignisse für ihn in den letzten Jahren besonders bedeutsam waren. Mit dem Computer gab er die Antwort: "ROLLSTUHL / COMPUTER". Doch unmittelbar vor oder nach der Computerarbeit, zum Teil sogar während der Arbeit selbst ist Martin immer wieder auf Hilfestellungen von außen angewiesen. Hier scheint nicht so sehr das Inanspruchnehmen solcher Hilfestellungen das belastende Element zu sein, sondern vielmehr das Warten auf diese.

Es wird dadurch aber auch deutlich, wie groß der Bedarf an der Integration und Weiterentwicklung vorhandener Systeme ist. Neben dem Computer als Schreibhilfe bräuchte Martin ein ständig verfügbares Kommunikationssystem, das es ihm ermöglicht, mittels seines adaptierten Schalters schnell Antworten geben zu können und das ihn dazu befähigt, Interaktionen von sich aus zu beginnen. Dadurch wäre Martin weniger auf den "beschützenden Lehrer" angewiesen. Die Schulsituation würde sich mehr dem "normalen Leben" anpassen.

7. Resümee

Der Computer hat bei der Förderung körperbehinderter Schüler besondere Relevanz. Hier geht es zum einen - wie auch in anderen Schularten - um die Vermittlung grundlegender allgemeiner Fertigkeiten und Fähigkeiten zum verantwortungsbewußten Umgang mit den neuen Informations- und Kommunikationstechniken (vgl. AKADEMIE FÜR LEHRERFORTBILDUNG DILLINGEN et al. 1988, 9). Darüber hinaus ist der Computer für körperbehinderte Schüler das Medium, durch den Kommunikation und selbständiges Handeln überhaupt erst ermöglicht wird. Somit ist er mitbestimmend für die Identitätsentwicklung der betroffenen Schüler in ihren kognitiven, emotionalen und motivationalen Aspekten.

Entwicklung von Übungsprogrammen
Für dieses neue Lernen sind Spezialprogramme notwendig, da sich die üblichen Lernprogramme nicht oder nur begrenzt für die Arbeit mit körperbehinderten Schülern eignen. Der Aufbau der Programmstruktur, die Präsentation des Programmes am Bildschirm und die Eingabemöglichkeiten müssen den perzeptiven, motorischen und expressiven Fähigkeiten körperbehinderter Schüler in besonderer Weise Rechnung tragen. Um solchen Anforderungen gerecht zu werden, ist in hohem Maße pädagogische und informationstechnische Professionalität notwendig. Die Programme müssen deshalb in enger Zusammenarbeit zwischen Sonderschullehrern, Hochschulen und Software-Firmen erstellt werden. Da aufgrund der relativ kleinen Benutzergruppe geeignete Programme nicht auf dem "freien Markt" angeboten werden, kommt staatlichen Institutionen eine besondere Verantwortung bei der Bereitstellung notwendiger Ressourcen zu.

Einsatz von Kommunikationsprogrammen
Mit Lernprogrammen allein wird man jedoch den verschiedenen Förderbedürfnissen nicht gerecht. Aufgabe der Schule für Körperbehinderte ist es auch, schwer körperbehinderten Kin-

dern Kommunikations- und Handlungsmöglichkeiten zu erschließen. Elektronische Systeme sollten dabei dem behinderten
Menschen helfen, sich zeit- und ortsunabhängig schnell verständlich machen zu können. Für diesen Anwendungsbereich ist
der Einsatz von Computern auch am wenigsten umstritten.
Sollten die kognitiven Anforderungen elektronischer Systeme,
die auf der Schriftsprache basieren, die Fähigkeiten einzelner Schüler übersteigen, so lassen sich auch Programme einsetzen, die auf der Ebene einer Symbolsprache operieren.
Dadurch sind auch Schüler, die sich unsere komplexe Schriftsprache nicht aneignen können, in der Lage, sich an Interaktionen zu beteiligen.

Die Bedeutung der Adaptionen
Die wenigsten körperbehinderten Menschen sind in der Lage,
einen Computer über die Tastatur zu bedienen. Hier sind spezielle Adaptionen notwendig, wobei "das Gerät (...) an den
Benutzer und nicht der Benutzer an das Gerät adaptiert werden (muß)" (HUBER et al. 1990, 99)! Um die geeignete Adaption für einen Schüler zu finden, ist der Lehrer auf die
interdisziplinäre Zusammenarbeit mit den Fachkräften der
Schule (speziell Krankengymnastik und Beschäftigungstherapie) angewiesen.

Informationsaustausch
Um teure und unnütze Parallelentwicklungen von Programmen
oder Systemen zu vermeiden, sollten regelmäßig Fachtagungen
zum Erfahrungsaustausch und zum Festlegen von Standards
durchgeführt werden. Auch internationale Entwicklungen sollten beobachtet werden und auf ihre Übertragung für den
deutschsprachigen Raum hin überprüft werden.

Erweiterte Handlungsmöglichkeiten
Den betroffenen Personen sollten über die Schule hinaus im
persönlichen und beruflichen Leben Handlungsfelder offenste-
hen, in denen sie ihre erworbenen Fähigkeiten auch für sich
selbst gewinnbringend einsetzen können. Deshalb müssen neue

Berufsmöglichkeiten erkundet und erschlossen werden. Von den Werkstätten für Behinderte muß erwartet werden, daß sie künftig bei leistungsgerechter Entlohnung computerunterstützte Arbeitsplätze bereitstellen.

Für diejenigen Schüler, die aufgrund ihrer motorischen Beeinträchtigung nicht in einen Arbeitsprozeß integriert werden können, kann der Computer Hilfen zur Daseinsgestaltung geben. Dafür werden Umweltsteuerungsgeräte benötigt, die einem Gesamtsystem integrierbar sind, so daß bei minimalem Bewegungsaufwand von einer Zentraleinheit aus auf viele Dinge der persönlichen Umgebung Einfluß genommen werden kann.

Weitere Entwicklungen

Schließlich gilt es den Markt der elektronischen Systeme zu beobachten, um neue Entwicklungen auf ihre Brauchbarkeit für körperbehinderte Menschen hin zu überprüfen. Speziell der Trend zu immer kleineren aber leistungsfähigeren Geräten zeigt, daß die Möglichkeiten des Computers noch nicht ausgeschöpft sind.

Zusammenfassung

Der Computer hat sich an der Schule für Körperbehinderte in den letzten Jahren zu einem vielschichtigen und bedeutsamen Hilfsmittel entwickelt. Er ist zum einen ein Medium, das Lernen erleichtert, zum anderen ein Gerät das Kommunikation ermöglicht. Ein sinnvoller Computereinsatz hängt jedoch von vielen Variablen ab. Neben den technischen Geräten und den entsprechenden Programmen sind dies in erster Linie die Akzeptanz des Computers durch den betroffenen Menschen selbst und seiner sozialen Umwelt.

Aufgrund der ätiologischen Vielschichtigkeit einer Körperbehinderung und ihren Konsequenzen für die Bildungsprozesse der betroffenen Menschen ebenso wie die Vielfalt an Möglichkeiten Programme für ganz spezifische Anwendungsbereiche zu entwickeln, ist es unmöglich, generelle Aussagen darüber zu machen, welche Beeinträchtigung in welcher Lernsituation einen Computereinsatz erfordert. Die Bedeutung des Computers ist letzlich nur daran zu messen, ob ein körperbehinderter Mensch sich durch ihn Handlungs- und Entwicklungsmöglichkeiten eröffnen kann.

Verzeichnis der beschriebenen Programme

Bezugsquelle/ Herausgeber	Programmname	Computer- system
Schule für Körperbe- hinderte, Alsterdor- fer Straße 420, 2000 Hamburg 60 Hrsg.: Mollowitz / Sauerwein	**Mathematik-Übungspro- gramme Version 1.1**	IBM-kompa- tible mit Herkules, CGA, EGA oder VGA- Bildschirm
Zentralstelle für Computer im Unter- richt, Schertlinstr. 9, 8900 Augsburg	**Einmaleins** enthalten auf der Diskette: SoITG 1	AMIGA
Zentralstelle für Computer im Unter- richt, Schertlinstr. 9, 8900 Augsburg	**Schleuse** enthalten auf der Diskette: SoITG 1	AMIGA
Zentralstelle für Computer im Unter- richt, Schertlinstr. 9, 8900 Augsburg	**Rechne Mit 2** enthal- ten auf den ELEKOK- Disketten	C 64
Bernhard Bader, Berg- str. 7, 8961 Betzigau	**Sprich Mit** Schreib- programm mit automa- tischer Rechtschreib- korrektur sowie Spra- chausgabenunterstüt- zung	IBM-kompa- tible mit Herkules, CGA, EGA oder VGA- Bildschirm

Bezugsquelle/ Herausgeber	Programmname	Computer-system
Dipl. Ing. (FH) Thomas Färber, Bessererstr. 13/1, 7900 Ulm	**TEDI** Schreibprogramm mit Lexikonfunktion sowie Sprachausgabenunterstützung	IBM-kompatible mit VGA-Bildschirm
Ingenieurgemeinschaft für Elektronik, Hastedter Osterdeich 222, 2800 Bremen 1	**KASSANDRA** portables Kommunikationsgerät mit Sprachausgabenunterstützung	An das eigenständige Gerät können Spezialschalter, Drucker und Sprachausgabe angeschlossen werden.
Pearl Agency, Am Kalischacht 4b, 7845 Buggingen	**LACUNA V1.3** Textorientiertes Lernprogramm zur Erstellung und Bearbeitung von Lückentexten	IBM-kompatible mit Herkules, CGA, EGA oder VGA-Bildschirm
Zentralstelle für Computer im Unterricht, Schertlinstr. 9, 8900 Augsburg	Programmserie **LIES MIT** (LIES MIT 1-17, LIES MIT Spezial) Leselernprogramm	C 64

Bezugsquelle/ Herausgeber	Programmname	Computer- system
Zentralstelle für Computer im Unterricht, Schertlinstr. 9, 8900 Augsburg	**LIES MIT V1.0** Leselern- und Schreibprogramm mit Bildeinbindung und Sprachausgabe	IBM-kompatible mit EGA oder VGA-Bildschirm Zur Sprachausgabe ist die AUDIOCARD 300E der Firma SPEECH DESIGN, München notwendig.
Schweizer Stiftung Elektronischer Hilfsmittel für Behinderte, Crêt-Taconnet 32, Postfach 1755, CH-2002 Neuchâtel	**HECTOR II** mobiles Kommunikationsgerät mit eingebautem Drukker und synthetischer Sprachausgabe.	Eigenständiges Gerät, kann nicht mit einer Computeranlage verbunden werden.
dIB Elektronik GDBR, Wodanstraße 50, 8500 Nürnberg 40	**INTROTALKER** tragbare Kommunikationshilfe mit digitalisierter Sprachausgabe	Eigenständiges Gerät, kann nicht mit einer Computeranlage verbunden werden.

Literaturnachweis

Adam, H.: Liebe macht erfinderisch - Ausgewählte Studien
zur Geistigbehindertenpädagogik. Würzburg 1990.

Akademie für Lehrerfortbildung Dillingen, Staatsinstitut
für Schulpädagogik und Bildungsforschung München u.
Zentralstelle für Programmierten Unterricht und
Computer im Unterricht (Hrsg.): Informationstechnische
Grundbildung - Schulen für Behinderte und Kranke.
Dillingen 1988.

Apelt, R.: Sehbehindert - Der Computer im Unterricht an
Schulen für Sehbehinderte. Zentralstelle für Computer
im Unterricht Augsburg (Hrsg.): BUS - Computernutzung
an Schulen, 19 (1990), 52-53.

Arbeitskreis ELEKOK: Erarbeitung und Erprobung
elektronischer Lern- und Kommunikationssyteme für
Körperbehinderte - Ein Modellversuch des
Staatsinstituts für Schulpädagogik und
Bildungsforschung. Behindertenpädagogik in Bayern, 3
(1987), 287-297.

Armbruster, G.: Wesentliche Merkmale des
methodenintegrierten Leseverfahrens bei
Lernbehinderten. In Baier, H. (Hrsg): Unterricht in
der Schule für Lernbehinderte. Donauwörth 1978, 88-98.

Baier, H.: Gedanken zum Unterricht in der
Lernbehindertenschule. In Baier, H. (Hrsg): Unterricht
in der Schule für Lernbehinderte. Donauwörth 1978,
61-76.

Baier, H.: Einführung in die Lernbehindertenpädagogik.
Stuttgart 1980.

Baier, H., Bleidick, U. (Hrsg.): Handbuch der
Lernbehindertendidaktik. Stuttgart 1983.

Baier, H., Heil, G.: Unterrichtsorganisation an Schulen für
Behinderte. Ein Entwurf für die Schule für
Lernbehinderte (Förderschule - Schule zur
Lernförderung) Frankfurt a.M. 1988.

Bauersfeld, H.: Computer und Schule - Fragen zur humanen
Diskussion. Neue Sammlung, 2 (1985), 109-119.

Baumann-Geldern-Egmond, I.: Der Einsatz des Computers im
Unterricht der Primarstufe der Schule für
Lernbehinderte. Frankfurt/Main 1990.

Bäuml-Roßnagl, M.-A.: Wie der Lehrer dem Bildungsauftrag des Sachunterrichts in der Grundschule gerecht werden kann. Pädagogische Welt, 4 (1985 a), 146-150.

Bäuml-Roßnagl, M.-A.: Verlorene Sinn-lichkeit? Pädagogische Welt, 4 (1985 b), 145.

Bäuml-Roßnagl, M.-A.: Leben mit Sinnen und Sinn in der heutigen Lebenswelt - Wege in eine zeitgerechte pädagogische Soziologie. Regensburg 1990 a.

Bäuml-Roßnagl, M.-A.: Eine neue Schule zur Jahrtausendwende? Leitmotive für eine zeitgerechte anthropologische Grundlegung der Schulbildung. Pädagogische Welt, 11 (1990 b), 482-485.

Becker, W.: Der Schein von Freiheit: Rehabilitation geistig und seelisch Behinderter durch Arbeit. Hamburg 1988.

Becker, W.: Neue Qualifikationen für Behinderte: Der Computer als Medium beruflicher Rehabilitation. Berufliche Eingliederung Behinderter, 2 (1989), 10-15.

Becker, W.: Rehabilitation, Bildung und Computertechnik: Neue Techniken zur beruflichen Qualifizierung Körperbehinderter. Bericht zur beruflichen Bildung des Bundesinstituts für Berufsbildung. Bonn 1991.

Begemann, E.: Computer-Einsatzmöglichkeiten in der Schule. Sonderpädagogik, 1 (1985), 28 - 33.

Biet, J.: Einsatz von Computern an Schulen für Behinderte im Saarland. In König, H.-W., Waldner, J. (Hrsg.): COMPASS 5. Kiel 1990, 21.

Bitzl, C., Frank, N.: Gute Lernsoftware? Analyse und Bewertung von Lernsoftware. Pädagogische Welt, 8 (1990), 376-377.

Böhm, R.: Computer und Geistigbehinderte. Zentralstelle für Computer im Unterricht Augsburg (Hrsg.): BUS - Computernutzung an Schulen, 19 (1990), 61-62.

Bonn, H.: Möglichkeiten der nonverbalen Kommunikation schwerstbehinderter Schüler unter Einsatz technischer Kommunikationshilfen. In Fröhlich, A.D. (Hrsg.): Kommunikation und Sprache körperbehinderter Kinder, Dortmund 1989, 213-217.

Brandl, C., Weikmann, M.: Der Einsatz des Computers bei der Förderung schwer körperbehinderter Kinder/Jugendlicher. Erfahrungsbericht über die Arbeit am Computer an der Bayerischen Landesschule für Körperbehinderte in München. Beiträge zur Körperbehindertenfürsorge Nr.42 (1987), S.25-32.

Breuer, K.: Voraussetzungen und Zielvorstellungen für das computerunterstützte Lehren und Lernen. Unterrichtswissenschaft, 4 (1986), 332 - 342.

Brügelmann, H.: Die Schrift als Schlüssel zur elektronischen Welt? Grundschule, 5 (1985), 14 - 18.

Brügelmann, H.: Computer als Hilfe beim Lesen- und Schreibenlernen? In Hameyer, U. u.a. (Hrsg.): Computer an Sonderschulen - Einsatz neuer Informationstechnologien. Weinheim 1987, 99- 108.

Brunnstein, K.: Was kann der Computer? Bildschirm - Faszination oder Information. Friedrich Jahresheft III (1985), 88-91.

Bund-Länder-Kommission für Bildungsplanung und Forschungsförderung (BLK): Rahmenkonzept für die Informationstechnische Bildung in Schule und Ausbildung einschließlich der Mindestanforderungen an schulgeeignete Rechner. Bonn 1985.

Bund-Länder-Kommission für Bildungsplanung und Forschungsförderung (BLK): Gesamtkonzept für die Informationstechnische Bildung. Bonn 1987.

Bundesminister für Bildung und Wissenschaft (Hrsg.): Bildung an der Schwelle zur Informationsgesellschaft - Konzeption und Maßnahmen des Bundesministers für Bildung und Wissenschaft zur informationstechnischen Bildung und Nutzung neuer Informations- und Kommunikationstechniken im Bildungswesen. Bonn 1986.

Bundesverband für spastisch Gelähmte und andere Körperbehinderte e.V. (Hrsg.): Wörterbuch zur Bliss-Symbol-Kommunikationsmethode. Düsseldorf 1982.

Bussmann, H, Heymann, H.W.: Computer und Allgemeinbildung. Neue Sammlung 27 (1987), 2-39.

CHIP: Vier Chips auf einen Streich - Prozessoren im Vergleich. 2 (1990), 40-47.

CHIP: BTX Bulletin Board. 5 (1990), 265-267.

Computer-Magazin: Computer für Behinderte: Stolperstein Vorurteil. 9 (1987), München.

Danner, H.: "Für das Leben lernen wir!" Zum Verhältnis von Schule, Kind, Computer und Wirklichkeit. Bildschirm - Faszination oder Information. Friedrich Jahresheft III (1985), 78-87.

Danner, H.: Wider den Homo faber mit Gemüt. Ein pädagogisches Plädoyer für "Bildung" und Verantwortung. Neue Sammlung, 27 (1987) 40-61.

Das Band: Neue Technologien in Schulen und am Arbeitsplatz.
6 (1986), 10-13.

Das Band: System Hector: Kommunikationshilfe für Menschen
ohne sprachliche Ausdrucksfähigkeit. 1 (1987), 39-43.

Der Kultusminister des Landes Nordrhein-Westfalen (Hrsg.):
Rahmenkonzept Neue Informations- und
Kommunikationstechnologien in der Schule -
Zielvorstellungen, Maßnahmen und Entwicklungsstand.
Heft 43. Köln 1985.

Deuse, A.: Computereinsatz in Sonderschulen für
Hörgeschädigte und Sprachbehinderte. Zeitschrift für
Heilpädagogik, 10 (1990), 674-679.

Deutscher Bildungsrat (Hrsg.): Empfehlungen der
Bildungskommission: Zur pädagogischen Förderung
behinderter und von Behinderung bedrohter Kinder und
Jugendlicher. Bonn 1973.

DIB Elektronik: Elektronische Rehabilitationshilfen.
Nürnberg 1990.

Ditton, H.: Informationstechnologien und Schule -
Einstellungen von Eltern und Lehrern.
Unterrichtswissenschaft 17 (1989), 195-215.

Duismann, G, Meschenmoser, H.: Computer und
Sonderpädagogik. Informations- und
Kommunikationstechnik und deren Bedeutung in der Aus-
und Fortbildung von Sonderschullehrern. Zeitschrift
für Heilpädagogik, 10 (1990), 680-688.

Eberling, H.: Einführung in das Symposium. In
Landesinstitut für Schule und Weiterbildung (Hrsg.):
Computereinsatz in der Grundschule? Symposium vom 13.
und 14. März 1989. Soest 1989, 11-14.

Englmeier, H.: Informationstechnische Grundbildung an
Schulen für Behinderte und Kranke. In Landesinstitut
für Schule und Weiterbildung (Hrsg.): Sonderschulen
und Neue Technologien. Bericht über die Tagung
"Informations- und Kommunikationstechnologien in
Schulen für Lernbehinderte - Stand der
Entwicklungsarbeiten in der Bundesrepublik
Deutschland" Band I. Soest 1988, 83-100.

Erikson, E. H.: Identität und Lebenszyklus. Frankfurt/Main
1973.

Eurich, C.: Computerkultur - ein Begriff macht Karriere.
Bildschirm - Faszination oder Information. Friedrich
Jahresheft III (1985 a), 14-15.

Eurich, C.: Faszination oder Information - Thesen zur
Diskussion. Bildschirm - Faszination oder Information.
Friedrich Jahresheft III (1985 b), 34-37.

Eurich, C.: Computerkinder - Wie die Computerwelt das
Kindsein zerstört. Reinbek 1985 c.

Faber, G.: Rechtschreibförderung auf der Basis
schülerorientierter Fehleranalyse. Zeitschrift für
Heilpädagogik, 9 (1990), 585-600.

Faulstich, P.: Computerkultur: Erwartungen - Ängste -
Handlungsspielräume. München 1988.

Fischer, D.: Behinderung und Lebenslauf. Eine
Herausforderung an die sonderpädagogische Didaktik.
Würzburg 1984. Dissertation (unveröffentlicht).

Fischer, D.: Neues Lernen mit Geistigbehinderten - Eine
methodische Grundlegung. Würzburg 1987.

Fischer, D.: Schulische Einrichtungen und schulische
Wirklichkeit - Ein Aufgabenfeld der Heilpädagogik?
Würzburg 1990.

Franke, P.: Computer und Schule. Pädagogische Welt, 42
(1989), 385-386.

Frey, H.: Kommunikation nichtsprechender Körperbehinderter.
In Fröhlich, A.D. (Hrsg.): Kommunikation und Sprache
körperbehinderter Kinder. Dortmund 1989, 171-186.

Frey, K.: Computer und Bildung. Auswirkungen, Chancen und
Probleme. In Hameyer, U. u.a. (Hrsg.): Computer an
Sonderschulen - Einsatz neuer
Informationstechnologien. Weinheim 1987, 49-60.

Frey, K.: Effekte der Computerbenutzung im Bildungswesen.
Zeitschrift für Pädagogik, 5 (1989), 637 - 656.

Frey-Flügge, E., Fries, A.: Kinder mit
Teilleistungsschwächen in der Schule für
Sprachbehinderte - Modellversuch: Diagnose und
Förderklassen. München 1989.

Fröhlich, A.D.: Zur Förderung schwerst-körperbehinderter
Kinder. In Fröhlich, A.D., Tuckermann, U, (Hrsg.):
Schwerstbehinderte. Rheinstetten 1977, 91-97.

Fröhlich, A.D.: Integrierte Entwicklungsförderung für
schwer mehrfachbehinderte Kinder. In Haupt, U.,
Jansen, G.W.: Pädagogik der Körperbehinderten. Berlin
1983, 52-75.

- 254 -

Fröhlich, A.D.: Kommunikation und Sprachentwicklung bei körperbehinderten Kindern. In Fröhlich, A.D. (Hrsg.): Kommunikation und Sprache körperbehinderter Kinder. Dortmund 1989, 11-28.

Futschek, G.: Computercamps für Kinder. Eine Alternative für den Schulunterricht? In Neuwirt, E., Schauer, H., Tauber, M.J.: Kinder, Computer und Bildung, Wien 1985, 63-76.

Gabus, J.C.: Generelle Anwendungsmethoden der Telethesen. Schweizerische Stiftung elektronischer Hilfsmittel für Behinderte (Hrsg.), o.J.

Gabus, J.C.: Behinderte ohne sprachliche Ausdrucksmöglichkeiten. In Fröhlich, A.D. (Hrsg.): Kommunikation und Sprache körperbehinderter Kinder. Dortmund 1989, 187-212.

Geser, H.: Der PC als Interaktionspartner. Zeitschrift für Soziologie, 18 (1989), 229-243.

Gigl, G., Huber, F.: Erarbeitung und Erprobung elektronischer Lern- und Kommunikationshilfen für Körperbehinderte (ELEKOK). Referat anläßlich der Kooperationstagung "Einsatz elektronischer Hilfsmittel an Einrichtungen für Körperbehinderte" vom 20.-22.5.1987 in Kempten (Allgäu).

Gigl, G.: Computereinsatz an Schulen für Behinderte und Kranke. In König, H.-W., Waldner, J. (Hrsg.): COMPASS 5. Kiel 1990, 11-12.

Gorny, P.: Informatische Grundkenntnisse für Schüler und Lehrer: Das Konzept der ATEE und erste Erfahrungen einer Lehrerfortbildung in der Bundesrepublik Deutschland. In Neuwirt, E., Schauer, H., Tauber, M.J.: Kinder, Computer und Bildung, Wien 1985, 18-24.

Greenfield, P.M.: Kinder und neue Medien. Die Wirkung von Fernsehen, Videospielen und Computern. München 1987.

Günther, K.-B. u.a.: Möglichkeiten und Grenzen computergestützten Schriftspracherwerbs bei behinderten Kindern am Beispiel von ALPHA-Microcomputer-Videodisk-System. Hörgeschädigtenpädagogik 41 (1987), 215-229.

Hacketal, R.: Computer als Lese- und Schreiblernhilfen bei Leselernversagern. In Hameyer, U. u.a. (Hrsg.): Computer an Sonderschulen - Einsatz neuer Informationstechnologien. Weinheim 1987, 109-116.

Hacketal, R.: Richtig lesen, richtig schreiben im Grundwortschatz. In König, H.-W., Waldner, J. (Hrsg.): COMPASS 5. Kiel 1990, 48.

Haefner, K.: Die neue Bildungskrise. Basel 1982.

Haefner, K.: Auf dem Weg in die neue Bildungskrise. Die
    Bayerische Schule 9 (1985), 19-23.

Hameyer, U.: Lernen und Fördern mit dem Computer - Ein
    Erfahrungsbericht zum Modellversuch COMPASS.
    Erschienen in der Reihe COMPASS - Computer an
    Sonderschulen und sozialpädagogischen
    Berufsbildungsstätten. Kiel o.J.

Hameyer, U.: Computer an Sonderschulen? Die erste
    bundesdeutsche Tagung: Ziele und Empfehlungen. In
    Hameyer, U. u.a. (Hrsg.): Computer an Sonderschulen -
    Einsatz neuer Informationstechnologien. Weinheim 1987,
    11-30.

Hameyer, U.: Software in der Lernbehinderten- und
    Förderpädagogik - Empfehlungen für zukünftiges
    Arbeiten. Zeitschrift für Heilpädagogik, 12 (1988),
    841-848.

Hansen, K.H.: Computernutzung und Prozesse sozialer
    Identität. Unterrichtswissenschaft 17 (1989), 216-222.

Hentig, H.v.: Das allmähliche Verschwinden der
    Wirklichkeit. München 1984.

Hentig, H.v.: Sokrates hatte keine Sklaven oder: Das Hoffen
    auf die Kinder. Bildschirm - Faszination oder
    Information. Friedrich Jahresheft III (1985), 44-47.

Hentig, H.v.: Werden wir die Sprache der Computer sprechen?
    Neue Sammlung, 27 (1986), 69-85.

Herrmann, V.: Computer in der Grundschule. Anspruch und
    Wirklichkeit. Zeitschrift für Sozialisationsforschung
    und Erziehungssoziologie, 2 (1989), 126-149.

Hoffmann, G.E.: Auf dem Weg in die Dossier-Gesellschaft?
    Prinzipien und Folgen der Computer-Technologie.
    Scheidewege - Vierteljahresschrift für skeptisches
    Denken, 3 (1979), 417-434.

Hofstätter, P. R. (Hrsg.): Das Fischer Lexikon Psychologie.
    Frankfurt/Main 1972.

Huber, F., Gigl, G., Hornicek, G.: Computer helfen lernen -
    Der Einsatz elektronischer Systeme an der Schule für
    Körperbehinderte. Berufliche Eingliederung
    Behinderter, 3 (1989), 17-21.

Huber, F. et al.: Computer helfen lernen. Ergebnisse und
    Perspektiven eines Modellversuchs an der Schule für
    Körperbehinderte. Staatsinstitut für Schulpädagogik
    und Bildungsforschung (Hrsg.), München 1990.

Huber, G.: Kooperatives Lernen am Computer.
Unterrichtswissenschaft, 4 (1986), 372-383.

Hurrelmann, B. und K.: Ein neues Lernfeld für Schüler und
Lehrer. Für eine kritische Auseinandersetzung.
Bildschirm - Faszination oder Information. Friedrich
Jahresheft III (1985), 38-39.

Husmann, R.: Neue Technologien an Sonderschulen in
Nordrhein-Westfalen. In König, H.-W., Waldner, J.
(Hrsg.): COMPASS 5. Kiel 1990, 19-21.

INCAP GmbH: Computer-Hilfsmittel für Behinderte. Katalog
1991/92.

Information Bildung und Wissenschaft: BMBW-Workshop über
Software-Entwicklung und neue Technologien als Lern-
und Integrationshilfe. 5 (1988), 66-68.

Institut für Pädagogik der Naturwissenschaften: Bewertung
und Dokumentation von Pädagogischer Software. Kiel
1987.

Issing, L.J.: Veranschaulichen mit dem Bildschirm. Ein
Beitrag zur Psychologie des Lernens. Bildschirm -
Faszination oder Information. Friedrich Jahresheft III
(1985), 16-19.

Jetter, K.: Kindliches Handeln und kognitive Entwicklung.
Bern 1975.

Jetter, K.: Leben und Arbeiten mit behinderten und
gefährdeten Säuglingen und Kleinkindern. Stadthagen
1988.

Joerger, K.: Einführung in die Lernpsychologie. Freiburg
1976.

Joerges, B.: Computer als Schmetterling und Fledermaus -
Über Technikbilder von Techniksoziologen. Soziale
Welt, 39 (1988), 188-204.

Jörg, S.: Per Knopfdruck durch die Kindheit - Die Technik
betrügt unsere Kinder. Weinheim 1987.

Jungk, R.: Abstieg in ein Schattenreich - und eine
Aufforderung zur Rückkehr. Bildschirm - Faszination
oder Information. Friedrich Jahresheft III (1985),
48-50.

Kallenbach, K., Koerth, M.: Die Einstellungen von Lehrern
an Schulen für Körperbehinderte zum Computereinsatz im
Unterricht. Sonderpädagogik, 1 (1987), 21-28.

Kanter, G.: Vorwort. In Walter, J.: Lernen mit Computern: Möglichkeiten - Grenzen - Erfahrungen. Düsseldorf 1984, 7-8.

Kanter, G.: Erwartungen an Neue Informationstechnologien aus der Sicht der Sonderpädagogik. In Hameyer, U. u.a. (Hrsg.): Computer an Sonderschulen - Einsatz neuer Informationstechnologien. Weinheim 1987, 31-48.

Karrasch, B.: Didaktische Software - Computer lernfördernd einsetzen. Prompt - Forum für Computer und Bildung, 1 (1991), 1-3.

Kell, A., Schmidt, A,: Computer und Informations- und Kommunikationstechniken in der Gesellschaft: Bildungspolitische und pädagogische Reaktionen auf neue Anforderungen. Zeitschrift für Pädagogik, 5 (1989), 679 - 698.

Kleinert-Molitor, B.: Einsatz von Computern an Sonderschulen in Bremen. In König, H.-W., Waldner, J. (Hrsg.): COMPASS 5. Kiel 1990, 14.

Klingen, L.H., Otto, A.: Computereinsatz im Unterricht - Der pädagogische Hintergrund. Stuttgart 1986.

Kobi, E.E.: Heilpädagogik im Abriss. Liestal 1977.

Kobi, E.E.: Das schwerstbehinderte Kind. In Thalhammer, M. (Hrsg.): Gefährdungen des behinderten Menschen im Zugriff von Wissenschaft und Praxis. Anfragen an Sondererziehung und Therapie. München 1986, 81-93.

Kobi, E.E.: Neue Technologien: Für Körperbehinderte ein Zugang zur Welt? Referat anläßlich der ELEKOK-Abschlußtagung vom 24.-26.10.1990 in Kempten (Allgäu).

Kochan, B.: Inländische Erfahrungen zum Einsatz des Computers in der Grundschule: Berichte aus den Bundesländern. In Landesinstitut für Schule und Weiterbildung (Hrsg.): Computereinsatz in der Grundschule? Symposium vom 13. und 14. März 1989. Soest 1989, 59-63.

König, H.-W.: Der Einsatz von Computern in den Sonderschulen des Landes Schleswig-Holstein. In König, H.-W., Waldner, J. (Hrsg.): COMPASS 5. Kiel 1990 a, 23-24.

König, H.-W.: Die Aufgabenbereiche des Modellversuchs. In König, H.-W., Waldner, J. (Hrsg.): COMPASS 5. Kiel 1990 b, 24-25.

Kretschmer, C.: Intelligenzuntersuchungen bei
    körperbehinderten Kindern. In Heese, G., Reinartz, A.
    (Hrsg.): Aktuelle Beiträge zur
    Körperbehindertenpädagogik. Beiheft 3 der
    Vierteljahresschrift Sonderpädagogik. Berlin o.J.

Krombholz, H.: Kind und Computer. Christ und Bildung, 2
    (1987), 7-8.

Krönert, M.: Einsatz Neuer Informationstechnologien an
    Sonderschulen. Ein Bericht über die Kieler Tagung
    (1985). In Hameyer, U. u.a. (Hrsg.): Computer an
    Sonderschulen - Einsatz neuer
    Informationstechnologien. Weinheim 1987, 280-291.

Kubicek, H.: Wenn unser Wohnzimmer vernetzt wird...
    Westermanns Pädagogische Beiträge 10 (1986), 12-17.

Landesinstitut für Schule und Weiterbildung (Hrsg.):
    Sonderschulen und Neue Technologien. Bericht über die
    Tagung "Informations- und Kommunikationstechnologien
    in Schulen für Lernbehinderte - Stand der
    Entwicklungsarbeiten in der Bundesrepublik
    Deutschland" Band I. Soest 1988.

Landesinstitut für Schule und Weiterbildung (Hrsg.):
    Computereinsatz in der Grundschule? Symposium vom 13.
    und 14. März 1989. Soest 1989.

Landesinstitut für Schule und Weiterbildung (Hrsg.):
    Sonderschulen und Neue Technologien. Bericht über die
    Abschlußtagung zum Modellversuch "Informations- und
    Kommunikationstechnologien in Schulen für
    Lernbehinderte und Schulen für Erziehungshilfe"
    Erfahrungen, Ergebnisse, Perspektiven". Band II. Soest
    1990.

Lauterbach, R.: Didaktische Software für den
    Sachunterricht. In Hameyer, U. u.a. (Hrsg.): Computer
    an Sonderschulen - Einsatz neuer
    Informationstechnologien. Weinheim 1987 a, 206-224.

Lauterbach, R.: Bewertung pädagogischer Software: Der
    IPN-Beurteilungsbogen. In Hameyer, U. u.a. (Hrsg.):
    Computer an Sonderschulen - Einsatz neuer
    Informationstechnologien. Weinheim 1987 b, 239-257.

Lauterbach, R.: Auf der Suche nach Qualität: Pädagogische
    Software. Zeitschrift für Pädagogik, 5 (1989), 699 -
    710.

Legler, K., Gigl, G.: Erarbeitung und Erprobung
   elektronischer Lern- und Kommunikationssysteme für
   Körperbehinderte (ELEKOK). Bericht aus einem
   Modellversuch. In Hameyer, U. u.a. (Hrsg.): Computer
   an Sonderschulen - Einsatz neuer
   Informationstechnologien. Weinheim 1987, 225-238.

Leyendecker, C., Neumann, K.: Besonderheiten der
   Entwicklung von Wahrnehmung, Lernen, Gedächtnis und
   Intelligenz bei Körperbehinderten. In Haupt, U.,
   Jansen, G.W.: Pädagogik der Körperbehinderten. Berlin
   1983, 410-438.

Lippitz, W.: Kind und Technik. Neue Sammlung 3 (1986),
   259-279.

Lippitz, W.: Sprache und Sprechen. In Lippitz, W. und
   Rittelmeyer, C. (Hrsg.): Phänomene des Kinderlebens:
   Beispiele und methodische Probleme einer pädagogischen
   Phänomenologie. Heilbrunn 1989.

Löb, R.: Das Löb-System. Amberg 1985.

Lormes, G.: Hilfsmittel des KBZO zur Steuerung von
   Personal-Computern durch Körperbehinderte.
   Informationsheft des Körperbehinderten-Zentrum
   Oberschwaben, Abteilung Forschung und Entwicklung.
   Weingarten 1987.

Lormes, G.: Kommunikationssysteme für Körperbehinderte. In
   Fröhlich, A.D. (Hrsg.): Kommunikation und Sprache
   körperbehinderter Kinder, Dortmund 1989, 218-224.

Lutz, H.: Computer im Unterricht der Schule für
   Lernbehinderte. Sonderschulmagazin 4 (1987), 5-7.

Mandl, H, Hron, A,: Psychologische Aspekte des Lernens mit
   dem Computer. Zeitschrift für Pädagogik, 5 (1989), 657
   - 678.

Masendorf, F.: Erfolgskontrolle eines computergestützten
   Unterrichts unter unterschiedlichen
   Bezugsnormorientierung. Heilpädagogische Forschung, 2
   (1988), 119-123.

Meder, N.: Superzeichensemantik. Pädagogische Rundschau 40
   (1986), 705-718.

Melzer, M.: Möglichkeiten und Chancen computerunterstützten
   Lernens in der Sonderschule für Lernbehinderte.
   Dissertation Tübingen 1987.

Melzer, M.: Langzeiteffekt beim Einsatz des Computers als Übungsmedium im Mathematikunterricht. In Landesinstitut für Schule und Weiterbildung (Hrsg.): Sonderschulen und Neue Technologien. Bericht über die Tagung "Informations- und Kommunikationstechnologien in Schulen für Lernbehinderte - Stand der Entwicklungsarbeiten in der Bundesrepublik Deutschland" Band I. Soest 1988, 169-172.

Melzer, R.: Einsatz von Computern im Bereich der Sonderschule in Rheinland-Pfalz. In König, H.-W., Waldner, J. (Hrsg.): COMPASS 5. Kiel 1990, 22.

Meschenmoser, H.: Computereinsatz zur Förderung und Unterstützung von behinderten Schülerinnen und Schülern an Berliner Schulen. In König, H.-W., Waldner, J. (Hrsg.): COMPASS 5. Kiel 1990, 13.

Meschenmoser, H.: Computereinsatz in der Sonderpädagogik - Erfahrungen im Unterricht mit behinderten und nichtbehinderten Schülerinnen und Schülern an Berliner Schulen. Prompt - Forum für Computer und Bildung, 1 (1991), 10.

Ministerium für Kultus und Sport Baden Württemberg, Referat für Öffentlichkeitsarbeit (Hrsg.): Neue Medien und moderne Technologien in der Schule. Stuttgart 1984.

Möller-Haverland, R.: Informationstechnische Grundbildung an Sonderschulen in Hamburg. In König, H.-W., Waldner, J. (Hrsg.): COMPASS 5. Kiel 1990, 15-16.

Nachtsheim, R.: Der Einsatz der elektronischen Datenverarbeitung in Werkstätten für Behinderte. Berufliche Eingliederung Behinderter, 3 (1989), 4-5.

Naehring, H.: Entwicklung von Lernsoftware. In König, H.-W., Waldner, J. (Hrsg.): COMPASS 5. Kiel 1990, 32-33.

Nestle, W., Schaible, H, Siegle, V.: Eine Konzeption zur Verwendung von Computern in Sonderschulen. In Hameyer, U. u.a. (Hrsg.): Computer an Sonderschulen - Einsatz neuer Informationstechnologien. Weinheim 1987, 196-205.

Nestle, W., Schaible, H., Siegle, V. (Hrsg.): Sonderschüler arbeiten mit dem Computer - Teil 1. Stuttgart 1988.

Nestle, W., Schaible, H., Siegle, V. (Hrsg.): Sonderschüler arbeiten mit dem Computer - Teil 2. Stuttgart 1989.

Nicklis, W.S.: Antiquiert oder informiert? Vierteljahresschrift für wissenschaftliche Pädagogik, 61 (1985), 390-408.

Niederholz, H.: Einsatz von Computern in der Erstausbildung
körperbehinderter Jugendlicher. Berufliche
Eingliederung Behinderter, 3 (1989), 6-8.

Niedersächsisches Kultusministerium: Neue Technologien und
Allgemeinbildung - Grundlagen und Bildungskonzept.
Hannover 1989.

Nieschke, S.: Computer und Lernbehinderung. Mensch und
Computer, 1 (1988), 46-50.

Nunner-Winkler, G.: Computernutzung durch Behinderte:
Auswirkungen auf Lernfähigkeit und Identitätsbildung.
Referat anläßlich der ELEKOK-Abschlußtagung vom
24.-26.10.1990 in Kempten (Allgäu).

Oskamp, U.: Aufgaben der Kommunikationsförderung
Körperbehinderter. In Fröhlich, A.D. (Hrsg.):
Kommunikation und Sprache körperbehinderter Kinder.
Dortmund 1989, 81-99.

Papert, S,: Mindstorms. Kind, Computer und neues Lernen.
Basel 1982.

Papousek, H., Papousek, M.: Frühe Kommunikationsentwicklung
und körperliche Beeinträchtigung. In Fröhlich, A.D.
(Hrsg.): Kommunikation und Sprache körperbehinderter
Kinder. Dortmund 1989, 29-44.

Petter, W.: Informations- und Kommunikationstechnologische
Bildung an den Schulen für Lernbehinderte in
Niedersachsen. In König, H.-W., Waldner, J. (Hrsg.):
COMPASS 5. Kiel 1990, 16-18.

Pfeffer, W.: Förderung schwer geistig Behinderter - Eine
Grundlegung. Würzburg 1988.

Polak, V.: Modellversuch "Informations- und
kommunikationstechnologische Grundbildung in Schulen
für Lernbehinderte und in Schulen für Erziehungshilfe
(GRISO). In Landesinstitut für Schule und
Weiterbildung (Hrsg.): Sonderschulen und Neue
Technologien. Bericht über die Tagung "Informations-
und Kommunikationstechnologien in Schulen für
Lernbehinderte - Stand der Entwicklungsarbeiten in der
Bundesrepublik Deutschland" Band I. Soest 1988,
119-123.

Prinz, W., Stoffer, T.: Antrag auf Gewährung einer
Sachbeihilfe zum Projekt: Texte für Auge und Ohr -
Untersuchungen zur Unterstützung des
Schriftspracherwerbs durch automatische
Schriftverarbeitung. Bielefeld 1988.

Pschyrembel, W.: Klinisches Wörterbuch. Berlin 1977.

Radigk, W.(Hrsg.): Medien und Computer in Sonderpädagogik und Rehabilitation. Bericht der Arbeitsgruppe Medien in Sonderpädagogik und Rehabilitation der Gesellschaft für Pädagogik und Informatik e. V. (GPI) anläßlich des 22. Symposiums der GPI vom 28.2. bis 1.3.1985.

Radigk, W.: Kognitive Entwicklung und zerebrale Dysfunktion. Dortmund 1986.

Rath, C.-D.: Die öffentliche Netzhaut: Der fernsehende Auge. In Kamper, D., Wulf, C. (Hrsg.): Das Schwinden der Sinne. Frankfurt/Main 1984, 59-74.

Raun, M.: Der Computer als Übungsmittel in der Schule für Lernbehinderte. Computer persönlich, 24 (1983), 20-22.

Raun, M.: Computerunterstütztes Rechnen und Rechtschreibtraining mit lernbehinderten Schülern. Zeitschrift für Heilpädagogik, 36 (1985), 588-592.

Raun, M.: Lernbehinderte trainieren Rechnen und Rechtschreiben auf dem Computer. In Hameyer, U. u.a. (Hrsg.): Computer an Sonderschulen - Einsatz neuer Informationstechnologien. Weinheim 1987, 134-142.

Raun, M.: Der Hamburger Modellversuch "Förderung Behinderter durch Einsatz von Computern". In Landesinstitut für Schule und Weiterbildung (Hrsg.): Sonderschulen und Neue Technologien. Bericht über die Tagung "Informations- und Kommunikationstechnologien in Schulen für Lernbehinderte - Stand der Entwicklungsarbeiten in der Bundesrepublik Deutschland" Band I. Soest 1988, 162-168.

Raun, M.: Förderung Behinderter durch den Einsatz von Computern - Abschlußbericht zum Modellversuch. Hrsg.: Freie und Hansestadt Hamburg; Behörde für Schule, Jugend und Berufsbildung, Amt für Schule. Hamburg 1990.

Rautenberg, M.: Entwicklung neuer Unterrichtssoftware für die Informations- und kommunikationstechnologische Grundbildung am Beispiel der Unterrichtseinheit "Supermarkt" im Modellversuch GRISO. In Landesinstitut für Schule und Weiterbildung (Hrsg.): Sonderschulen und Neue Technologien. Bericht über die Tagung "Informations- und Kommunikationstechnologien in Schulen für Lernbehinderte - Stand der Entwicklungsarbeiten in der Bundesrepublik Deutschland" Band I. Soest 1988, 125- 131.

Rebmann, R.: Die Situation im Bereich der Schule für Lernbehinderte in Baden Württemberg. In König, H.-W., Waldner, J. (Hrsg.): COMPASS 5. Kiel 1990, 9.

Reinarz, T.: Selbstbestimmt leben. Behinderte in Familie, Schule und Gesellschaft, 3 (1990), 23 - 29.

Rissenberger, A.: Inländische Erfahrungen zum Einsatz des Computers in der Grundschule: Berichte aus den Bundesländern. In Landesinstitut für Schule und Weiterbildung (Hrsg.): Computereinsatz in der Grundschule? Symposium vom 13. und 14. März 1989. Soest 1989, 53-58.

Rogge, J.-U.: Immer wieder montags... erleben Lehrer das Fernsehprogramm vom Wochenende. Bildschirm - Faszination oder Information. Friedrich Jahresheft III (1985), 6-7.

Rosemann, H.: Computer: Faszination und Ängste bei Kindern und Jugendlichen. Frankfurt/Main 1986.

Sauerwein, M.: Spracherwerb mit Computerhilfe. Mensch und Computer, 1 (1988), 41.

Schaible, H.: Reutlinger Projekt "Computer an Sonderschulen" - Entwicklungsstand - Arbeitsschwerpunkte - Programmbeispiele. In Landesinstitut für Schule und Weiterbildung (Hrsg.): Sonderschulen und Neue Technologien. Bericht über die Tagung "Informations- und Kommunikationstechnologien in Schulen für Lernbehinderte - Stand der Entwicklungsarbeiten in der Bundesrepublik Deutschland" Band I. Soest 1988, 173-195.

Schlosser, R. W.: Zur Förderung leserechtschreibschwacher Schüler - Eine angloamerikanische Literaturanalyse zur Dyslexie. Zeitschrift für Heilpädagogik, 9 (1990), 622-629.

Schmeichel, M.: Die Bestimmung der Sonderschulbedürftigkeit und ihre schulorganisatorischen Konsequenzen. In Heese, G.; Reinartz, A. (Hrsg.): Aktuelle Beiträge zur Körperbehindertenpädagogik. Beiheft 3 der Vierteljahresschrift Sonderpädagogik, Berlin o.J.

Schmidt, M.: Körperbehinderungen bei Kindern aus medizinischer Sicht. In Haupt, U., Jansen, G.W.: Pädagogik der Körperbehinderten. Berlin 1983, 369-393.

Schmitz, G.: Behindertengerechte Arbeitsplätze durch den Einsatz von EDV. Berufliche Eingliederung Behinderter, 3 (1989), 9-11.

Schmitz, G.: Computer an der Schule für Geistigbehinderte - brauchen wir sie? Zeitschrift für Heilpädagogik, 10 (1990), 727-736.

Schön, M.: Computereinsatz im Bemühen um innere Differenzierung. Sonderpädagogik 15 (1985), 34-43.

Schönberger, F.: Körperbehinderungen. Ein Gutachten zur schulischen Situation körperbehinderter Kinder und Jugendlicher in der BRD. In Deutscher Bildungsrat (Hrsg.): Sonderpädagogik 4, Stuttgart 1974, 199-279.

Schönberger, F.: Neue didaktische Konzeptionen in der Körperbehindertenpädagogik. In Haupt, U., Jansen, G.W.: Pädagogik der Körperbehinderten. Berlin 1983, 52-75.

Schweizer Stiftung Elektronische Hilfsmittel für Behinderte: Jahresbericht 1987-1988. Neuchâtel 1988.

Searle, J.: The myth of the computer. The New York Review of Books, 5 (1982), 3-6.

Speck, O.: Geistige Behinderung und Erziehung. München 1984.

Speck, O.: System Heilpädagogik - Eine ökologisch reflexive Grundlegung. München 1987.

Staatsinstitut für Schulpädagogik und Bildungsforschung: Erstlesen - Handreichungen für die Schule für Sprachbehinderte sowie für Diagnose und Förderklassen (Schulversuche). Würzburg 1986.

Staatsinstitut für Schulpädagogik und Bildungsforschung: Erstschreiben - Handreichungen für die Diagnose und Förderklassen. Würzburg 1988.

Staatsinstitut für Schulpädagogik und Bildungsforschung: Sachendbericht zum Modellversuch "Erarbeitung und Erprobung elektronischer Lern- und Kommunikationssyteme für Mehrfachbehinderte" (ELEKOK). München 1991.

Stender, J., Buttersack, T., Neumann, R.: KI entwickelt sich weiter. CHIP PLUS 9 (1990), 4-8.

Sturm, H.: Bilderfluten - Bild, Bildschirm, Bildschirmbilder. Neue Aufgaben für die Ästhetische Erziehung. Bildschirm - Faszination oder Information. Friedrich Jahresheft III (1985), 20-23.

Szukala, G., Wehmeier, G.: Die CAD-Ausbildung als Technischer Zeichner. Berufliche Eingliederung Behinderter, 2 (1989), 16-17.

Thalhammer, M.: Geistige Behinderung. In Speck, O., Thalhammer, M.: Die Rehabilitation des Geistigbehinderten. München 1974.

Thalhammer, M.: Fragmente zur Erziehungswirklichkeit schwer körperlich und geistigbehinderter Kinder. Zeitschrift für Heilpädagogik, 31 (1980), 547-556.

Thalhammer, M.: Warten und Erwarten, Träumen und Trauern.
Anthropologische Fragmente zur
Schwerstbehindertenpädagogik. In Thalhammer, M.
(Hrsg.): Gefährdungen des behinderten Menschen im
Zugriff von Wissenschaft und Praxis. Anfragen an
Sondererziehung und Therapie. München 1986, 122- 149.

The Blissymbolics Communication Institute: A Supplement to
Blissymbols for Use. Toronto 1984.

Thomé, D.: Kriterien zur Bewertung von Lernsoftware. Berlin
1988.

Tilmann, K.J.: Die Computerisierung der Schule findet nicht
statt. Eine Analyse mit konservativ-emanzipatorischem
Ergebnis. Bildschirm - Faszination oder Information.
Friedrich Jahresheft III (1985), 134-142.

Turkle, S.: Die Wunschmaschine - Der Computer als zweites
Ich. Reinbek 1986.

Vogt, W.: Inländische Erfahrungen zum Einsatz des Computers
in der Grundschule: Berichte aus den Bundesländern. In
Landesinstitut für Schule und Weiterbildung (Hrsg.):
Computereinsatz in der Grundschule? Symposium vom 13.
und 14. März 1989. Soest 1989, 51-52.

Volpert, W.: Zauberlehrlinge - Die gefährliche Liebe zum
Computer. Weinheim 1985.

Waldner, J.: Überregionale Tagung COMPASS - Lernen und
Fördern mit dem Computer. In König, H.-W., Waldner, J.
(Hrsg.): COMPASS 5. Kiel 1990, 8.

Walter, J.: Lernen mit Computern: Möglichkeiten - Grenzen -
Erfahrungen. Düsseldorf 1984.

Walter, J.: Morphologische Einheiten der deutschen Sprache
als Gegenstand computergestützter Lernsequenz. Eine
Pilotstudie mit lernbehinderten Sonderschülern. In
Hameyer, U. u.a. (Hrsg.): Computer an Sonderschulen -
Einsatz neuer Informationstechnologien. Weinheim 1987
a, 117-133.

Walter, J.: Elementare Rechenprozesse in Trainingsphasen
für computergestützten Unterricht. In Hameyer, U.
u.a. (Hrsg.): Computer an Sonderschulen - Einsatz
neuer Informationstechnologien. Weinheim 1987 b,
143-179.

Walter, J.: Kriterien zur Bewertung von
Mikrocomputer-Software für den sonderpädagogischen
Bereich (Course-Evaluation). In Hameyer, U. u.a.
(Hrsg.): Computer an Sonderschulen - Einsatz neuer
Informationstechnologien. Weinheim 1987 c, 258-265.

Walter, J.: Leseforschung und Unterricht -
Grundlagenforschung, Methodische Konsequenzen,
Mediendidaktische Anregungen. Meerbusch 1988 a.

Walter, J.: Der Einsatz von Lernsoftware in der
Lernbehinderten- und Förderpädagogik unter
fachspezifischen und sonderpädagogischen
Gesichtspunkten. Zeitschrift für Sonderpädagogik, 12
(1988 b), 849-855.

Walter, J.: Lernförderung mit Neuer
Informationstechnologie. Meerbusch 1989.

Walter, J.: Computerunterstützter Unterricht, interaktives
Lernen, Lernförderung und interaktives Video - Eine
kritische Skizze. In König, H.-W., Waldner, J.
(Hrsg.): COMPASS 5. Kiel 1990 a, 61-62.

Walter, J.: Das Multimedia-Konzept: Chancen für
Sonderpädagogik und Rehabilitation schon heute durch
Multi-Lück. Zeitschrift für Heilpädagogik, 10 (1990
b), 702-704.

Weidenmann, B., Krapp, A.: Lernen mit dem Computer, Lernen
für den Computer. Zeitschrift für Pädagogik, 5 (1989),
621 - 636.

Weizenbaum, J.: Die Macht der Computer und die Ohnmacht der
Vernunft. Frankfurt/Main 1977.

Weizenbaum, J.: Kurs auf den Eisberg - oder nur das Wunder
wird uns retten, sagt der Computerexperte. Zürich
1984.

Weizsäcker, C.F. von: Sprache als Information. In Akademie
der schönen Künste (Hrsg.): Die Sprache -
Vortragsreihe. München/Berlin, München 1959, 33-53.

Widerhold, K.A.: Der Computer als Lehr-, Lern- und
Arbeitsmittel in der Grundschule. In Landesinstitut
für Schule und Weiterbildung (Hrsg.): Computereinsatz
in der Grundschule? Symposium vom 13. und 14. März
1989. Soest 1989, 17-32.

Wilms, D.: Vorwort. In Bundesminister für Bildung und
Wissenschaft (Hrsg.): Bildung an der Schwelle zur
Informationsgesellschaft - Konzeptionen und Maßnahmen
des Bundesministers für Bildung und Wissenschaft zur
informationstechnischen Bildung und Nutzung neuer
Informations- und Kommunikationstechniken im
Bildungswesen. Bonn 1986, 3-4.

Wilms, D.: Vorwort. In Hameyer, U. u.a. (Hrsg.): Computer
an Sonderschulen - Einsatz neuer
Informationstechnologien. Weinheim 1987, 9-10. .

- 267 -

Wohlgehagen, E.: Die Bedeutung visueller
Dekodierungsfähigkeiten für das Leselernen mit Lern-
und Geistigbehinderten. In Baier, H. (Hrsg):
Unterricht in der Schule für Lernbehinderte.
Donauwörth 1978, 142-152.

Wulf, C.: Das gefährdete Auge - Ein Kaleidoskop der
Geschichte des Sehens. In Kamper, D., Wulf, C.
(Hrsg.): Das Schwinden der Sinne. Frankfurt/Main 1984,
21-45.

Wulff, H.: Stimmstörungen. In Aschenbrenner, H, Rieder, K.
(Hrsg.): Sprachheilpädagogische Praxis. Wien 1983,
74-87.

Zeilinger, M.: Expertensysteme im Einsatz. CHIP PLUS 9
(1990), 13-14.

MÜNCHENER BEITRÄGE ZUR SONDERPÄDAGOGIK

herausgegeben von Herwig Baier und Alfred Braun †

Band 1 Hermine Englmeier: Eltern und die Schule für Lernbehinderte. Kausalattributionen zur Erklärung schulischer Leistungsresultate. 1986.

Band 2 Johannes Ammon: Die Behindertenarbeit der Neuendettelsauer Diakonissenanstalt von der Gründung (1854) bis zum Ersten Weltkrieg. 1986.

Band 3 Hans Straßer: Erziehungskunde in der Schule für Lernbehinderte. 1986.

Band 4 Elke R. Breuer-Schaumann: Kausalattribuierungen der Eltern von Kindern mit Lernbehinderungen. 1986.

Band 5 Hans Weigert: Pädagogische Interventionen bei drohenden und manifesten Lernbehinderungen in der Grundschule. 1987.

Band 6 Renate Schröder: AV-Medien im Unterricht an Schulen für Sprachbehinderte und Hörbehinderte. 1987.

Band 7 Herwig Baier, Günther Heil: Unterrichtsorganisation an Schulen für Behinderte. Ein Entwurf für die Schule für Lernbehinderte (Förderschule - Schule zur Lernförderung). 1988.

Band 8 Karl Liebrich: Die Vorbereitung der beruflichen Integration von Schulabgängern mit Lernbehinderungen im 10. Schulbesuchsjahr durch vorberufliche Bildungsmaßnahmen. 1989.

Band 9 Anton Huber: Erstsachunterricht in der Schule für Lernbehinderte als grundlegende Lern- und Entwicklungshilfe. 1989.

Band 10 Irene Baumann-Geldern-Egmond: Der Einsatz des Computers im Unterricht der Primarstufe der Schule für Lernbehinderte. 1990.

Band 11 Ursula Welscher-Forche: Das darstellende Spiel in der Schule für Lernbehinderte. 1990.

Band 12 Irmgard Lamprecht: Epilepsie - Schule - Beruf. Eine empirische Untersuchung der Einstellungen von Lehrern und Lehramtsstudenten zur Epilepsie und zu Epilepsiekranken sowie von Ärzten in bezug auf mögliche Schularten für epilepsiekranke Schüler. 1990.

Band 14 Wolfgang Schrader: Heilpädagogische Heimerziehung bei Kindern und Jugendlichen mit Verhaltensstörungen und Lernbehinderungen. Eine Analyse unter Berücksichtigung familialer Sozialisation und alternativer Erziehungshilfen. 1991.

Band 15 Pansie Joy Bernkopf: Versuch der Gestaltung einer Lernbehindertenpädagogik für Jamaika in Anlehnung an das Sonderschulwesen in der Bundesrepublik Deutschland. Eine vergleichende Betrachtung der allgemeinen und Sonderpädagogik sowie eine innovative Behandlung der Lernbehindertenpädagogik der Bundesrepublik Deutschland und der Insel Jamaika. 1992.

Band 16 Thomas Störmer: Der Einsatz des Computers an der Schule für Körperbehinderte. 1993.